21世纪高等职业教育财经类规划教材
财务会计类

工业和信息化高职高专“十二五”
规划教材立项项目

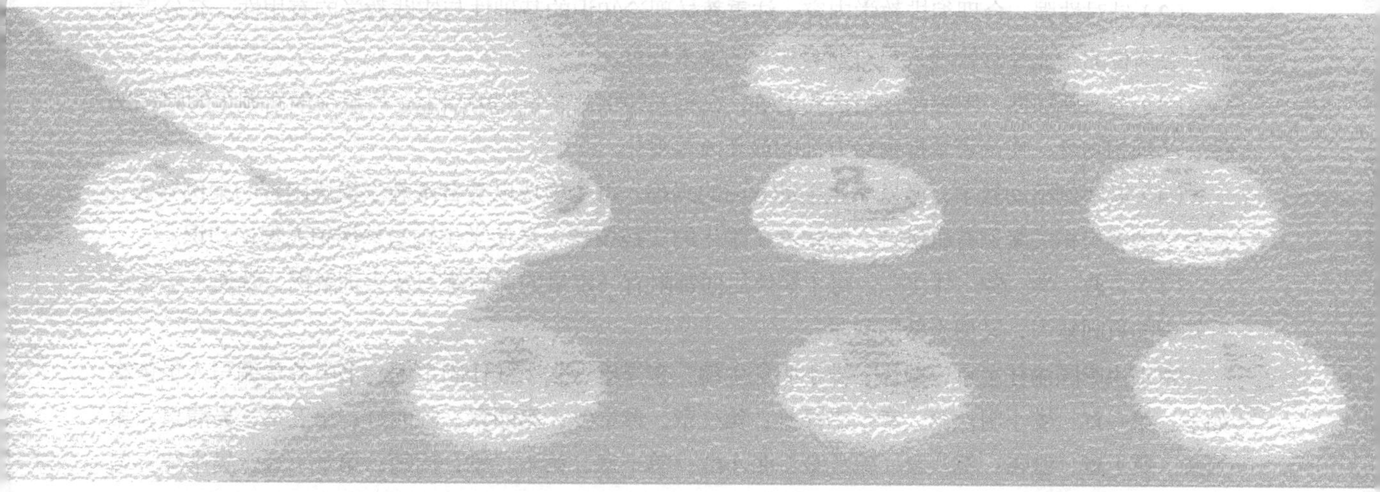

财会基础实务

Accounting Basis and Practice

◎ 戴锋 罗小明 主编 ◎ 李泽雄 张小红 副主编

人民邮电出版社
北京

前言

本书适用于高职高专经济类非会计专业。作为一本高职教材，我们在编写时本着高职教育“理论够用，强化技能”的基本原则，结合我们多年职业教育教学实践，遵循该课程内在的逻辑联系，依据企业经营管理中相关部门的非财会人员对财会基本知识与技能的需求程度，在阐述会计的基本理论和基本技能的方法及其应用上，力求做到概念准确、重点突出、清晰明了、循序渐进、通俗易懂。本书的主要特点如下。

（1）以应用性教学为主。强调理论联系实际，着重培养学生分析问题、解决问题的能力。

（2）针对性强。合理编排教学内容，注重教材理论知识的基础性与实践教学的有用性，充分考虑非财会岗位的企业经营管理人员对财会知识的需求程度。

（3）突出新颖性。内容经过精选和提炼，在相关知识及案例的编写上，尽量与最新颁布的财经法律、法规相吻合，使读者掌握财经方面的最新改革变化。

（4）以案例驱动教学，激发学生主动学习的兴趣。每个模块以契合本教学模块内容的案例导入，使教学内容与相关案例有机融合，既培养了学生的实践技能，又使学生较易掌握相关理论知识。

（5）“教、学、做一体化”。每个模块后面都附有一定量的课后练习及实训案例，既便于学生进行知识的巩固复习，又便于教师教学。

本书由李国渝任主审，戴锋、罗小明任主编，李泽雄、张小红任副主编。书中各章编写人员依次如下：第一章，罗小明；第二章，李泽雄；第三章，谭泰乾；第四章，陈丽虹；第五章，吴清泉；第六章、第七章，戴锋；第八章、第九章，张小红；第十章、第十二章，周莉；第十一章，吴平萍。戴锋对全书进行统稿。

在本书的编写过程中，我们查阅了大量的文献，借鉴、吸收了很多专家、学者的研究成果，得到了重庆金科房地产开发有限责任公司财务部总监刘绍军、重庆宗申集团审计部部长黄云江、重庆智能水表有限责任公司财务部部长程云的大力支持和帮助，在此一并表示衷心感谢。

由于编者水平有限，书中疏漏之处在所难免，恳请广大读者批评指正，我们将不胜感激。

编　者

2015年6月

目录

目 录

目 录

Accounting Basis and Practice

模块一

会计入门基础知识与会计报表分析

作为非财务人员，当你拿到一份公司的财务报表，面对上面密密麻麻、各种各样的财务数据时，一定会感到眼花缭乱，不知从何下手获得自己所需要的财务信息，也不知这些数字迷宫蕴藏着哪些宝藏。没关系，通过本书的学习，你将走出迷宫，一切看似杂乱无章的数据将会在你的脑海中变得简单、清晰、生动而富有规律。

※案例导入

天上掉馅饼，不可随意捡

外国投资者 A 在我国某城市找到 B 企业，双方商定，由 A 和 B 共同出资 1 000 万美元，引进全套生产流水线，新建一个合资企业。B 出资 300 万美元，A 出资 700 万美元。合资企业生产的产品将冠以外国某品牌并全部用于出口。B 为了表示对此项合作的诚意，决定将自己已经拥有十多年历史的生产类似产品（全部用于国内销售）的 C 企业，无偿赠送给未来的合资企业。

A 方的财务顾问在得知 B 企业的赠送信息后认为，必须对 C 企业的财务状况进行审查。C 企业的财务报表显示，资产总额为 1 亿元，其中，应收账款 4 000 万元，估计回收率为 50%，负债为 1.3 亿元，所有者权益为-0.3 亿元。

A 方财务顾问认为，C 企业已经处于资不抵债状态，如果再考虑应收账款回收带来的坏账损失 2 000 万元，C 企业的所有者权益，即净资产为-0.5 亿元。如果合资企业接受 C 企业，C 企业有关的负债与权益将全部转入，即使 C 企业再投入 5 000 万元，其对合资企业的贡献也只有零。因此，A 方决定不接受这种“赠送”。

在得知 A 方财务顾问的意见后，B 企业负责人认为 C 企业有五方面的增值因素：一是企业的品牌在当地有一定的声望，具有无形资产的性质；二是企业有自己的销售网络；三是企业有自己的管理模式；四是企业有与现有生产线相关的技术；五是企业的房屋、建筑物和土地等资产，其实际价值高于现有的账面价值。

A 方财务顾问认为，在上述提到的增值因素中，只有房屋、建筑物和土地等资产对合资企业具有真正增值作用，其他因素不可能为合资企业做出贡献，因此，它们就不可能在合资企业中“享受资产的待遇”。

问题

（1）你认为 A 方财务顾问的意见正确吗？为什么？

（2）B 企业存在的主要问题有哪些？

第一章

会计入门基础知识

【学习目标】

通过本章学习，要求正确理解会计的含义、会计的基本职能，掌握会计要素的含义及特征，正确理解会计分期；了解会计科目的分类、账户的基本结构，正确理解会计恒等式及其与经济业务的关系；掌握权责发生制的应用、借贷记账法的基本知识及其应用，了解会计分录的编制。

【重点难点】

重点：会计要素的内容；会计恒等式的含义、经济业务与会计恒等式的关系；权责发生制的应用；借贷记账法下各类账户的结构，简单会计分录的编制。

难点：对会计要素特征的理解；对会计恒等式“恒等”概念的理解；权责发生制的应用；对“借”“贷”记账符号的理解以及区分不同类别的账户结构。

【技能点】

通过本章的学习，会进行借贷记账法下账户的开设及登记，会进行简单会计分录的编制。

【学习内容】

从本章可以学到：会计要素，会计的职能，会计核算的基本前提，会计科目、账户及其基本结构，会计恒等式，复式记账法，权责发生制，借贷记账法的基本知识，会计分录等会计入门的基础知识。

作为非财务领域的管理者需要了解哪些必要的财务知识，如何利用数字为自己服务并使之成为沟通的有力工具从而取得决策的主动权呢？一些非财务管理者每天都在为各种各样的非财务问题一筹莫展，原因在于他们无法说服上层领导支持他们的决策。

以下是一个案例。

某企业营销部门经理向公司老总建议，希望将营销部门从公司的第五层搬到第二层，他的理由是营销部门的工作大都与第二层的市场部门有关。在这位经理看来合情合理的建议却被老总拒绝了。因为搬家大约要花费 5 000 元，还要占用几个工作日，这样的开支在公司看来是很不值得的。但是，如果我们将这位营销经理提出的问题转化为财务语言，那么老总还会拒绝吗？

我们估算一下两个部门人员每天在部门间所浪费的时间以及其他相关的成本，这些浪费掉的时间及其他因素显然是有价值的，略加计算就能把搬家的好处折算成货币。例如，我们得出：

每天，工作人员在部门间跑来跑去的次数 A。

从一个部门到另一个部门平均消耗的时间 B。

当上司看不见的时候，员工偷懒浪费的时间 C。

所以，每天浪费掉的总时间为 $A\times B+C$，将这个数乘以营销部门员工为公司所创造的单位时间价值，就是所浪费掉的现金价值 D 了。除了这部分价值之外，由于两个部门地处不同的楼层，工作效率难免会降低，例如，需要到另一个部门使用设备，部门间沟通困难会造成生产效率下降等。再将这些因素按照合理条件折算成现金价值 E，则 $D+E$ 就是搬家后为公司节省的成本。这样，我们很快就能计算出需要经过多长时间能弥补搬家的花费。而在这个期限之后，公司的成本就下降了。

这就是财务数据的奇妙之处，当你呈现给上级领导一份用数字说话的非财务报告时，结果就大不一样了，领导也会因此对你刮目相看。这就是非财务经理的财务效用，懂得运用财务数据的非财务经理们，一定能更清楚地向决策者传递信息和表达建议，因而受到决策者的青睐。

第一节　会计要素

一、会计的含义

“会计”作为一种商业语言，与人们的日常生活有着密切的联系。其作用主要是把企业杂乱的经济业务数据归纳整理，加工编制成有用的财务报告信息。会计语言综合地反映了任何一家企业的资产、负债、所有者权益、收入、费用、利润情况。会计语言是企业内部通用的语言，是因为企业之间进行比较的语言，也是各国企业比较和交流的通用语言。当一家企业和另外一家企业打交道时，要借助于会计语言；当企业和银行打交道时，也要使用会计语言；当企业和政府打交道时，同样要使用会计语言。

由于会计学是一门随着社会经济环境的变化而变化、发展而发展的动态科学，因此，对于什么是会计，社会各界，包括企业家们的理解是不一样的，甚至职业会计师也有不同的理解，因而至今尚无一个完整而公认的定义。实质上，会计的工作就是收集信息、加工信息、储存信息，以及对外披露信息。为了教学的需要，常常把会计工作的具体内容概括为会计的定义：

会计是经济管理的重要组成部分，是以货币为主要计量单位，运用专门的方法和程序，对企事业单位的经济活动进行完整的、连续的、系统的核算和监督，并在此基础上对经济活动进行分析、预测和控制，为外部信息使用者和强化内部管理提供有用的财务信息的一项管理活动。

二、会计的职能

会计是一个商业信息提供系统。会计把企业有用的各种经济业务统一成以货币为计量单位，通过记账、算账、报账的程序来提供反映企业财务状况和经营成果的经济信息。

简单地说，会计把企业杂乱无章的会计数据归纳整理，加工编制成有用的财务信息系统。

那么，会计有什么职能呢？

具体地说，会计有两个基本职能：一是核算职能；二是监督职能。

（一）核算职能

会计核算贯穿于经济活动的全过程。它是会计最根本的职能，也是会计为企业提供的最大帮助。什么是核算？通俗地说，就是把企业一定时间内买了多少材料，花了多少钱，生产了多少产品，卖了多少钱，到底赚了多少钱等情况都计算清楚。核算一般分为三个步骤，即记账、算账、报账。

记账，是指对特定的某一经济活动采用一定的记账方法在账簿中登记。

算账，是指在记账的基础上，对企业某一时点的资产、负债、所有者权益和一定时期的收入、费用（成本）、利润进行计算。

报账，是指在算账的基础上，对企业的财务状况、经营成果和现金流动情况，以会计报表的形式对会计信息使用者报告。

原始凭证 ⇒ 记账凭证 ⇒ 账簿 ⇒ 会计报表

注意，财务状况是针对企业在某一时点而言的。也就是说，您可以评价 2020 年 12 月 31 日这天的企业资产、负债、所有者权益的状况优劣与否，而不能评价 2014 年 12 月这一个月的财务状况如何。因为，资金是时刻运动与变化着的，反映财务状况的数据无时无刻不在变化，所以，要评价财务状况，就要先确定某一特定的时刻才有意义。

经营成果是企业一定时期的营运成绩。它是对企业经营一段时间后的总结，是对一个时段的效果评价。经营成果是企业一定时期的收入、费用积累的结果。

（二）监督职能

监督职能是会计的又一基本职能，它能为企业经营过程提供监督作用。

工作中，您可能会发现企业经常出现这样的现象：采购员拿伪造单据来报销，办公人员把自己的生活开支列入办公费，原材料浪费严重，工人生产效率低……这些现象会导致企业的资产流失，降低企业的经营效率，是一个令企业头疼的问题。为了解决这一问题，请您重视会计的作用，建立健全企业财务制度，使用负责的会计人员，形成科学严谨的会计核算体系。由会计人员对企业的各种经济业务、各种票证进行层层审核、检验、把关，杜绝不合理不合法的经济行为，把企业不必要的损失降到最低。

会计核算职能与会计监督职能相辅相成。只有在对经济业务活动进行正确核算的基础上，才有可能提供可靠的资料作为监督依据；同时，只有搞好会计监督，保证经济业务按规定要求进行，并且达到预期的目的，才能发挥会计核算的作用。

三、会计要素

会计要素是会计核算对象的基本分类，是设定财务报表结构和内容的依据，也是进行确认和计量的依据。

企业会计要素有资产、负债、所有者权益、收入、费用和利润 6 项，如图 1-1 所示。会计要素可分为两组：资产、负债及所有者权益为一组，反映企业在一定时点上（如月末、季末、半年末、年末）资金运动的静态表现，即反映企业财务状况的会计要素，也可视为资产负债表的要素，在资产负债表中体现；收入、费用和利润为一组，反映企业在一定期间（如月度、季度、半年度、年度）资金运动的动态表现，即反映企业经营成果的会计要素，也可视为利润表要素，在利润表中体现。

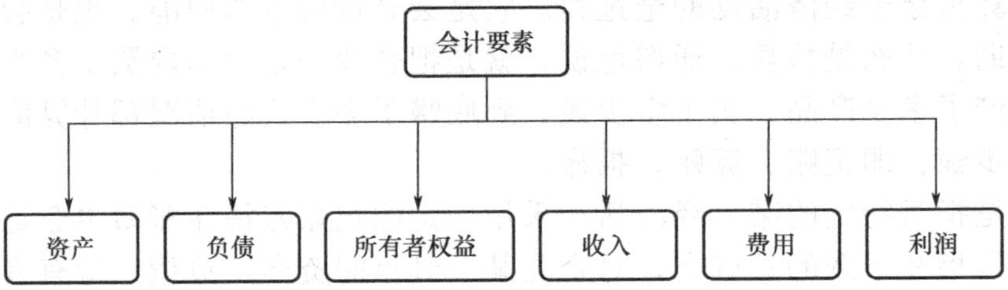

图 1-1　会计要素的分类

（一）资产

资产是指企业过去的交易或者事项形成的、由企业拥有或者控制的、预期会给企业带来经济利益的资源。

资产的本质是经济资源。一个企业从事生产经营活动，必须具备一定的物质资源，或者说物质条件。在市场经济条件下，这些必要的物质条件表现为货币资金、厂房场地、机器设备、原材料等，他们是企业从事生产经营活动的物质基础。除货币资金以及具有物质形态的资产以外，资产还包括那些不具备物质形态，但有助于生产经营活动的专利权、专有技术、商标权等无形资产，以及对其他单位的投资和债权。

例如，孙先生租了几间厂房和印刷机，开了家小型印刷厂，那么孙先生使用的厂房和机器是不是他的资产呢？显然不是。虽然此时孙先生行使对厂房和机器的使用权，但这些厂房、机器的所有权并不在他的手里。也就是说，孙先生并不能控制和支配这些厂房和机器。资产的特征表现在以下方面。

（1）资产是由过去的交易或事项形成的，而不是由未来交易或事项形成的。换句话说，资产必须是现实的资产，而不能是预期的资产。

例如，A 公司与 B 公司于 2014 年 12 月签订投资合同。2015 年 1 月，A 公司按合同规定向B公司投资一批价值600万元的设备，那么，在B公司2014年的年度报表中，这批600万元的设备就不应列入资产项目中。因为对2014年来说，2015年1月的交易属于未来的交易。

（2）资产具有排他性。

资产的排他性，是指某项资产所有权或者控制权只归属于某一企业。因此，租用别人的东西，不能算作自己的资产，而租给别人的东西，虽不在自己手里，但仍算作自己的资产。另外，融资租入的固定资产，企业虽不拥有所有权，但可以在相当长的时间内使用支配该项资产，并从中获益，应算作企业的资产。

（3）资产必须能够以货币加以计量。

货币计量是会计核算的前提，只有可以用货币计量的经济资源，才会在会计实务中具有意义。比如一家生产饮料的企业，垄断占有了一处矿泉水水源，但没有办法给它估价，那么这处水源就不能算作这家饮料厂的资产。又比如，公司的首席执行官、顶尖科技人才等，对公司来说是一笔丰富的人力资源，这种资源虽然我们看不见摸不着，但能给企业创造极大的经济效益，应该属于经济资源的范畴。而当我们打开资产负债表时，却不能在报表上找到人力资源这一资产项目，就是因为人力资源这种经济资源无法用货币进行计量，所以没有列入企业的资产。

（4）资产要能够直接或间接地为企业带来预期的经济效益。

企业可以用货币资金购买所需要的机器设备、原材料或进行利润分配，而机器设备、原材料等可以用于生产经营过程，制造出产成品，企业再通过销售商品或提供劳务收回货款，货款即为企业所获得的经济利益。一条报废的生产线，已经不能再给企业带来任何的经济效益，因此它不能算作资产。

会计制度规定，能够在一年内转变为现款或耗用的资产称为流动资产；不能在一年内转变为现款或耗用的资产称为非流动资产，或称为长期资产。在流动资产中有货币资金、交易性金融资产、应收票据、应收账款、存货等；非流动资产包括持有至到期投资、长期股权投资、固定资产、在建工程、无形资产等。在资产负债表中，流动资产排列在前面，非流动资产排列在后。

在流动资产项目中，流动性最强的资产是现金、银行存款等货币资金，它们无需转变，本身就是现款。企业赊销商品尚未收回的货款所形成的应收账款、仓库储存的各种货物等也是流动性较强的资产，流动资产是企业资产中的王牌军。企业的厂房、设备等固定资产一般很难在较短的时间内转变为现金，属于流动性较弱的资产。

（二）负债

负债是指企业所承担的、能以货币计量的、需要今后以资产或劳务偿付的债务。负债按其偿还期的长短可划分为流动负债和非流动负债。

1. 流动负债

流动负债是指将在一年或超过一年的一个营业周期内偿还的债务，主要包括短期借款、应付账款、预收账款、应付职工薪酬、应交税费、应付利润等。

2. 非流动负债

非流动负债是指偿还期在一年或者超过一年的一个营业周期以上的债务，包括长期借款、应付债券等。

（三）所有者权益

所有者权益是指企业资产扣除负债后由所有者享有的剩余权益。所有者权益是形成企业资产的主要资金来源。

所有者权益不同于负债。首先，所有者权益表明企业的权益归属，不用偿还，不需要付利息，可以参加分红，而负债表明企业欠谁的钱，需要偿还，需要付息，不可以参加分红；其次，在企业破产清算时，债权人拥有优先清偿权，而企业所有者只能享有清偿所有负债后的剩余财产；再次，所有者权益能够分享利润，而负债则不能参与利润的分配。

所有者权益在性质上体现为所有者对企业资产的剩余利益，在数量上体现为资产减去负债后的余额。

根据所有者权益内容，可以将其划分为实收资本、资本公积、盈余公积、未分配利润，其中盈余公积和未分配利润又合称为留存收益。

（1）实收资本是指投资人投入企业的各种资产的价值，在一般情况下无需偿还，可以长期周转使用。

比如某个商场新建时，企业或个人可以购买它发行的股票成为股东，也可以向它投入灯具、柜台、高档设施等设备而成为股东，还可以出让商标使用权这样的无形资产作为投资而成为股东。实收资本是企业所有者权益的主体，是其他各项财务内容赖以存在的基础。同时，它还是企业正常运行所必需的资金。投资者应该按照协议规定的数额和期限缴入。

（2）资本公积是指由投入资本本身所引起的各种增值，与生产经营活动无关，包括资本（股本）溢价、接受捐赠的资产等。

例如，A 有限责任公司由甲、乙两位投资者共同投资 200 000 元设立，每人各出资一半。一年后，为扩大经营规模，经批准，A 有限责任公司注册资本增加到 300 000 元，并引入丙投资者加入。按照投资协议，丙投资者需缴纳 120 000 元，才能享有公司三分之一的股份。假定 A 有限责任公司如期收到丙投资者的资金 120 000 元。由于丙投资者多付出 20 000 元，才取得与原投资者相同的出资比例，多缴的部分就形成了公司的资本公积。

（3）盈余公积是指企业按规定从税后利润中提取的公积金，包括法定盈余公积和任意盈余公积。

资本公积和盈余公积可按照规定的程序转增资本金；法定盈余公积和任意盈余公积可以弥补企业亏损，在特殊情况下经批准还可以发放股利。无论用于哪种用途，企业所有者权益总额不变，变化的只是所有者权益的内部结构。

（4）未分配利润是指企业未分配完的留待以后年度进行分配的结存利润。未分配利润有两层含义，一是留待以后年度分配的利润，二是未指定用途的利润。

（四）收入

收入是指企业在销售商品、提供劳务及让渡资产使用权等日常活动中所形成的经济利益的总流入，也叫营业收入。收入有三种来源：一是对外销售商品；二是提供劳务；三是让渡资产使用权。收入的特征表现在以下方面。

（1）收入是从企业的日常活动中产生，而不是从偶发的交易或事项中产生。其中

“日常活动”，是指企业为完成其经营目标而从事的所有活动，以及与之相关的其他活动。如工业企业对外出售不需用材料、对外转让无形资产、对外进行股票投资等活动，虽不属于企业的经常活动，但属于企业为完成其经营目标所从事的与经常活动相关的活动。这些活动形成的经济利益流入也属于收入的范畴。

企业的某些非日常活动也能为企业带来经济利益的流入，如企业处置不需用的固定资产、无形资产，因其他企业违约收取罚款等业务形成经济利益的流入。这些流入的产生带有偶然性，属于非营业性收入，在会计上不作为收入处理，只作为营业外收入处理。

从收入必须产生于日常活动这点上理解，我们所说的收入实际上指的是营业收入，不包括营业外的收入。

（2）收入可能表现为企业资产的增加，如银行存款的增加；也可能表现为企业负债的减少，如以商品或劳务抵偿债务；也可能同时引起资金的增加和负债的减少，如销售商品抵偿债务，同时收取部分现金。

（3）收入将引起企业所有者权益的增加，因此，收入是企业经营成果的重要组成部分，是反映企业经济效益好坏的一项基本指标。

（4）收入与所有者投入资本无关。

所有者投入资本主要是为了享有企业净资产的权益，由此形成的经济利益的总流入不构成收入，而应将其列入企业所有者权益中。

提示，企业收到的货币资金并非都是营业收入。例如，股东追加的投资只是投资者投入资本的增加，而不是营业收入。从银行取得的借款是企业负债的增加，也不是营业收入。又如，企业在销售货物之前就收取一笔定金，这笔定金不能算作收入，这是企业的一笔负债，形成企业的预收款项。当企业为买方提供了商品或劳务之后，表明取得了收取货款的权利，或者说企业还清了负债，此时这笔定金便可确认为营业收入。

根据收入内容的不同，可以将其划分为主营业务收入和其他业务收入。

主营业务是指企业为完成其经营目标而从事日常活动中的主要项目，它可以由企业营业执照上规定的主要业务范围确定，如工业、商品流通企业的主营业务是销售商品，银行的主营业务是存贷款和办理结算等。

其他业务是指主营业务以外的其他日常活动，如工业企业销售材料、让渡资产使用权、提供非工业性劳务等。

除以上日常经营中所获得的收入以外，企业还会有不经过经营过程或者不曾期望而获得的经济利益的流入，我们称之为营业外收入。营业收入和营业外收入构成企业的收益，即通常所说的广义的收入。

（五）费用

费用是指企业在日常活动中发生的、会导致所有者权益减少的、与所有者分配利润无关的经济利益的总流出。费用与收入相配比，即为企业经营活动中取得的盈利。若费用增长而收入不变，所有者权益就会减少。费用的特征表现在以下方面。

（1）费用是企业在日常活动中发生的经济利益的流出，而不是从偶发的交易或事项中发生的经济利益的流出。如工业企业制造并销售产品取得了收入，这种收入的代价就是企业生产和销售产品的过程中发生的材料费、人工费和其他费用。对外出租固定资产取得的收入，其代价是企业付出了固定资产的损耗（折旧），这损耗价值构成企业的费用。

企业在非日常活动中产生的损失，如，因违约支付的罚款、对外捐赠支出、因自然灾害原因造成的财产毁损等，虽然也会导致企业经济利益的流出，但它们只属于企业的损失不属于费用。损失可理解为广义上的费用。

（2）费用可以表现为资产的减少，如用现金购买办公用品；或负债的增加，如尚未支付的员工工资、负担利息等。

（3）费用将引起所有者权益的减少。企业发生费用会导致所有者权益减少，但是，导致所有者权益减少的经济利益的总流出不一定属于费用。例如，企业向所有者分配利润，一方面减少企业的所有者权益，另一方面减少企业的资产或增加企业的负债，因此，不属于费用。

为此，降低各种费用支出，是增加企业盈利的一个重要手段。按其是否构成产品成本，费用可分为制造费用和期间费用。

制造费用是指企业发生的与产品生产直接相关的费用，它包括为生产产品而发生的直接材料费、直接人工费等直接费用和各生产单位为组织和管理本生产单位的生产而发生的各种间接费用。

期间费用是指企业发生的与产品生产无直接关系，属于某一时期耗用的费用，包括管理费用、财务费用和销售费用。

管理费用是企业行政管理部门为组织和管理生产经营活动而发生的各种费用，如企业的业务招待费、会计人员工资等。

销售费用是企业在销售商品、提供劳务等日常活动中发生的除营业成本以外的各项费用以及专设销售机构的各项经费，如广告费、销售人员工资等。

财务费用是企业筹集资金而发生的费用，如银行借款利息等。

上述费用是指狭义的费用，广义的费用还应包括投资损失和营业外支出。投资损失的发生，会造成企业资产的减少；营业外支出是企业发生的与经营活动没有直接关系的支出，如罚款支出、对外捐赠等，也造成企业资产的减少。两者构成减少企业利润的因素。此外，企业还必须按税法规定向国家缴纳税费，缴纳的税费也形成企业的一项费用。

（六）利润

利润是企业在一定期间内生产经营活动的最终财务成果，也就是收入与费用相抵后的余额。利润是反映经营成果的最终要素，也是衡量企业生产经营管理的重要综合指标。利润主要包括营业利润、利润总额和净利润三个部分。

（1）营业利润=营业收入-营业成本-营业税金及附加-销售费用-管理费用-财务费用+公允价值变动收益（-公允价值变动损失）+投资收益（-投资损失）-资产减值损失

其中，营业收入=主营业务收入+其他业务收入

营业成本=主营业务成本+其他业务成本

（2）利润总额=营业利润+营业外收入-营业外支出

（3）净利润=利润总额-所得税费用

四、会计核算的基本前提

会计核算的基本前提（也称会计假设），是指对会计核算的空间和时间范围以及核算内容、计量手段和方法等所做的客观判断与合理限定。会计核算的基本前提是会计人员在长期的会计实践中逐步认识和总结而形成的，它是进行会计核算的基本制约条件。会计核算对象的确定、会计方法的选择以及会计数据的搜集等，都以会计核算的基本前提为依据。会计核算的基本前提包括会计主体、持续经营、会计分期和货币计量。

（一）会计主体

会计主体是指会计工作所服务的特定单位或组织，即经济上或经营上具有独立性或相对独立性的单位。它是对会计工作的空间范围所做的限定。

明确会计主体这一基本前提，主要是为了划定会计所要处理的各项交易或事项的范围，把握会计处理的立场，将一个会计主体的经济活动与其他会计主体的经济活动区分开来，将会计主体本身的经济活动与该主体所有者及职工个人的经济活动区分开来。即会计所核算和监督的只能是某个特定主体本身的经济活动，而不是其他会计主体的经济活动，也不是其所有者或职工个人的经济活动。

会计主体不同于法律主体（法人）。一般而言，法律主体必然是会计主体，但会计主体不一定是法律主体。会计主体既可以是一个具有法人资格的企业，也可以是一个不具有法人资格的企业（如由自然人所创办的独资企业或合伙企业）；既可以是整个企业，也可以是企业内部某个特定的部分或单位（如分公司、分厂、业务分部等）；既可以是单一企业，也可以是由几个企业组成的企业集团。

（二）持续经营

持续经营是指企业的生产经营活动将按照正常的经营方针和既定的经营目标持续不断地进行下去，在可预见的未来，企业不会面临破产清算而不复存在。它要求会计核算应当以企业持续、正常的生产经营活动为前提，在此前提下选择会计程序和会计处理方法，进行会计核算。它是对会计工作的时间范围所做的限定。

任何企业所采用的会计核算方法，都是建立在持续经营基础之上的。企业对于它所使用的机器设备、厂房等固定资产，只有在持续经营的前提下，才可能在机器设备的使用年限内，按照其价值和使用情况，确定所采用的折旧方法；而对于其所负担的债务，也只有在持续经营的前提下，才可能按照规定的条件偿还，如应付款项等。反之，如果不存在这一假设，资产、负债、所有者权益、收入、费用的确认与计量的原则及方法将失去存在的意义。

当然，任何企业都存在破产、清算的风险。当清算不可避免时，我们就应该放弃这一假设，从而改变会计核算的原则及方法，并在财务报告中予以披露。

（三）会计分期

会计分期，是指将一个企业持续经营的生产活动划分为连续的、长短相同的期间。其目的是为了据以结算盈亏，按期编制财务会计报告，从而及时向有关各方提供有关企业财务状况、经营成果和现金流量的信息。

从理论上来说，企业只有在停止生产时才能正确反映企业的经营成果，但这在实际工作中是不允许且行不通的。因此，为了保证信息使用者能够及时获得有效的信息，就需要人为地将连续不断的生产经营活动划分为一定的期间，并假定在该期间结束时经营也终止，于是就产生了会计分期假设。

我国《企业会计准则》规定："会计期间分为年度、半年度、季度和月度。年度、半年度、季度和月度均按公历起讫日期确定。半年度、季度和月度均称为会计中期。"这种划分方法与国家计划年度、财政年度相一致，能满足国家对会计主体宏观管理的需要。

会计期间假设与持续经营假设一样，都是为会计的正常活动做出了时间上的规定。

（四）货币计量

货币计量是指会计应以货币为计量单位并假设币值不变。因为会计工作是对会计主体的经济活动进行核算和监督，而会计主体的经济活动内容十分复杂，各种劳动占用和劳动耗费的性质、形态不同，实物衡量单位不同，无法统一计量和记录，必须借助于货币。我国《企业会计准则》中规定，会计核算以人民币为记账本位币。业务收支以外币计价的企业，可以选定某种外币作为记账本位币，但编制的会计报表应当折算为人民币计算。境外企业向国内有关部门编报会计报表，应当折算为人民币计算。

货币作为一种特殊商品，其自身价值也在不断变化。而会计核算很难根据货币自身的变化做出反应并及时调整。因此，货币计量假设是以币值不变且保持稳定为首要条件的。

第二节　会计恒等式

一、会计科目

（一）会计科目的含义

会计科目是按照经济内容对各个会计要素进一步分类所形成的项目，是为了全面、系统地反映和监督各项会计要素的增减变动情况，分门别类地为经济管理提供会计核算资料所设置的。

通俗地讲，每一个项目都规定有一个名称，每一个会计科目都明确地反映一定的经济内容，不同的会计科目，反映会计不同的事项特点。例如，固定资产和原材料，虽然都属于资产，但它们的经济内容以及在经济活动中的周转方式和所起的作用各不相同；又如，应付票据和长期借款，虽然都是负债，但它们的形成原因和偿付期限各不相同；再如，实收资本和资本公积，虽然都是所有者权益，但它们的来源渠道不同，用途也不一样。因此，为了既取得各项会计要素增减变化及其结果的总括指标，又取得各项要素一系列具体分类指标，就要求对会计要素按其经济内容或用途做进一步的分类，将其划分为若干具体项目，并按这些具体项目分类核算。会计科目便是对会计要素的具体内容进行分类核算的项目。

（二）会计科目的意义

设置会计科目作为会计核算方法之一，是进行各项会计记录和提供各项会计信息的基础，在会计核算中具有十分重要的意义。

（1）会计科目是复式记账的基础。复式记账要求每笔经济业务都要在两个或两个以上的账户中进行登记，以反映经济业务的来龙去脉。账户是会计科目加上一定结构所形成的。

（2）会计科目是编制记账凭证的基础。会计凭证是确定所发生的经济业务应记入何种会计科目以及分门别类登记账簿的依据。

（3）会计科目为成本计算与财产清查提供了前提条件。通过会计科目的设置，有助于成本核算，使各种成本计算成为可能；而通过账面记录与实际结存的核对，又为财产清查，保证账实相符提供了必备的条件。

（4）会计科目为编制会计报表提供了方便。会计报表是提供会计信息的主要手段，为了保证会计信息的质量及其提供信息的及时性，会计报表中的许多项目与会计科目是一致的，并根据会计科目的有关数据填列。会计科目的设置在很大程度上决定着会计报表的内容和结构。会计报表中的数据是由按会计科目设置的各种账簿来提供的。报表项目的分类方法和分类详细程度，都取决于会计科目的设计。

（三）会计科目的分类

会计科目分类，是将全部会计科目按照一定标准划分的类别。会计科目分类的标准不同，划分的类别不同。会计科目的分类，要能表明会计科目的性质和作用，有利于核算和分析，有利于加强经济管理。

1. 会计科目按经济内容分类

对企业设置的会计科目，根据会计核算和加强资金管理的需要，按其反映经济内容的性质即按其反映的会计对象要素可分为以下几类。

（1）资产类科目。

资产类科目反映企业全部资产的分布状况。按照资产的不同形态又分为流动资产、非流动资产。

（2）负债类科目。

负债类科目反映企业负债的组成状况。按照负债的偿还期长短，分为流动负债和非流动负债。

（3）所有者权益类科目。

所有者权益类科目反映企业所有者（投资者）投资多少及其应享有的权益状况。

（4）成本类科目。

成本类科目反映生产企业生产各种产品、自制半成品、提供劳务等所耗用的直接材料成本、直接人工成本和直接费用等情况。

（5）损益类科目。

损益类科目反映企业在取得收入和发生成本、费用等方面的情况。

会计科目分为资产、负债、所有者权益、成本和损益五类，与会计报表项目的排列基本一致，便于企业根据会计科目编制会计报表；并便于分清企业的产权界限，即分清自有资金和外借资金；也便于分析企业的偿债能力和财务实力，以及企业的收入、耗费和经营成果。

2. 会计科目按所提供指标的详细程度分类

会计科目按所提供指标的详细程度，可分为总分类科目和明细分类科目。前者是对会计要素进行总括核算，提供总括信息的会计科目，也称为一级会计科目或总分类科目，由财政部门或企业主管部门统一制定，表 1-1 所列示的会计科目都是总分类科目；后者是对总分类科目做进一步分类的会计科目，它提供更详细、更具体的核算指标，主要是为企业内部管理服务，少数由会计制度统一设置外，一般由各单位根据实际需要设置。

表 1-1　　会计科目表

编　号	名　称	编　号	名　称
	一、资产类	1605	工程物资
1001	库存现金	1606	固定资产清理
1002	银行存款	1701	无形资产
1012	其他货币资金	1702	累计摊销
1101	交易性金融资产	1703	无形资产减值准备
1121	应收票据	1711	商誉
1122	应收账款	1801	长期待摊费用
1123	预付账款	1811	递延所得税资产
1131	应收股利	1901	待处理财产损溢
1132	应收利息		二、负债类
1221	其他应收款	2001	短期借款
1231	坏账准备	2101	交易性金融负债
1303	委托贷款	2201	应付票据
1402	在途物资	2202	应付账款
1403	原材料	2203	预收账款
1405	库存商品	2211	应付职工薪酬
1406	发出商品	2221	应交税费
1407	商品进销差价	2231	应付利息
1408	委托加工物资	2232	应付股利
1411	周转材料	2241	其他应付款
1471	存货跌价准备	2501	长期借款
1501	持有至到期投资	2502	应付债券
1502	持有至到期投资减值准备	2701	长期应付款
1503	可供出售金融资产	2711	专项应付款
1511	长期股权投资	2801	预计负债
1512	长期股权投资减值准备	2901	递延所得税负债
1521	投资性房地产		三、共同类
1522	投资性房地产累计折旧	3101	衍生工具
1523	投资性房地产减值准备	3201	套期工具
1601	固定资产	3202	被套期项目
1602	累计折旧		四、所有者权益类
1603	固定资产减值准备	4001	股本（实收资本）
1604	在建工程	4002	资本公积

续表

编　　号	名　　称	编　　号	名　　称
4101	盈余公积	6101	公允价值变动损益
4104	利润分配	6111	投资收益
4202	库存股	6301	营业外收入
	五、成本类	6401	主营业务成本
5001	生产成本	6402	其他业务成本
5101	制造费用	6403	营业税金及附加
5201	劳务成本	6601	销售费用
5301	研发支出	6602	管理费用
5401	工程施工	6603	财务费用
5402	工程结算	6701	资产减值损失
5403	机械作业	6711	营业外支出
	六、损益类	6801	所得税费用
6001	主营业务收入	6901	以前年度损益调整
6051	其他业务收入		

二、账户及其基本结构

（一）账户的含义

会计科目仅仅是对会计对象的具体内容进行分类的项目，没有一定的结构形式，它不能把发生的经济业务连续地、系统地记录下来。因此，设置会计科目以后，还必须根据规定的会计科目开设一系列的反映不同经济内容的账户，用来对各项经济业务进行分类记录。账户就是对会计科目所反映的经济业务内容，进行连续、系统的记录的一种工具。它由账户名称和账户结构两部分组成，会计科目就是账户的名称。

会计科目与账户是两个既有区别又有联系的不同概念。它们的共同点是，二者都是对经济业务进行分类，都说明一定的经济业务内容。其不同点是，会计科目只能表明某项经济业务内容，不能连续反映某些经济业务的增减变化及结存情况，账户可以运用一定的格式，连续、系统地记录反映某项经济业务内容的增减变化及其结果。

当然，会计科目和账户的关系非常密切。没有会计科目，账户提供什么会计指标就无法确定；没有账户，就不能对会计科目核算的经济业务内容连续、系统地进行反映和监督。会计科目是设置会计账户的依据，会计账户则是按照会计科目所规定的内容的具体运用。只有将会计科目与账户结合起来，每一个会计科目都在账簿上开设一个账户，才有利于从事日常会计的核算工作。

（二）账户的基本结构

账户除具有科学的名称外，还应具备一定的结构，以系统地登记同类经济业务的数据。随着经济业务的发生，会计要素在数量上呈现增减变化，并相应产生变化结果，因此用来分类记录经济业务的账户相应地分成两个基本部分，一方登记增加额，一方登记减少额。账户的格式多种多样，不同的记账方法，账户的结构不同；即使采用相同的记账方法，不同性质的账户，其结构也是不同的。但一般说来，无论采用哪一种格式，账户都应包含以下内容：

（1）账户名称（即会计科目）；

（2）日期和摘要（简要说明经济业务内容）；

（3）增加或减少的金额；

（4）凭证号码（账户记录的来源和依据）；

（5）结存余额。

账户的一般格式如表 1-2 所示。

表 1-2　　　　　　账户名称（会计科目）

年		凭证		摘要	增加	减少	余额
月	日	种类	号数				

为了教学方便，用简化格式的“T”形账来说明账户结构，如图 1-2 所示。

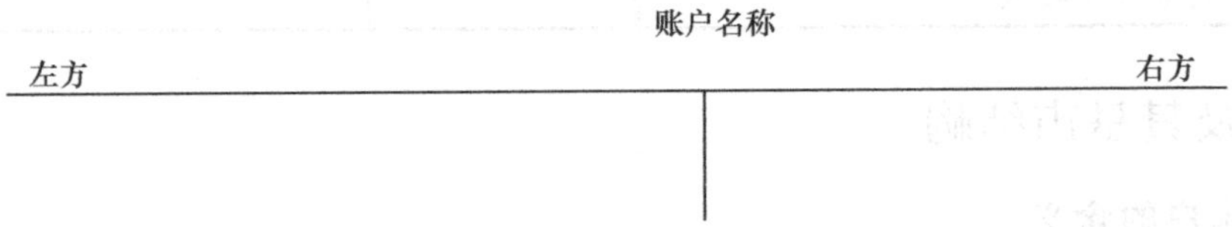

图 1-2　T 形账户

在账户的左右两方，分别记录增加额和减少额，增减数额相抵后的差额，称为账户的余额。至于账户左右两方中，哪一方记增加金额，哪一方记减少金额，余额在哪一方，则取决于所采用的记账方法和各该账户所记录的经济内容和账户本身的性质。账户的余额一般与记录的增加额在同一方向。通过账户记录的数额可提供期初余额、本期增加额、本期减少额、期末余额四个核算指标。

本期增加发生额，是一定时期内（月、季、年）账户登记的增加金额的合计；本期减少发生额，是指一定时间内账户所登记的减少金额的合计；期初余额是指一定时期的期初账户余额，上期期末余额转入本期，即为本期的期初余额；期末余额是指一定时间的期末结出的账户余额，本期期末余额转入下期，即为下期的期初余额。

上述四项金额的关系可用下列公式来表示：

本期期末余额=期初余额+本期增加发生额-本期减少发生额

三、会计恒等式

（一）会计恒等式的含义

1. 会计等式 1——基本会计恒等式（静态会计恒等式）

有几位年轻人打算通过各种融资手段（这里认为任何融资方式都是可行的）成立一个生产家具的企业。他们的融资途径有很多，但是归纳起来有两种：一是债权人提供的信用资金，即负债性质的融资；二是股东提供的资金，即所有者权益性质的融资。那么，在融资程序完成之后，如何运用这些资金呢？图 1-3 所示为该企业资金的来源与资金的占用情况。

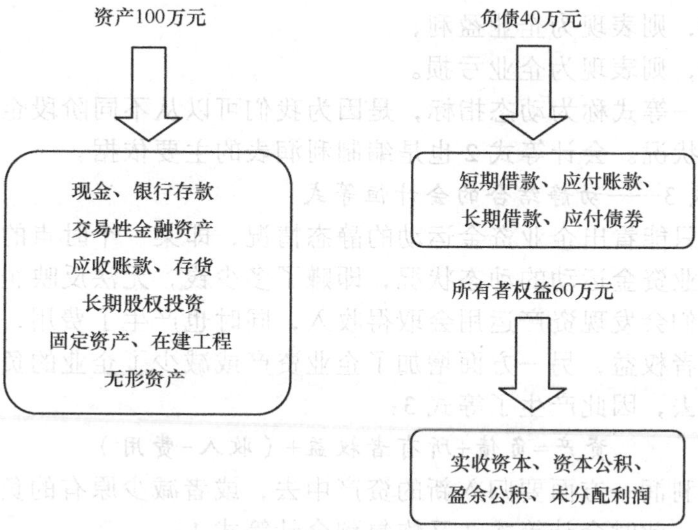

图 1-3　某企业资金的来源与占用情况

通过向银行借款（短期借款或长期借款）、发行债券（应付债券）等方式筹措的资金是负债性质的，其特点是到期偿还本金，同时按照固定利率支付利息。通过股东投入（实收资本）或者发行股票（股本）、接受捐赠（资本公积）等方式筹措的资金是所有者权益性质的，其特点是无须偿还本金，但股东对利润享有求偿权。

图 1-3 中，企业通过负债途径筹得资金 40 万元，通过所有者投入途径筹得资金 60 万元，这 100 万元的资金可用于购买土地使用权、专利权等无形资产，修建厂房，购置设备，以及采购原材料、低值易耗品等各种有形物料（存货），剩余的资金可用于购买交易性金融资产（股票、债券、基金等）或者进行长期投资，同时保留一部分现金和银行存款作为营运资金进行周转。

开始运营之后企业将产生利润（未分配利润和盈余公积），相应地，银行存款或者应收账款增加；如果采购原材料款项尚未支付，则表现为存货和应付账款同时增加。

从图 1-3 中可以得出一个非常重要的结论，即

资产=负债+所有者权益

该等式左边资产方表明企业拥有什么经济资源和拥有多少经济资源，右边权益方则表明是谁提供了这些经济资源，谁对这些经济资源拥有索取权和要求权。既然权益是对资产的某些权利，那么，资产与权益之间就存在相互依存的关系。没有资产，就没有有效的权益。同样，企业所拥有的资产也不能脱离权益而存在。没有无资产的权益，也没有无权益的资产。而且，从数量上看，有一定数额的资产，就必定有一定数额的权益；反之，有一定数额的权益，也必然有一定数额的资产。也就是说，资产与权益是同一资金的两个不同方面，一个企业的资产总额与权益总额必然相等，因此该等式称为会计恒等式。

2. 会计等式 2——动态会计恒等式

开办企业的目的是为了赚钱，上一个等式并不能反映企业在经营过程中是盈利还是亏损，下面的等式可以充分反映企业的盈利状况：

收入－费用=利润（或亏损）

如果利润>0，则表现为企业盈利；

如果利润<0，则表现为企业亏损。

之所以将这一等式称为动态指标，是因为我们可以从不同阶段企业利润的变化中分析企业的盈利状况。会计等式 2 也是编制利润表的主要依据。

3．会计等式 3——动静结合的会计恒等式

第 1 个等式只能看出企业资金运动的静态情况，即某一个时点的状况；而第 2 个等式只能反映企业资金运动的动态状况，即赚了多少钱，无法反映企业的规模。再仔细思考一下，我们会发现资产运用会取得收入，同时也产生了费用，而利润的增加一方面增加了所有者权益，另一方面增加了企业资产或减少了企业的负债，企业的经营总是如此持续下去，因此产生了等式 3：

资产=负债+所有者权益+（收入-费用）

由于企业的利润一方面要归入新的资产中去，或者减少原有的负债，另一方面要增加所有者权益，此时会计等式 3 又恢复到会计等式 1。

由此可见，会计恒等式揭示了会计要素之间的内在联系，它既是设置会计科目、复式记账和编制资产负债表的理论依据，也是会计这门学科的理论基石和会计中最重要的游戏规则，是贯穿于财务会计始末的一条主线。正确理解和运用会计恒等式，对于掌握会计核算的基本方法有着相当重要的意义。

（二）经济业务与会计恒等式的关系

企业在生产经营过程中发生的各种经济业务必然要引起资产和权益的增减变动，但无论它们怎样变化，都不会影响资产和权益之间的平衡关系。也就是说，企业的资产总额与权益总额总是相等的。企业的经济业务虽然多种多样，错综复杂，但从它们对资产和权益所引起的增减变化来看，不外乎有以下四种类型。

第一种类型，经济业务发生引起资产和权益同时增加，增加金额相等。

【例 1-1】 某企业 2020 年 1 月 1 日结存的资产和权益总额均为 1 500 000 元，权益中负债总额为 700 000 元，所有者权益总额为 800 000 元。1 月 15 日，该企业收到乙单位货币资金投资 80 000 元，款项已存入银行。

这项经济业务发生后，该企业的实收资本或股本增加了 80 000 元，同时银行存款也增加了 80 000 元。实收资本是所有者权益项目，银行存款是资产项目，这样，该企业的资产总额和权益总额同时增加了 80 000 元，即由原来的 1 500 000 元增加到 1 580 000 元。由于资产和权益同时增加，且增加金额相等，因而会计恒等式的平衡关系不会被破坏。

第二种类型，经济业务发生引起资产和权益同时减少，减少金额相等。

【例 1-2】 1 月 18 日，该企业以银行存款 40 000 元偿还银行以前的欠款。

这项经济业务发生后，该企业的银行存款减少了 40 000 元，同时应付账款也减少了 40 000 元。银行存款是资产项目，应付账款是负债项目，这样，该企业的资产总额和权益总额同时减少了 40 000 元，即由原来的 1 580 000 元减少到 1 540 000 元。由于资产和权益同时减少，且减少金额相等，因而会计恒等式的平衡关系不会被破坏。

第三种类型，经济业务发生引起资产项目之间此增彼减，增减金额相等。

【例 1-3】 1 月 20 日，该企业以银行存款购进工程物资一批，价值 50 000 元，已

办理入库手续。

这项经济业务的发生，一方面使该企业的工程物资增加了 50 000 元，另一方面使银行存款减少了 50 000 元。银行存款和工程物资都是资产项目，两者此增彼减，增减金额相等。增减变动的结果，是资产总额不变（仍为 1 540 000 元）。由于这项经济业务只涉及资产项目而不涉及权益项目，故权益总额不变（仍然为 1 540 000 元）。这样，资产总额与权益总额仍然保持其平衡关系。

第四种类型，经济业务发生引起权益项目之间此增彼减，增减金额相等。

【例 1-4】经银行同意，该企业所欠银行长期借款 300 000 元，转为对企业的投资。

这项经济业务的发生，一方面使该企业的长期借款减少了 300 000 元，另一方面企业接受投资的数额增加了，即增加了实收资本 300 000 元。长期借款和实收资本都是权益项目，两者此增彼减，增减金额相等，增减变动的结果，是权益总额不变（仍为 1 540 000 元）。由于该项经济业务只涉及权益项目而不涉及资产项目，故资产总额不变（仍为 1 540 000 元）。这样，资产总额与权益总额仍然保持平衡关系。

以上四种类型的经济业务所引起的资产和权益的增减变化，如图 1-4 所示。

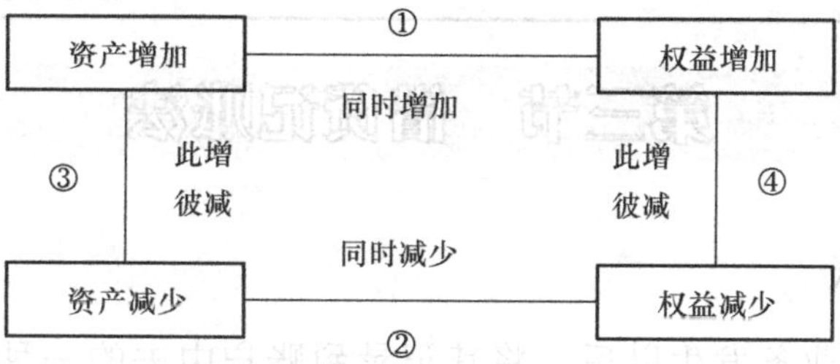

图 1-4

从以上列举的四例经济业务中可以看出，任何一项经济业务的发生都一定会引起资产、负债和所有者权益的至少两个项目发生增减变动，变动的数额是相同的，有时是此增彼减，有时是同增同减。凡是只涉及资产或权益内部增减变动的经济业务（见例 1-3、例 1-4），不但不会影响双方总额的平衡，而且原来的总额也不会发生变动；凡是涉及资产和权益双方同增同减的经济业务（见例 1-1、例 1-2），都会使双方原来的总额发生同增同减的变动，但变动的结果，双方的总额仍然相等。收入、费用和利润的增减变动也不会影响资产和权益双方的平衡关系。由此可以得出结论，即任何一项经济业务的发生都不会影响资产与权益的平衡关系。

上述四种类型的经济业务，是将负债与所有者权益视同为“权益”整体加以说明的。如果将负债与所有者权益分开，则可将经济业务对资产、负债和所有者权益的影响归纳如下九种类型。

（1）一项资产增加，一项负债增加；

（2）一项资产增加，一项所有者权益增加；

（3）一项资产增加，另一项资产减少；

（4）一项负债减少，一项资产减少；

（5）一项负债减少，另一项负债增加；

（6）一项负债减少，一项所有者权益增加；

（7）一项所有者权益减少，一项负债增加；

（8）一项所有者权益减少，一项资产减少；

（9）一项所有者权益减少，另一项所有者权益增加。

以上九类经济业务对会计恒等式的影响如表 1-3 所示（“+”表示增加，“-”表示减少）。

表 1-3　　九类经济业务对会计恒等式的影响

	资产	=负债	+ 所有者权益
（1）	+资产	=+负债	
（2）	+资产	=	+ 所有者权益
（3）	+资产-资产	=	
（4）	-资产	=-负债	
（5）		=+负债-负债	
（6）		=-负债	+所有者权益
（7）		=+负债	-所有者权益
（8）	-资产	=	-所有者权益
（9）		=	+所有者权益-所有者权益

第三节　借贷记账法

一、什么是记账法

记账是指在经济业务发生以后，将其记录到账户中去的一种方法。会计上的记账方法，经历了一个由单式记账法发展到复式记账法的过程。

单式记账法是对每一项经济业务只在一个账户中进行记录，是一种比较简单，不够全面与完整的记账方法，目前已很少采用。

复式记账法是相对单式记账法而言的，它是在每一项经济业务发生以后，用相等的金额在相互关联的两个或两个以上的账户中进行登记的一种记账方法，其基本理论依据是“资产=负债+所有者权益”恒等式。根据账户之间的对应关系和会计恒等式，可以对一定时期发生的全部经济业务的会计记录进行试算平衡，及时发现账户记录中的错漏。

例如，以现金 2 000 元支付房屋租赁费，这项业务的发生一方面使该单位的现金减少了 2 000 元，另一方面使该单位的费用增加了 2 000 元。采用复式记账法，对于这项经济业务就要以相等的金额 2 000 元，同时在库存现金和管理费用这两个相互联系的账户中进行登记。

按照国际惯例，通用的复式记账法是借贷记账法。根据我国现行会计准则规定，我国企业、行政事业单位采用借贷记账法。

二、会计核算的基础——权责发生制

（一）权责发生制与收付实现制的含义

权责发生制又称应收应付制。它主要确定收入与费用入账的时间。

在某一会计期间，企业销售一批产品，可能会遇到以下两种情况：其一，当期取得了现金收入；其二，当期尚未取得现金收入，但随着产品的出售，已取得向购货方收取货款的权利。由于会计核算是分期进行的，那么该批售出的产品是否应确认为当期的收入呢？同样，对于费用的发生，有实际支出现金和暂未支出而待以后支出两种情况，此时，也有一个是否在当期确认费用的问题。

如何确认收入或费用，一般有两种标准：一种是以是否收到或支出现金为标准，我们称之为收付实现制或现收现付制；另一种是以收入或费用应归属的期限为标准，我们称之为权责发生制或应收应付制。

所谓权责发生制，具体讲就是凡是当期已经实现的收入和已经发生或应当负担的费用，不论款项是否收付，都应作为当期的收入或费用处理；凡是不属于当期的收入和费用，即使款项已经在当期收付，都不作为当期的收入和费用处理。

收付实现制是指凡是在本期收到的收入和支出费用，不论是否属于本期都应作为本期的收入和费用处理，反之，即使收入取得或费用发生，没有实际款项的收付也不作为当期的收入和费用。即只要收到或支出了款项，就作为当期的收入或费用，而只要没有实际款项的收支，则一律不作为本期的收入或费用。和应收应付制比较，现收现付制处理方法比较简单，但对各期损益的确定不够合理，一般适用于行政事业单位。

（二）权责发生制与收付实现制的应用比较

权责发生制与收付实现制的比较，如表 1-4 所示。

表 1-4　　权责发生制与收付实现制的记账方法比较

经济业务	权责发生制			收付实现制		
	本月收入	本月费用	说　明	本月收入	本月费用	说　明
1. 收到上月产品销售货款 5 000 元	0		已作为上月收入	5 000		本月收到现金而作为本月收入
2.销售产品 8 000 元并收到货款	8 000		已实现销售作为本月收入	8 000		已收到现金，应作为收入
3. 销售产品 3 000 元，货款暂未收到	3 000		已实现销售应作为本月收入			未收到现金，不作为收入
4. 预付下月房租 1000 元		0	应作为下月费用		1 000	已付出现金，作为本月费用
5.支付本月有关办公费用 500 元		500	本月费用应由本月承担		500	已付现金，应作为本月费用
6.负担上月已付的保险费 800 元		800	应由本月承担		0	未付现金，不作为本月费用
合计	11 000	1 300		13 000	1 500	

（三）权责发生制与收付实现制对损益的影响

表 1-4 向我们清楚地讲述了权责发生制与收付实现制的记账方法。而通过下面的实例可以说明这两种收入和费用确认基础的差异和各自的特点以及对企业损益的影响。

【例 1-5】 某企业 2020 年 5 月发生以下经济业务。

（1）支付上月水费 5 000 元；

（2）收回上月某公司的欠款 10 000 元；

（3）收到本月的营业收入款 8 000 元；

（4）支付本月应负担的电话费 900 元；

（5）支付下季度财产保险费 1 800 元；

（6）应收营业收入 25 000 元，款项尚未收到；

（7）预收某企业购货订金 5 000 元；

（8）负担上季度已经预付的财产保险费 600 元。

该企业 2020 年 5 月收入和费用的确认在两种记账方法下的比较，如表 1-5 所示。

表 1-5　　某企业本月收入和费用确认方法的比较

项　目	收　入		费　用		本期收益
权责发生制	收到本月营业收入	8 000	本月应负担电话费	900	31 500
	应收营业收入	25 000	负担财产保险费	600	
	收入小计	33 000	费用小计	1 500	
收付实现制	收到上月欠款	10 000	支付上月水费	5 000	15 300
	收到本月营业收入款	8 000	支付本月电话费	900	
	预收购货订金	5 000	支付下季度财产保险费	1 800	
	收入小计	23 000	费用小计	7 700	

为了进一步理解这两种会计方法如何对企业的财务状况产生完全不同的影响，我们假设有一名木匠，他承包了一项工作，顾客的预期成本是 8 000 元。木匠对供给品、劳工和其他必要物资的预期费用是 5 000 元，所以他对利润的预期是 3 000 元。合同签订日期是 2020 年 12 月 10 日，他在 2020 年 12 月 31 日完成了工作，2021 年 1 月 5 日获取报酬。这名木匠之前没有收取任何款项，并同意在工作全部完成时收取报酬。

如果他使用的是收付实现制，因为没有发生任何的现金交易，所以这名木匠不需要在 2020 年提交任何有关这项收入的报告。但是他在 2020 年支出了费用，所以在这种情况下他 2020 年的盈亏情况是负 5 000 元，而没有任何收入与之配比，他 2020 年在这项业务上的净利润（指收入减去费用）就会降低。如果他想在 2020 年减少税额，这不一定不是个好办法。

由此可见，两种不同的处理方法，将影响到各个期间收入、费用和盈亏的确认。由于权责发生制能够比较真实、合理地反映企业的财务状况和经营成果，故广泛用于各个企业；而收付实现制处理方法相对简单，显然对各期收益的确定不够合理，主要用于不需明确收益的行政事业单位。

权责发生制的优点是，可以正确反映各个会计期间所实现的收入和为实现收入所应负担的费用，从而可以把各期的收入同与其相关的费用、成本相配合，加以比较，正确确定各期的收益。

为了正确划分并确定各个会计期间的财务成果，《企业会计制度》规定，企业必须以权责发生制作为记账的基础。

三、借贷记账法的基本内容

（一）借贷记账法的含义

借贷记账法是以“借”和“贷”作为记账符号，以“有借必有贷，借贷必相等”为记账规则，对每一项经济业务，都要在两个或两个以上相互联系的账户中进行登记的一种复式记账方法。

在借贷记账法中，“借”和“贷”本身不表示任何确切的意义，只作为记账符号使用。只有在“借”“贷”符号与特定的会计账户结合时，才用于表示账户的记账方向，“借”表示记入账户的借方，“贷”表示记入账户的贷方。

（二）借贷记账法的账户结构

在借贷记账法下，所有账户都分为借方和贷方两个基本部分，用以记录因经济业务引起的会计要素的增减变动情况。在记录经济业务时，哪方记增加，哪方记减少，要根据账户的性质和经济业务的具体内容而定。

根据“资产=负债+所有者权益”的会计恒等式，资产要素列在等式左边，负债和所有者权益要素列在等式右边，左右两边的合计数永远相等，保持平衡。为了确保账户中的记录不破坏会计恒等式，在设计账户结构时采用了异向平衡的原理。即资产在恒等式的左边，资产的增加记入账户的左边——借方，资产减少记在账户的右边——贷方，一般余额在借方；负债和所有者权益在恒等式的右边，负债和所有者权益的增加记入账户右边——贷方，减少记在账户左边——借方，一般余额在贷方。

损益是由收入和费用两个会计要素决定的，因此，损益类账户由收入类账户和费用类账户构成。收入的变动最终会引起所有者权益变动，而且两者的变动方向相同，因而收入类账户的结构与所有者权益类账户的结构基本相同。贷方记录该项收入的本期增加数，借方记录该项收入的本期减少数或转销数，收入类账户本期发生在期末结转后，一般无余额。如有余额，表示尚未结转的收入。费用的变动最终会引起所有者权益变动，而且两者的变动方向相反，因而费用类账户的结构与权益类账户的结构相反。借方记录该项费用的本期增加数，贷方记录该项费用的本期减少数。费用类账户本期发生额在期末结转后，一般无余额，如有余额，表示尚未结转的费用。

各类账户的具体结构规定如下。

1. 资产类账户的结构

资产类账户是记录企业各项资产增减变动和实有数的账户。这类账户的具体结构是，借方登记增加数，贷方登记减少数，余额在借方，反映资产的实有数。资产类账户的结构如图 1-5 所示。

资产类账户

借方	贷方
期初余额：×××	
本期增加额：×××	本期减少额：×××
期末余额：×××	

图 1-5 资产类账户结构

期末余额可以通过下列公式计算：

期末借方余额=期初借方余额+本期借方发生额−本期贷方发生额

2. 权益类账户结构

权益类账户包括负债类和所有者权益类账户。这类账户的结构是，贷方登记增加数，借方登记减少数，余额在贷方，表示负债、所有者权益的实有数。权益类账户的结构如图 1-6 所示。

权益类账户

借方	贷方
	期初余额：×××
本期减少额：×××	本期增加额：×××
	期末余额：×××

图 1-6　权益类账户结构

期末余额可以通过下列公式计算：

期末贷方余额=期初贷方余额+本期贷方发生额−本期借方发生额

3. 成本类账户的结构

成本类账户是记录各项生产成本或劳务成本的发生及其转销情况的账户。该类账户结构与资产类账户结构相同，即借方登记增加数，贷方登记转销数，若有余额，在借方，表示尚未完工的在产品成本或尚未结转的劳务成本，作为资产负债表存货的构成内容。成本类账户的结构如图 1-7 所示。

成本类账户

借方	贷方
期初余额：×××	
本期增加额：×××	本期减少额：×××
期末余额：×××	

图 1-7　成本类账户结构

成本类账户的期末余额可以通过以下公式计算：

期末借方余额=期初借方余额+本期借方发生额−本期贷方发生额

4. 损益类账户

损益类账户包括收益类和费用损失类两类账户。

（1）收益类账户。

收益类账户的结构是，贷方登记增加数，借方登记减少数或转销数，期末无余额。其结构如图 1-8 所示。

收益类账户

借方	贷方
本期减少额：×××	本期增加额：×××

图 1-8　收益类账户结构

（2）费用损失类账户。

费用损失类账户的结构是，借方登记增加数，贷方登记减少数或转销数，期末无余额。其结构如图 1-9 所示。

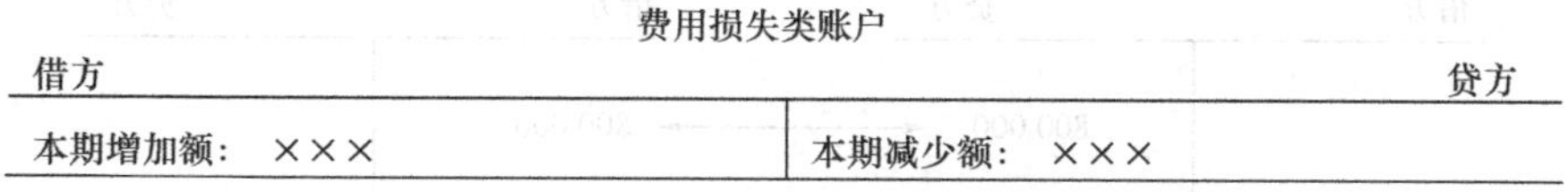

图 1-9 费用损失类账户结构

（三）借贷记账法的记账规则及其运用

借贷记账法的记账规则是“有借必有贷，借贷必相等”。根据复式记账的基本原理，以及借贷记账法的账户结构、会计要素的变化规律、会计等式的平衡关系，我们可以知道，每项经济业务的发生，或者只涉及会计等式的一端，引起这一端会计要素的此增彼减；或者涉及会计等式的两端，引起两端会计要素的同增或同减。而无论如何，在记账时都必须以相等的金额，借贷相反的方向，在两个或两个以上相互关联的账户中进行登记。有借方必有贷方，借方与贷方的金额必须相等。

在实际运用借贷记账法记录经济业务时，一般分以下三步进行。

首先，需要分析经济业务的内容，确定经济业务的性质。判定了经济业务的类型后，就可以确定它所涉及的账户的类别，即资产、负债、所有者权益类账户或者成本、损益类账户。

其次，判定应该使用的账户的名称以及这个账户的金额是增加还是减少。

最后，根据账户的结构，确定记入账户的借方还是贷方。

下面举例说明借贷记账法的记账规则。

甲公司 2020 年 2 月发生如下业务。

【例 1-6】 向开户行借入 3 个月期的借款 10 000 元存入银行。

这是一项资金投入企业的业务，涉及资产和负债同时增加。资产中的银行存款增加，记入“银行存款”账户的借方；负债中的短期借款增加，记入“短期借款”账户的贷方，如图 1-10 所示。

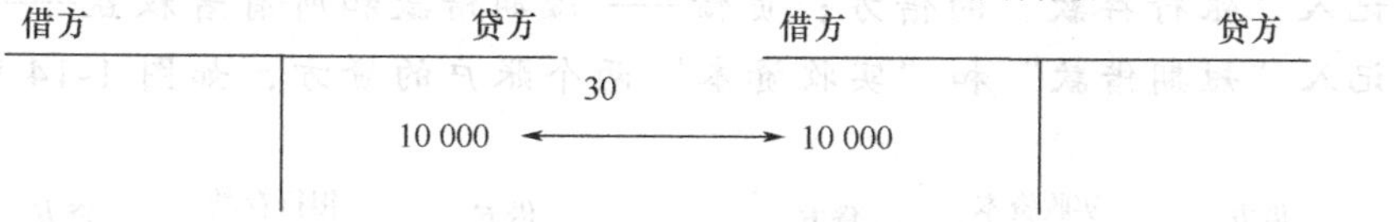

图 1-10 借入短期借款的记账

【例 1-7】 经董事会研究决定，同意乙公司退出投资，以银行存款支付乙公司金额 80 万元。

这是一项资金退出企业的业务，涉及资产和所有者权益同时减少。一方面企业资产中的银行存款减少，记入“银行存款”账户的贷方；另一方面企业所有者权益——实收资本减少，记入“实收资本”账户的借方，如图 1-11 所示。

【例 1-8】 以银行存款购进设备一台，价值 20 万元，设备交付使用。

这是一项资金在企业内部循环与周转的经济业务，只涉及资产内部增减变化。一项资产——固定资产增加，记入“固定资产”账户的借方；另一项资产——银行存款减少，记入“银行存款”账户的贷方，如图 1-12 所示。

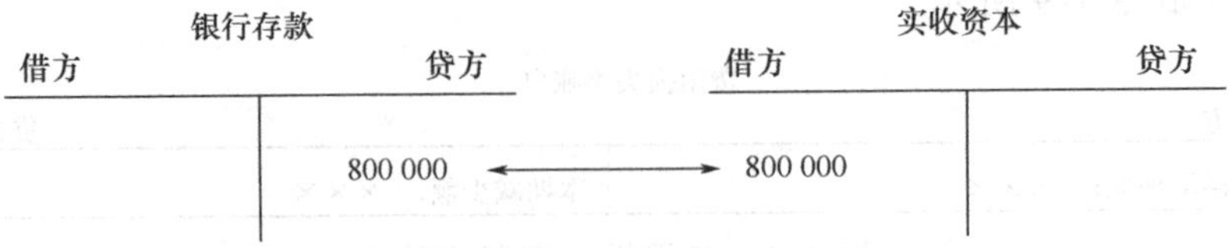

图 1-11　投资者退出投资的记账

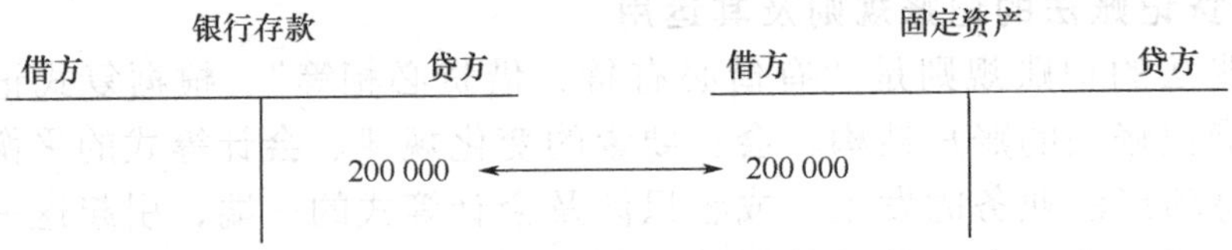

图 1-12　以银行存款购入设备的记账

【例 1-9】 所欠丙公司 50 万元的购货款，经丙公司同意不再支付，而改为丙公司对企业的投资。

这是一笔负债与所有者权益之间转化的业务，负债——应付账款减少，记入“应付账款”账户的借方；转化为所有者权益——实收资本增加，记入“实收资本”的贷方，如图 1-13 所示。

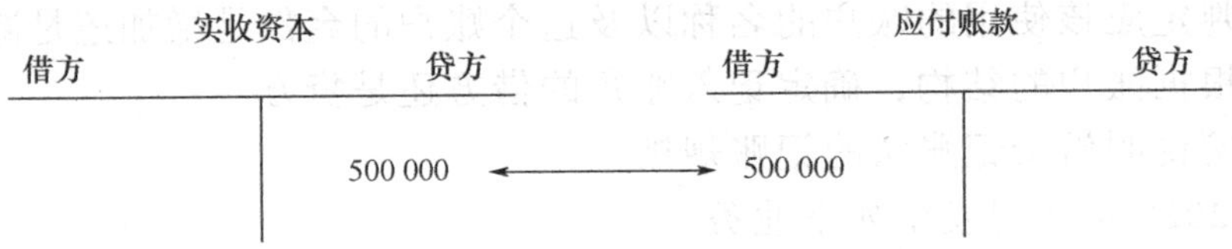

图 1-13　负债转化为所有者权益的记账

【例 1-10】 收到丁公司投入的货币资金 40 万元和从银行借入的短期借款 50 万元，款项已全部收到存入银行。

这是一项资金投入的业务，涉及资产与负债和所有者权益同增。资产——银行存款增加，记入“银行存款”的借方；负债——短期借款和所有者权益——实收资本增加，分别记入“短期借款”和“实收资本”两个账户的贷方，如图 1-14 所示。

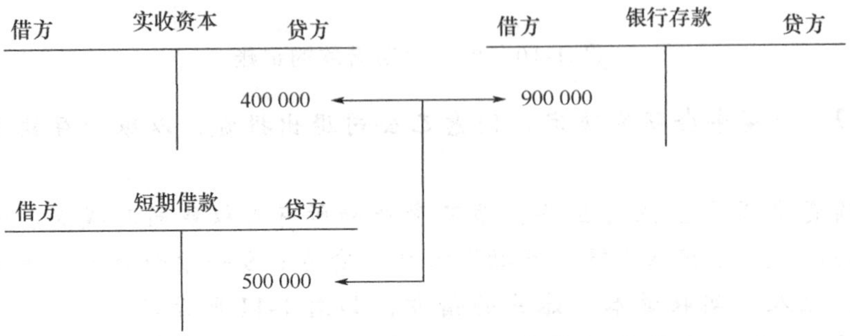

图 1-14　收到投资资金和借入短期借款的记账

【例 1-11】 用存款偿还银行的短期借款 630 000 元，同时从银行存款中提取现金 70 000 元备用。

这是一项资产之间的增减变化和资产和负债同时减少的业务。一方面企业的资产——银行存款减少，记入“银行存款”账户的贷方，另一方面企业的资产——现金增加，记入“现金”账户的借方，负债——短期借款减少，记入“短期借款”账户的借方，如图 1-15 所示。

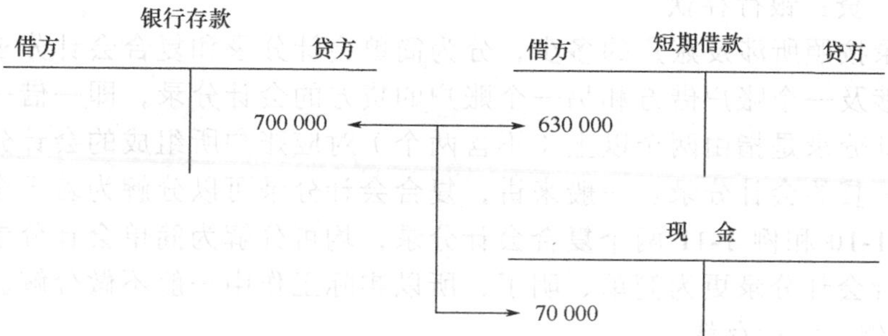

图 1-15　偿还短期借款和提取现金的记账

四、会计分录

为了方便记账工作，保证账户记录的正确性，在把经济业务记入账户之前，应先编制会计分录，然后再据以记账。会计分录，简称分录，它是指对某项经济业务标明其应借应贷账户及其金额的记录。会计分录的编制同样遵守“有借必有贷，借贷必相等”的原则。

一笔会计分录，主要包括三个基本要素，即应记账户名称、记账符号、记账金额。

根据会计分录的三个基本要素，在编制会计分录时可按以下步骤进行。

首先，分析经济业务涉及的是资产（费用、成本）还是权益（收入、收益）。

其次，确认涉及哪些账户，是增加还是减少。

再次，确认记入哪个（或哪些）账户的借方，哪个（或哪些）账户的贷方。

最后，确认应借应贷账户是否正确，借贷方金额是否相等。

提醒，编制会计分录时“借”、“贷”应分行，将应借账户排在上面，应贷账户排在下面，每一个账户名称占一行，借方与贷方错位表示，以便醒目、清晰。

在实际工作中，会计分录是在会计凭证上进行编制的。以例 1-6 至例 1-11 的六笔经济业务为例，说明会计分录的编制方法。

例 1-6 借：银行存款　　10 000
　　贷：短期借款　　10 000

例 1-7 借：实收资本　　800 000
　　贷：银行存款　　800 000

例 1-8 借：固定资产　　200 000
　　贷：银行存款　　200 000

例 1-9 借：应付账款　　500 000

贷：实收资本 500 000

例 1-10 借：银行存款 900 000

贷：短期借款 500 000

实收资本 400 000

例 1-11 借：现金 70 000

短期借款 630 000

贷：银行存款 700 000

会计分录按照所涉及账户的多少，分为简单会计分录和复合会计分录。简单会计分录是指只涉及一个账户借方和另一个账户的贷方的会计分录，即一借一贷的会计分录；复合会计分录是指由两个以上（不含两个）对应账户所组成的会计分录，即一借多贷或多借一贷的会计分录。一般来讲，复合会计分录可以分解为若干个简单会计分录。上述例 1-10 和例 1-11 两个复合会计分录，均可分解为简单会计分录，其结果相同。由于复合会计分录更为简单、明了，所以实际工作中一般不做分解。

例 1-10 借：银行存款 500 000

贷：短期借款 500 000

借：银行存款 400 000

贷：实收资本 400 000

例 1-11 借：现金 70 000

贷：银行存款 70 000

借：短期借款 630 000

贷：银行存款 630 000

必须指出，如果一笔经济业务，既涉及两个或两个以上的借方账户，又涉及两个或两个以上的贷方账户，为了如实、完整地反映该项经济业务，可以编制一笔多借多贷的会计分录，但不能人为地将不同类型的经济业务合并编制为多借多贷的会计分录，否则难以如实反映资金运动的来龙去脉，不便于查账。除此之外，还必须注意以下几个问题。

（1）一般情况下，一笔经济业务编制一笔会计分录。为简化核算手续，也可以对若干同类经济业务进行汇总，编制一笔会计分录；

（2）会计分录编制完毕，应采用“有借必有贷，借贷必相等”的记账规则，检验所编制的会计分录是否正确。

本章小结

会计是以货币为主要计量单位、综合反映和监督经济活动过程的一种管理活动。会计对象是指会计核算和监督的内容，即指企业资金的运动。使用特定概念对会计对象所做的分类称为会计要素，它是会计对象的具体化。会计要素分为资产、负债、所有者权益、收入、费用和利润六大类。会计的职能也就是会计所具有的功能，其基本职能有核算和监督，二者相辅相成。会计核算的前提条件是组织会计核算工作应当具备的前提条件，是企业进行会计确认、计量和报告的基本前提，是人们在长期的会计实践中逐步认识和总结形成的，主要包括会计主体、持续经营、会计期间、货币计量等。

会计科目是对会计要素进一步分类的项目，每一个会计科目都明确地反映一定的经济内容，不同的会计科目，反映会计不同的事项特点。为了对所发生的经济业务进行分类记录和反映，会计上采用设置账户的方法。账户是对会计科目所反映的经济业务内容，进行连续、系统的记录的一种工具。账户的基本结构分成左右两个基本部分，一方登记增加额，一方登记减少额，但具体哪一方记增加数，哪一方记减少数，则要视账户的性质而定。“资产=负债+所有者权益”，这一式子称为会计恒等式。各种经济业务的发生，总会引起会计等式左、右两方有关项目发生增减变动，但无论如何变动，会计等式左、右两方的总额，始终保持相等的平衡关系（动态平衡）。

如何确认收入或费用，一般有两种标准：一种是以是否收到或支出现金为标准，这就是收付实现制；另一种是以收入或费用应归属的期限为标准，称之为权责发生制。收付实现制处理方法比较简单，但对各期损益的确定不够合理，一般适用于行政事业单位。权责发生制可以正确反映各个会计期间所实现的收入和为实现收入所应负担的费用，从而可以把各期的收入与其相关的费用、成本相配比，正确确定各期的收益。《企业会计准则》规定，企业必须以权责发生制作为记账的基础。复式记账法是指每一笔经济业务发生后，要同时在相互联系的两个或两个以上的账户中，以相等的金额进行登记的一种记账方法。以“借”、“贷”作为记账符号的复式记账法称为借贷记账法。借贷记账法的记账规则是“有借必有贷，借贷必相等”。为了方便记账工作，保证账户记录的正确性，在把经济业务记入账户之前，应先编制会计分录，然后再据以记账。会计分录是对每笔经济业务，在记账凭证中明确应借、应贷账户的名称和金额所做的记录。会计分录按照所涉及账户的多少，分为简单会计分录和复合会计分录。

第二章

会计报表及阅读

【学习目标】

通过本章学习，熟悉财务会计报告和我国的会计报表体系，正确理解会计报表的含义及作用，了解会计报表的局限性；掌握资产负债表和利润表的结构、内容，了解其编制方法；通过阅读资产负债表和利润表理解其所提供的会计信息。

【重点难点】

重点：资产负债表和利润表的结构与内容，理解资产负债表和利润表所提供的会计信息。

难点：资产负债表和利润表的结构、内容及编制方法。

【技能点】

通过本章的学习，会阅读资产负债表和利润表。

【学习内容】

从本章你可以学到：我国会计报表体系的四大会计报表：资产负债表、利润表、现金流量表、所有者权益（股东权益）变动表的含义及其作用；资产负债表的结构及内容，资产负债表的编制方法，资产负债表的阅读；利润表的结构及内容，利润表的编制方法，利润表的阅读。

第一节　会计报表概述

一、我国的会计报表体系

在企业日常会计核算中，企业每发生一笔经济业务，都要编制会计凭证，登记账簿。但是，这些日常核算资料数量太多，而且比较分散，不能集中地、概括地反映企业的财务状况和经营成果，因此，就有必要定期地将日常会计核算资料分类汇总，按照一定的表格形式编制成会计报表，向有关各方面传递关于企业经营成果与财务状况的有用信息。

会计工作的最终产品就是财务会计报告，也是会计核算工作的阶段性总结。它是以书面的形式，比较全面、系统地反映企业财务状况和经营成果的文件。财务会计报告可以分为月度报告、季度报告、半年度报告和年度报告。月报、季报、半年报称为中期报告。一个完整年度的报告，称为年报。一个完整的财务会计报告由会计报表、报表附注和财务情况说明书构成，其中，会计报表是核心。

会计报表是对企业财务状况、经营成果和现金流量的结构性表述。资产负债表、利润表、现金流量表、所有者权益（股东权益）变动表构成我国会计报表体系。会计报表是财务学习的基础之一，也是所有企业员工、管理者们所需了解的。

二、会计报表及其作用

（一）资产负债表

1. 资产负债表的含义

国内某位著名的财务分析专家说，资产负债表是“底子”，利润表是“面子”，现金流量表是“日子”。这个比喻非常形象，恰当地表达出三张报表的地位和作用。

首先让我们来认识一下什么是企业的“底子”。资产负债表是指反映企业某一特定日期全部资产、负债和所有者权益情况的会计报表。因为其描述了它在发布那一时点企业的财务状况，就如同我们用相机对某一美景按下快门，拍下的是一幅静态的、瞬间的图片一样，它只描述了当时的状况，因此称之为静态报表。它是根据“资产=负债+所有者权益”这一会计恒等式，按照一定的分类标准和一定的顺序，把企业在一定日期的资产、负债、所有者权益各项目予以适当排列，并对日常工作中形成的大量数据进行高度浓缩整理。资产负债表是企业最主要的会计报表之一，每家独立核算的企业都应按期单独编制，并及时对外报送。

2. 资产负债表的作用

资产负债表能够提供资产、负债和所有者权益的全貌。资产负债表有着极其重要的作用，主要表现在以下几个方面。

（1）资产负债表可以提供某一日期资产的总额，表明企业拥有或控制的经济资源及其分布情况，是分析企业生产经营能力的重要资料。如多少资源是流动资产；多少资源是长期投资，其中股权投资是多少，债权投资是多少；多少资源是固定资产等，经营者据此可以分析企业资产分布是否合理。

（2）资产负债表可以反映某一日期的负债总额以及结构，表明企业未来需用多少资产或劳务清偿债务。如流动负债有多少，长期负债又有多少，其中一年内需要偿还的长期负债有多少等，由此可以了解企业的偿债能力和支付能力，债权人据此可以做出相应的决策。

（3）资产负债表可以反映所有者权益的情况，表明投资者在企业资产中所占的份额，了解权益的结构情况。如所有者的资本投入和准资本共有多少，未分配利润有多少，保值和增值情况如何等等，由此可以了解企业的财务实力。

（4）资产负债表可以提供财务分析所需的基本资料，据以计算流动比率、速动比率、资产负债率等指标，以了解企业的长、短期偿债能力和资产营运能力等。

（二）利润表

通过资产负债表清楚了企业究竟有多少资产，其中有多少是借来的，多少是所有者的，还远远不够。我们还应该清楚企业利用这些资产究竟获得了多少利润，有多少归自己，多少要缴税，这就涉及了反映经营成果的报表，即利润表。

1. 利润表的含义

利润表是反映企业在一定会计期间经营成果的会计报表。利润表是根据“收入-费用=利润”这一会计等式编制的。利润表把一定期间的营业收入与同一会计期间相关的营业费用进行配比，以计算出企业一定时期的净利润（或净亏损）。利润表也是企业最主要的会计报表之一。

2. 利润表的作用

利润表反映了企业一定时期利润形成的具体原因，对企业内部管理者和外部投资者、债权人等使用者来说，具有十分重要的作用，具体表现为以下几个方面。

（1）通过利润表所提供的信息，可以衡量企业管理者的经营业绩和企业的获利能力。

（2）可以通过对利润构成因素的分析，发现影响利润形成和变动的重要因素，及时改善经营管理，提高企业的经济效益。例如，在利润总额中，营业利润占多大的比例，投资收益又占有多大的比例；在营业利润中，主营业务利润占有多少，其他业务利润占有多少；等等。

（3）通过分析若干期营业利润的增减变化情况，可以预测企业未来的利润变化趋势，为报表使用者提供决策信息。

（三）现金流量表

1. 现金流量表的含义

现金流量表是反映和提供企业一定会计期间内现金和现金等价物流入和流出信息的会计报表。其中，现金是指企业的库存现金、可随时用于支付的存款和现金等价物。现金等价物是指企业持有的期限短（到期日在三个月以内）、流动性强、易于转换为已知金额现金、价值变动风险很小的投资，如三个月以内到期的国库券。现金等价物虽然不是现金，但当企业需要时即可随时变现，具有很强的支付能力，因而视其为现金。

现金流量表可以解决如下实际问题：企业当期有多少现金流入，来源于何处?企业当期流出多少现金，用于何方?企业当期现金余额是怎样变化的，净增减多少?

如前所述，资产负债表可以提供企业某一特定日期资产、负债和所有者权益的总额及其构成的情况，但是，没有说明一个企业的资产、负债和所有者权益为什么发生了变化。利润表可以反映企业一定会计期间的收入实现情况和费用耗费情况，从而反映企业生产经营活动的成果，但是，利润表是以权责发生制为基础确认与计量收入和费用的，不能提供经营活动产生的现金流入和现金流出的信息；利润表中有关投资损益和财务费用的信息反映了企业投资和筹资活动的效率和最终成果，但是没有反映对外投资的规模、投向和筹资的规模、具体来源。资产负债表和利润表只能提供某一方面的信息，现金流量表就是在资产负债表和利润表已经反映了企业财务状况和经营成果信息的基础上，进一步提供企业现金流量信息，是连接资产负债表和利润表的纽带和桥梁。

2. 现金流量表的作用

在实际工作中，往往会出现下面的情况。有些企业利润表上反映的是赢利，却没有现金支付能力，偿还不了到期的债务；而有些企业利润表上反映的是亏损，却现金充足，不仅能经营运作甚至还能对外投资。这是因为利润表是按权责发生制编制的，无法反映企业的现金流量信息。而按收付实现制编制的现金流量表可以解决这一问题。现金流量表的作用主要体现在以下几方面。

（1）反映企业净利润的含金量。现金流量表以收付实现制为基础，真实地反映企业当期实际收入的现金、实际支出的现金以及现金流入流出相抵后的净额。通过分析利润表中本期净利润与现金流量之间的差异，可以正确评价企业的经营成果。我们知道，企业能够用于生产经营周转的不是净利润，而是实际拥有多少现金，因此只有正确地反映企业现金的净流量，才能为决策者提供更加可靠的信息。

（2）帮助报表使用者分析企业的偿债能力及支付股利能力。债权人关心的是企业的偿债能力，特别是短期偿债能力。企业的流动资产中偿债能力最强的是现金。企业偿债能力的好坏，也主要取决于其获取现金的能力。投资者关心企业是否具备支付股利的能力，支付股利的直接手段仍然是现金。现金流量表所提供的现金流量情况正是债权人和投资者所必需的。

（3）帮助潜在的投资者分析企业未来产生现金流量的能力，做出正确的投资决策。例如现金流量表中反映本期有大量筹资活动现金流入，则可预测企业未来必定会因还本付息等原因流出现金。再如本期净利润很大，但经营活动现金流量很少，则有可能是巨额应收账款占用了资金，在正常情况下，未来会因款项的收回而增加经营活动现金流入。

（4）帮助报表使用者了解企业与现金收支无关但是对企业有重要影响的投资及筹资活动。在现金流量表的补充资料部分，应反映这种类型的活动及其金额，如债务转资本、融资租入固定资产等。这些活动在发生的当期不会产生现金流量，但是会对企业的资产结构、资本结构及未来的现金流量产生重要的影响。通过分析这些资料，报表使用者可以更加全面地了解企业的财务状况及经营成果。

综上所述，一般认为企业的现金流量比账面利润重要得多，它在很大程度上决定着企业的生存和发展。因为即使企业有账面利润，但若现金周转不畅，调度不灵，将严重影响企业的发展，甚至影响企业的生存。因此通过对现金流量的分析，可以了解企业营运资金管理能力，正确评价企业当前及以前各期所取得利润的质量，发现财务方面存在的问题，从而对未来企业的财务状况做出科学预测。

（四）所有者权益变动表

1．所有者权益变动表的含义

所有者权益变动表是指反映构成所有者权益各组成部分当期增减变动情况的报表。所有者权益变动表中主要包括下列信息：（1）净利润；（2）其他综合收益；（3）会计政策变更和差错更正的累积影响金额；（4）所有者投入资本和向所有者分配利润等；（5）提取的盈余公积；（6）实收资本或股本、资本公积、盈余公积、未分配利润的期初和期末余额及其调节情况。

2．所有者权益变动表的作用

所有者权益变动表既可以为报表使用者提供所有者权益总量增减变动的信息，也能为其提供所有者权益增减变动的结构性信息，特别是能够让报表使用者理解所有者权益增减变动的根源。

第二节　资产负债表及其阅读

一、资产负债表的结构及内容

（一）资产负债表的结构

资产负债表由表首、正表和表外附注三部分组成。

表首包括报表名称、编制单位、编制日期、报表编号、计量单位。正表主要反映报表的基本内容，包括类别和项目名称及其数据，是资产负债表的主体，列示了用以说明企业财务状况的各个项目。表外附注也是资产负债表的重要构成内容，它的作用是可以帮助会计报表使用者理解会计报表的内容。

目前，国际上流行的资产负债表的格式，主要有报告式和账户式两种。

（1）报告式资产负债表，是将资产负债表的项目自上而下排列，首先列示资产的数额，然后列示负债的数额，最后再列示所有者权益的数额，见表2-1。

表2-1　　资产负债表

编制单位：　　年　月　日　　单位：

项　目	金　额
资产 　流动资产 　长期投资 　固定资产 　无形资产和其他资产 　递延税项 　资产总计：	
负债 　流动负债 　长期负债	

续表

项　　目	金　　额
递延税项	
负债合计：	
所有者权益	
实收资本	
资本公积	
盈余公积	
未分配利润	
所有者权益合计：	
负债及所有者权益总计：	

（2）账户式资产负债表，是将资产项目列在报表的左方，负债和所有者权益项目列在报表的右方，从而使资产负债表左右两方平衡，见表 2-2。

表 2-2　　　　**资产负债表**　　　　会企 01 表

编制单位：　　　　年　　月　　日　　　　单位：元

资　　产	期末余额	年初余额	负债和所有者权益	期末余额	年初余额
流动资产：			流动负债：		
货币资金			短期借款		
交易性金融资产			交易性金融负债		
应收票据			应付票据		
应收账款			应付账款		
预付账款			预收账款		
应收股利			应付职工薪酬		
应收利息			应交税费		
其他应收款			应付利息		
存货			应付股利		
一年内到期的非流动资产			其他应付款		
其他流动资产			一年内到期的非流动负债		
流动资产合计			其他流动负债		
非流动资产：			流动负债合计		
可供出售金融资产			非流动负债：		
持有至到期投资			长期借款		
长期应收款			应付债券		
长期股权投资			长期应付款		
投资性房地产			专项应付款		
固定资产			预计负债		
在建工程、			递延所得税负债		
工程物资			其他非流动负债		
固定资产清理			非流动负债合计		
无形资产			负债合计		

续表

资　　产	期末余额	年初余额	负债和所有者权益	期末余额	年初余额
开发支出			所有者权益（或股东权益）：		
商誉			实收资本（或股本）		
长期待摊费用			资本公积		
递延所得税资产			减：库存股		
其他非流动资产			盈余公积		
非流动资产合计			未分配利润		
			所有者权益（或股东权益）合计		
资产合计			负债和所有者权益（或股东权益）总计		

我国《企业会计准则》规定，企业的资产负债表采用左右对称的账户式结构。其最终结果是，左方资产总额等于右方负债加上所有者权益总额之和，即满足会计恒等式。

（二）资产负债表的内容

在资产负债表的左方列示资产各项目，反映全部资产的分布及存在形态。左方资产各项目按其流动性由大到小顺序排列，依次为流动资产、非流动资产。把资产按流动性强弱排列的目的在于让报表阅读者能够了解企业资产的变现能力。资产从上往下看，变成现金的能力越来越差。如果企业需要把资产变现，上边的比较容易实现。例如，流动资产很容易变成现钱，但是要想把其他资产、无形资产变成现钱则比较困难，需要较长的时间才可以拍卖或转让，而且往往价格会低于账面的数字。因此，一般来说，下边资产占的比重越大，企业变现能力就越差。

右方列示负债和所有者权益各项目，反映全部负债和所有者权益的内容及构成情况。负债各项目按其偿还期由近到远顺序排列，依次为流动负债和非流动负债。这样排列的意义在于让报表阅读者了解企业的债务情况，知道多少是短期债务，多少是长期债务。所有者权益各项目按其留在企业的永久性程度由大到小顺序排列，依次为实收资本、资本公积、盈余公积和未分配利润。这样排列的目的是让报表阅读者了解企业的资产有多少是由自有资金换来的。

二、资产负债表的编制方法

会计报表的编制，主要是通过对日常会计核算记录的数据加以归集、整理，使之成为有用的财务信息。如何将日常数据转化为可以对外披露的财务信息，是保证信息披露质量的重要因素。

为便于各项指标期末数与期初数的比较，资产负债表设有“年初数”和“期末数”两个金额栏，相当于两个年末的“比较资产负债表”。“年初数”栏的各项数字，应根据上年末资产负债表的“期末数”栏内所列数字填列。如果本年度资产负债表规定的各个项目的名称和内容同上年度不相一致，应对上年年末资产负债表各项目的名称和数字按照本年度的规定进行调整，填入本表“年初数”栏内。

资产负债表的“期末数”栏各项指标主要是根据有关科目记录编制的，其数据的来源可以通过以下几种方式取得。

（一）根据总账科目余额直接填列

资产负债表各项目的数据来源，主要是根据总分类账或明细分类账的期末余额直接填入报表中的相应项目。资产负债表的相当部分项目都是采用这种方法填列的。如“短期借款”“应收票据”“应收股利”“应收利息”“累计折旧”“工程物资”“应付票据”等项目均根据总账账户的期末余额直接填列。

（二）根据总账账户期末余额计算填列

资产负债表某些项目需要根据若干个总账账户的期末余额计算填列。如“货币资金”项目，根据“现金”“银行存款”“其他货币资金”账户的期末余额的合计数填列。根据总账账户期末余额计算填列的还有“存货”“固定资产”等项目。

（三）根据明细账户余额计算填列

资产负债表某些项目不能根据总账账户的期末余额，或若干个总账账户的期末余额计算填列，需要根据有关账户所属的相关明细账户的期末余额计算填列。如“应付账款”项目，根据“应付账款”“预付账款”账户的所属相关明细账户的期末贷方余额计算填列。“应付账款”账户所属明细账户期末如有借方余额，在“预付账款”项目反映。根据明细账户余额计算填列的还有“未分配利润”“应收账款”等项目。

（四）根据总账账户和明细账户余额分析计算填列

资产负债表上某些项目不能根据有关总账账户的期末余额直接或计算填列，也不能根据有关账户所属相关明细账户的期末余额计算填列，需要根据总账账户和明细账户余额分析计算填列。如“长期借款”项目，根据“长期借款”总账账户余额扣除“长期借款”账户所属的明细账中反映的将于一年内到期的长期借款部分分析计算填列。根据总账账户和明细账户余额分析计算填列的还有“应付债券”等项目。

三、资产负债表的阅读

通过阅读资产负债表您可以获得哪些方面的信息呢？

（一）企业的实力

这是资产负债表资产方的内容告诉您的。企业有多少流动资产、非流动资产，各项资产占用资金的比例等，均可通过资产负债表一目了然。

（二）企业的负债

一般的企业都会有或多或少的债务，这些债务就列在资产负债表的负债及所有者权益方。您很容易从中找到相应的项目和数据，了解该企业的负债情况，有多少是短期债务，有多少是长期债务。

（三）企业的自有资金

在资产负债表的“负债及所有者权益”一方，您可以从所有者权益各项目了解到企业的资产中有多少是原来注入的资金（实收资本和资本公积），有多少资产是企业经营所赚的钱留在企业的（盈余公积和未分配利润）。

第三节　利润表及其阅读

一、利润表的结构及内容

（一）利润表的结构

利润表的基本结构一般由表首和正表两部分构成。其中，表首包括报表名称、编制单位、编制日期、报表编号、计量单位；正表是利润表的主体，反映形成经营成果的各个项目和计算过程。

利润表的格式一般有单步式和多步式两种。

单步式利润表是将当期所有的收入加在一起，将所有的费用也加在一起，以收入减费用得出当期净损益。单步式利润表结构见表 2-3。

表 2-3　　利　润　表（单步式）

编制单位：　　年　月　　金额单位：元

项　目	行　次	本　月　数	本年累计数
一、收入：			
主营业务收入			
其他业务收入			
投资收益			
公允价值变动损益			
补贴收入			
营业外收入			
收入合计			
二、费用：			
主营业务成本			
其他业务成本			
营业税金及附加			
销售费用			
管理费用			
财务费用			
资产减值损失			
营业外支出			
所得税费用			
费用合计			
三、净利润			

单步式结构利润表的优点是结构简单，所列的都是未经加工的原始资料，所以便于会计报表使用者理解；其缺点是不能直观反映经营性收益和非经营性收益对利润总额的影响，因而分析性能差，不利于进行有关财务指标分析。

多步式利润表中的损益是通过多步计算而来的，其基本格式如表 2-4 所示。

多步式利润表的优点在于，它是通过对当期的收入、费用、支出项目按性质加以归类，按利润形成的主要环节列示一些中间性利润指标，突出反映了收入与费用配比的层次，揭示了各种不同性质的收入与其成本、费用之间的配比关系，计算出了不同层次意义上的“利润”指标，反映了企业利润的形成过程，从而便于对企业的生产经营情况进行分析，有利于企业前后期报表及不同企业之间会计信息的对比、分析，也有利于预测企业未来的盈利能力。

表 2-4　　利润表（多步式）　　会企 02 表

编制单位：　　年　月　　金额单位：元

项　目	行次	本期数	本年累计数
一、营业收入			
减：营业成本			
营业税金及附加			
销售费用			
管理费用			
财务费用			
资产减值损失			
加：公允价值变动净收益（损失以“-”号填列）			
投资收益（损失以“-”号填列）			
二、营业利润			
加：营业外收入			
减：营业外支出			
三、利润总额（亏损以“-”号填列）			
减：所得税费用			
四、净利润（净亏损以“-”号填列）			
五、每股收益			
其中：基本每股收益			
稀释每股收益			

我国《企业会计准则》规定，企业的利润表采用多步式。

（二）利润表的内容

利润表主要由三个部分组成。

第一部分是营业收入，在企业总体收入中销售收入是企业最重要的营业收入来源，是企业的主营业务收入，所以有时也将营业收入笼统地称为销售收入。一般而言，企业的营业收入与它的营业活动有关，但也有一部分的营业收入与其自身的主营业务并无直接关系，我们称其为其他业务收入。其他业务收入是指营业收入的附属部分。以工业企业为例，其他业务收入主要是指销售产品以外的其他销售或其他业务收入，如出租包装物收取的租金、出租固定资产收取的租金以及出售积压材料的销售收入等。

第二部分是与营业收入有关的生产性费用和其他费用，是指企业为获得营业收入而使用各种财物或服务所发生的耗费。其中主营业务成本一般是企业中最大的一笔费用。与主营业务成本不同的销售和管理费用包括广告费、行政管理费、行政管理者工资、销售人员工资和一般办公费用；财务费用是指企业筹集生产经营所需资金而发生的筹资费用，如借款利息、与银行发生的有关手续费等。

第三部分是利润，利润等于营业收入减去成本及费用。在通常情况下，从这个角度考虑，我们便会很轻易地得出提高企业利润的方法——要么是提高销售收入，要么是降低产品成本。这是任何一家企业利润管理的最基本思路。追求利润的方法即来源于“利润=收入-费用”这一简单的会计等式。企业某一时期的利润总额扣减企业当期所得税费用后的余额称为净利润，这才是企业可以真正支配的利润。

二、利润表的编制方法

（一）利润表各项目的填列方法

（1）“营业收入”项目，反映企业所经营的主营业务和其他业务所确认的收入总额。

（2）“营业成本”项目，反映企业所经营的主营业务和其他业务发生的实际成本总额。

（3）“营业税金及附加”项目，反映企业经营业务应负担的营业税、消费税、城市维护建设税、教育费附加等。“销售费用”项目，反映企业在销售商品过程中发生的包装费、广告费等费用和为销售本企业商品而专设的销售机构的职工薪酬、业务费等经营费用。“管理费用”项目，反映企业为组织和管理生产经营发生的各项费用。“财务费用”项目，反映企业筹集生产经营所需资金等而发生的筹资费用。“资产减值损失”项目，反映企业各项资产发生的减值损失。

（4）“公允价值变动收益”项目，反映企业交易性金融资产、交易性金融负债，以及采用公允价值模式计量的投资性房地产等公允价值变动形成的应计入当期损益的利得或损失。“投资收益”项目，反映企业以各种方式对外投资所取得的收益。

（5）“营业外收入”“营业外支出”项目，反映企业发生的与其经营活动无直接关系的各项收入和支出。其中，处置非流动资产损失，应当单独列示。

（6）“所得税费用”项目，反映企业根据所得税准则确认的应从当期利润总额中扣除的所得税费用。

（7）“基本每股收益”和“稀释每股收益”项目，应当反映根据每股收益准则的规定计算的金额。

（二）月度利润表“本年累计数”栏各项目的填列方法

利润表“本年累计数”栏反映各项目自年初起至本月末止的累计实际发生数。根据上月利润表的“本年累计数”栏的数字，加上本月利润表的“本月数”栏的数字，可以得出各项目本月的“本年累计数”，然后填入相应的项目内。

（三）年度利润表有关栏目的填列方法

在编制中期和年度利润表时，应将“本月数”栏改为“上年数”栏。在编制中期利润表时，在“上年数”栏中填列上年同期累计实际发生额；在编制年度利润表时，在“上年数”栏中填列上年全年累计实际发生额。如果上年度利润表与本年度利润表的项目名称和内容不相一致，应对上年度报表项目的名称和数字按本年度的规定进行调整，填入“上年数”栏内。

12 月利润表的“本年累计数”，就是年度利润表的“本年累计数”，可以直接转抄。由于年终结账时，全年收入和支出已全部转入“本年利润”科目，并且通过收支对比结出本年净利润的数额，因此，应将年报中的“净利润”数字，与“本年利润”科目结转到“利润分配——未分配利润”科目的数额相核对，检查报表编制和账簿记录的正确性。

三、利润表的阅读

阅读利润表，可以从中获得企业经营成果的信息。即利润表把一定期间的营业收入与同一会计期间相关的营业成本进行配比，计算出了企业一定时期的净利润（或净亏损）。通过利润表中的收入、费用等情况，能够反映企业生产经营的收益和成本耗费情况，表明企业生产经营成果；同时，通过利润表提供的不同时期的比较数字可以分析今后企业利润的发展趋势及获利能力，了解投资者投入资本的完整性。

具体来讲，从利润表中可以了解企业的业绩情况，主要有以下几个方面。

（1）营业收入是多少，营业成本有多大，这是影响利润的关键。

（2）期间费用有多少，对营业利润影响有多大，是否合理。

（3）营业利润是多少，是否是企业利润的主体。

（4）利润总额有多大，与上期相比业绩如何。

（5）所得税费用有多少。

（6）净利润有多少。

（7）有哪些主要因素影响净利润。

本章小结

财务会计报告，是指企业对外提供的反映企业某一特定日期的财务状况和某一会计期间的经营成果、现金流量等会计信息的文件。财务会计报告包括会计报表及其附注和财务情况说明书。我国的会计报表体系包括资产负债表、利润表、现金流量表和所有者权益变动表等报表。

资产负债表是反映企业在某一特定日期财务状况的报表，是静态报表。它总括地反映企业资产、负债和所有者权益的基本情况，是企业主要对外会计报表之一。资产负债表的格式使用的是账户式。其基本结构是左方反映资产情况，右方反映负债及所有者权益情况。它的编制是根据总分类账和明细分类账的期末余额填列，有的可以直接填列，有的需要整理、汇总、计算、分析后填列。通过阅读资产负债表，可以获得企业的实力如何、企业的负债有多少、企业的自有资金有多少等会计信息。

利润表是反映企业在一定会计期间经营成果的报表，是动态报表。它反映企业月度、季度、年度内利润或亏损的情况，它也是企业主要的对外会计报表之一。利润表的格式一般采用多步式。它的编制根据收入、费用类账户的发生额和其他有关资料填列。通过阅读利润表，可以了解企业的盈利水平如何，分析企业损益形成的原因，预测企业在未来期间利润的发展趋势。

现金流量表是反映企业一定时期现金和现金等价物流入和流出情况的会计报表，和利润表一样，它也是一张动态报表。

所有者权益（股东权益）变动表是指反映构成所有者权益的各组成部分当期的增减变动情况的会计报表。

第三章

财务分析

【学习目标】

通过本章学习，了解财务分析的目的和对象，理解财务分析的内容和特点；掌握财务分析的趋势分析、结构分析和因素替代法；熟练掌握常用的主要财务指标的含义、计算和分析要点，并能综合运用主要财务指标对企业的财务状况和经营成果进行综合分析。

【重点难点】

重点：财务分析的内容和特点；财务分析中的趋势分析、结构分析和因素替代法；主要财务指标的含义、计算和分析要点。

难点：财务分析的内容和特点；财务分析中的因素替代法；主要财务指标的计算和分析要点。

【技能点】

能够综合运用财务分析方法和主要财务指标对企业进行比较全面的财务分析，并能够写出格式基本规范的简要财务分析报告。

【学习内容】

从本章可以学到：财务分析的目的、对象、内容及特点，财务分析中的趋势分析、结构分析和因素替代法，反映企业偿债能力、资产营运能力和盈利能力的主要财务指标的含义、计算和分析要点等财务分析基础知识。

从广义的角度理解，财务分析是指在分析企业财务报表的基础上，结合市场分析、竞争力分析、供应商分析、行业分析等诸多因素，客观地对企业的财务状况、经营成果及其变动情况进行综合分析和评价。虽然财务分析是企业经营分析的一个方面，是企业的一项综合分析活动，但是财务报表分析在财务分析中居于核心地位。因此，我们通常所说的财务分析是从狭义的角度理解的。狭义角度的财务分析，又称财务报表分析，是通过收集、整理企业财务会计报表中的有关数据，并结合其他有关补充信息，对企业的财务状况、经营成果及其变动情况进行综合分析和评价，为财务会计报告使用者提供管理决策和控制依据的一项管理工作。本章内容仅限于狭义角度的财务分析。

第一节 财务分析概述

财务分析是指以财务会计报表和其他资料（报表附注、财务情况说明、审计）为依据和起点，采用专门方法，系统分析和评价企业过去和现在的财务状况、经营成果及其变动，目的是了解过去、评价现在、预测未来，帮助各利益关系人改善决策。

一、财务分析的目的

总的来说，财务分析的目的就是通过对企业财务报表进行分析，客观评价企业过去和现在的财务状况和经营成果，揭示企业未来的报酬和风险，为财务报告的使用者提供有价值的参考依据。

企业财务报告的使用者，也就是企业的各方利害关系人，大致可以分为两类。一类是企业的外部使用者，例如，企业的投资者、企业的债权人、政府、中介机构等；另一类是企业的内部使用者，主要包括企业的经营管理者和雇员。通过企业财务分析，可以揭示企业的债务偿还能力和抗风险能力，评价企业经营绩效的大小和经营成果的优劣，为企业投资者进行投资决策提供信息，为企业债权人或未来债权人决策是否对该企业融资或制定收款计划提供参考。通过财务分析，可以为财政、税收、金融等部门对企业进行监管提供依据。通过财务分析，还可以揭示企业的资产营运能力，透视企业经济活动的内部联系，发现企业生产和经营管理活动中存在的问题和不足，为企业加强内部生产经营管理提供服务。通过财务分析，可以正确评价企业的财务状况和经营成果，揭示企业未来的报酬和风险，可以为考核企业经营管理人员业绩提供依据，为企业建立健全合理的激励机制提供帮助。

二、财务分析的对象

由于本章内容仅限于狭义角度的财务分析，即财务报表分析，因此，财务分析的对象就是企业的财务报表。企业财务报表包括以下内容。

（一）财务会计报表

企业财务会计报表包括资产负债表、利润表、现金流量表，及所有者权益变动表。

（二）会计报表附注

会计报表附注是对在资产负债表、利润表、现金流量表和所有者权益变动表等报表中列示项目的文字描述或明细资料，以及对未能在这些报表中列示项目的说明等。

会计报表附注包括“会计政策、会计估计和会计报表编制方法说明”，“会计报表的项目注释”，“关联方关系及交易”，“或有事项”，“资产抵押说明”，“资产负债表日后事项”，“债务重组事项”等。

（三）财务情况说明

财务情况说明包括公司基本情况简介，会计数据和业务数据摘要，股本变动及股东情况，公司董事、监事、高级管理人员和员工情况，公司治理结构，股东大会情况简介，董事会报告，监事会报告，重大事项等。

（四）审计报告

审计报告首先要关注审计报告中的审计结论。

在上述财务分析对象中，企业财务会计报表分析最为重要，居于主体地位。因此，本章重点介绍财务会计报表分析。为了简化，重点放在资产负债表分析和利润表分析。

资产负债表和利润表中的数据都是用绝对数表示的，也就是说这些数据只能反映相应指标的绝对规模，我们很难直接对其合理性做出评价。例如，存货 100 万元是否合理，是多了还是少了？短期借款 100 万元是否合理？企业是否存在债务风险？等等。这些问题我们几乎无法直接根据表中指标的绝对数给予客观正确的评价。因此，我们有必要掌握一套专门的财务会计报表分析方法，充分利用财务会计报表的数据资料，把隐含在财务会计报表中的财务信息清晰明了地揭示出来，对企业财务状况和经营成果进行有效的分析和评价。

三、财务分析的内容

财务分析的目的是为财务报表的使用者提供关于企业的财务状况和经营成果的信息资料。而财务报表使用者的关切点各不相同，因此，针对不同的财务报表使用者，财务分析存在着差异，各自有不同的分析重点。尽管如此，财务报表的使用者们也有着共同的需求，财务分析也存在着共同点。从企业总体来看，财务分析的基本内容主要包括以下两个方面。

（一）对企业的财务状况进行分析

分析企业的财务状况主要包括两个方面的内容：一是分析企业的偿债能力，即对企业偿还自身所欠债权人债务的能力进行分析，包括分析企业短期偿债能力和长期偿债能力两个方面；二是分析企业的资产营运能力，这主要是分析企业资产的分布情况和周转使用情况，以此来评价企业资产使用效率的高低。

（二）对企业的盈利能力进行分析

企业生产经营活动的目标是盈利，企业只有盈利才能在市场上求生存求发展。企业盈利能力是企业重要的财务能力之一。企业盈利的基础是资产，资产来源于权益和负债，资产营运的结果表现为企业收入。因此，企业盈利能力分析包括三个方面：一是与企业收入相关的盈利能力分析；二是与企业资产相关的盈利能力分析；三是与融资相关的盈利能力分析。

根据以上阐述的财务分析的基本内容，财务分析的基本框架可以用图 3-1 表示。

企业偿债能力分析、资产营运能力分析和盈利能力分析，这三个方面的分析内容互相联系，互相补充，可以综合地描述出企业生产经营的财务状况和经营成果，以满足不同使用者对会计信息的基本需要。其中，偿债能力是企业财务目标实现的稳健保证，营运能力是企业财务目标实现的物质基础，盈利能力则是前两者共同作用的结果，盈利能力同时也对偿债能力和资产营运能力的增强起到推动作用。

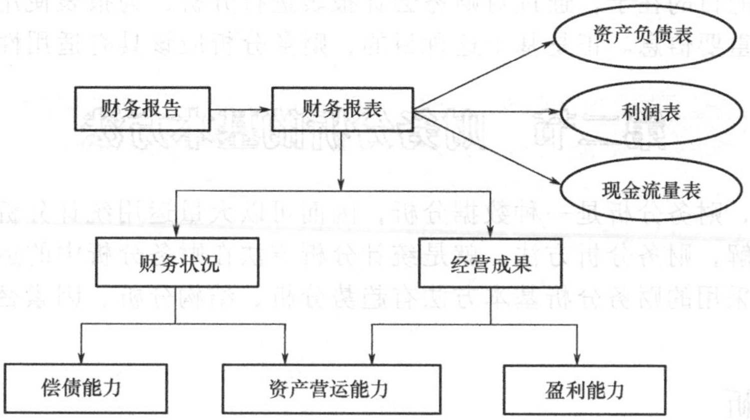

图 3-1 财务分析的基本框架

四、财务分析的特点

财务分析具有四个方面的特点，即事后性、数据性、确切性和适用性。

（一）财务分析是一种事后分析

财务分析是以定期的财务会计报表为对象和依据，对已经形成的企业财务状况和财务成果进行的分析，带有明显的总结性，是一种典型的事后分析。财务分析与管理会计和财务管理中的分析不同，尽管都能够为信息使用者的决策提供参考依据，但管理会计和财务管理中的分析基本上属于事前分析，而财务分析无论是其分析方法还是其分析内容本身都不具有事前分析的性质，属于事后分析。

（二）财务分析是一种数据分析

财务分析是以财务会计报表中的数据资料为基础和依据，采用一定的分析方法，将报表中相关数据通过某种形式联系起来加以对比分析，从而更多地揭示出隐含在报表中的重要信息。从整个财务会计报表体系来看，虽然财务会计报表综合地反映了企业的财务状况和经营成果的全貌，但是，还有大量的重要信息隐含在报表中而人们无法直接察觉。只有通过把报表中的有关数据联系起来对比分析，才能使这些隐含在报表中的信息清晰地显现出来，以便于更好地为报表使用者提供决策依据。财务分析的直接目的就是通过采用一系列的分析方法，尽可能地揭示出隐含在报表中的重要信息。既然财务分析是一种数据分析，就决定了财务分析可以大量运用统计分析方法。

（三）分析的结果具有确切性

财务分析是以企业财务会计报表为基础的事后分析，财务报表中的数据是真实企业的真实记录，是确定的数据，而不是虚拟的。财务分析过程，实质上是通过对现实生活中具体的真实企业的真实数据进行加工整理分析，以此对真实企业的财务状况和经营成果进行评价的过程。因此，财务分析的结果通常具有较高的确切性，它所针对的是现实生活中具体企业在一定时期的真实财务状况和经营成果。当然，这是在企业财务会计报表中的数据真实可靠的前提下而言的。这也决定了我们在运用统计分析方法进行财务分析时，必须遵从财务分析本身的属性。

（四）财务分析具有较强的适用性

财务分析的目的在于，通过对财务会计报表进行分析，为报表使用者提供关于企业财务方面的重要信息。正是基于这种目的，财务分析应该具有适用性。

第二节　财务分析的基本方法

总体上讲，财务分析是一种数据分析，因而可以大量运用统计分析方法。或者我们可以这样理解，财务分析方法，就是统计分析方法在财务分析中的运用。

我们通常采用的财务分析基本方法有趋势分析、结构分析、因素替换法，以及财务指标分析。

一、趋势分析

趋势分析是最简单的一种分析方法。趋势分析是通过将某特定企业过去连续若干会计年度的财务会计报表资料在不同年度间进行对比分析，确定不同年度间的差异额或差异率，以分析企业财务会计报表中某些项目或指标的增减变动情况，并在此基础上判断该项目或该指标的发展趋势，对未来发展做出预测的一种财务分析方法。

趋势分析法通常可以采用两种方法。第一种方法是定比（或环比）分析法。定比分析就是选择某一年作为基年，将报表中各项目每一年的数据与对应项目的基年数据进行对比，以此计算出报表中各项目每一年的定基比率进行分析。环比分析就是将报表中各项目每一年的数据与对应项目的前一年数据进行对比，以此计算出报表中各项目每一年的环比进行分析。

（一）趋势定比（或环比）分析

【例 3-1】A 公司 2016—2020 年连续 5 年的产品销售收入等项目金额如表 3-1 所示。

表 3-1　　A 公司 2016—2020 年产品销售利润构成表　　单位：万元

项　目	2016	2017	2018	2019	2020
产品销售收入	870	975	1 106	1 208	1 189
减：产品销售成本	664	750	860	955	948
产品销售费用	8	9	10	14	19
产品销售税金	48	50	57	65	59
产品销售利润	150	166	179	174	163

具体分析如下。

从表中数据可看出，A 公司 5 年来产品销售收入有较大的增长，但产品销售利润却增长较缓。

如果我们进一步计算趋势百分比，就能更准确清晰地反映各年变动的程度。趋势百分比的计算可以采用定比或环比。定比是选定某一年作为基年，然后其余各年与基年比较，计算出趋势百分数。环比则是各年数均与前一年数比较，计算出趋势百分数。表 3-2 是以 2016 年为基期计算的 A 公司产品销售收入等项目的趋势百分数。表 3-2 用百分比反映的变化趋势，较之用绝对数（表 3-1）反映的变化趋势，更准确地说明 A 公司 5 年来销售收入得到了较大的增长，但销售利润则增长较慢，低于销售收入的增长幅度，甚至在 2019 年、2020 年两年还出现下降的趋势。从表 3-2 中，可看出其原因主要是销售成本和销售费用增长太快，远远高于销售收入的增长幅度，从而影响了销售利润的增长。

表 3-2　　以 2020 年为基期的定比计算表

项　目	2016	2017	2018	2019	2020
产品销售收入	100%	112%	127%	139%	136%
产品销售成本	100%	113%	130%	144%	143%
产品销售费用	100%	113%	125%	175%	238%
产品销售税金	100%	104%	119%	135%	123%
产品销售利润	100%	111%	119%	116%	109%

注意，采用定比方法计算趋势百分数时，应注意基期的选择要有代表性。如选择不当，容易导致错误性结论。

（二）趋势回归分析

趋势分析还有一种方法就是运用回归分析。这种方法可以用来分析其发展趋势，并预测出可能的发展结果。以下简要介绍如何运用趋势线性方程来进行回归分析。趋势线性方程回归分析，是判断销售和收益发展趋势并预测其未来发展所普遍采用的一种方法。趋势线性方程为

$$y=a+bx$$

式中，a 和 b 为常数；x 表示时期系数的值，x 是由分配确定的，并要使 $\Sigma x=0$。为了使 $\Sigma x=0$，当时期数为偶数或奇数时，x 值的分配稍不一样。

当时期数为奇数时，x 可确定如表 3-3 所示。

表 3-3　　时期数为奇数时 x 的赋值

年　度	2016	2017	2018	2019	2020
x =	−2	−1	0	+1	+2

当时期数为偶数时，x 可确定如表 3-4 所示。

表 3-4　　时期数为偶数时 x 的赋值

年　度	2016	2017	2018	2019
x =	−3	−1	+1	+3

常数 a 和 b 则可由下式确定：

$$b=\frac{n\sum xy}{n\sum x^2}\qquad a=\frac{\sum y}{n}$$

【例 3-2】 以例 3-1 中 A 公司产品销售收入数据为例。运用趋势线性方程预测分析产品销售收入发展趋势，具体计算如表 3-5 所示。

表 3-5 趋势分析计算表

年　度	x	销售收入 y	xy	x^2
2016	−2	870	−1740	4
2017	−1	975	−975	1
2018	0	1 106	0	0
2019	+1	1 208	1 208	1
2020	+2	1 189	2 378	4
合计	0	5 348	871	10

$$b=\frac{5\times871}{5\times10}=87.1$$

$$a=\frac{5\ 348}{5}=1\ 069.6$$

因此，趋势线性回归方程为 y=1 069.6+87.1x

式中，y 为预测的销售收入，x 为时期系数值。

要预测 2021 年的产品销售收入，只要确定 x 的值就可算出。在前面，我们分配给 2020 年的值为+2，因此这里确定 2021 年的时期系数值为+3。2021 年的产品销售收入测算为

$$y=1\ 069.6+87.1x=1\ 069.6+87.1\times3=1\ 330.9\text{（万元）}$$

二、结构分析

结构分析是将财务会计报表中的某一关键项目数据作为比较对象，再将其余有关项目数据与之对比计算出百分比，以揭示出财务会计报表中各项目的相对地位和总体结构关系。

在财务分析中，我们还可以将趋势分析与结构分析结合运用，以此反映出财务会计报表中各项目的相对地位和总体结构关系的变化趋势。

【例 3-3】 以例 3-1 中 A 公司的销售收入等项目数据为例。以产品销售收入为对比基础，计算出其他项目的结构百分比，如表 3-6 所示。

表 3-6 A 公司销售收入结构分析

	2016		2017		2018		2019		2020	
	金额（万元）	占收入的%	金额（万元）	占收入的%	金额（万元）	占收入的%	金额（万元）	占收入的%	金额（万元）	占收入的%
产品销售收入	870	100%	975	100%	1 106	100%	1 208	100%	1 189	100%
产品销售成本	664	76.4%	750	77%	860	77.8%	955	79%	948	79.7%
产品销售费用	8	0.9%	9	0.9%	10	0.9%	14	1.2%	19	1.6%
产品销售税金	48	5.5%	50	5.1%	57	5.1%	65	5.4%	59	5%
产品销售利润	150	17.2%	166	17%	179	16.2%	174	14.4%	163	13.7%

从各期结构百分比的变动可看出，由于销售成本和费用占销售收入比重的逐期增加，导致产品销售利润率的逐年下降。

结构分析对于资产负债表和利润表的分析是很有用的。企业在正常经营中，各个时期，资产负债表和利润表中各项目应有一个正常的比例关系，即要有一个合理的分布结构。各项目结构百分比的任何异常变化，都应引起分析者的注意，并研究变化的原因，判断对今后财务状况和经营成果的影响。

趋势分析和结构分析的结果还可以用统计图表的形式予以直观反映。

三、因素替换法

（一）因素替换法的意义

因素替换法，也叫连环替换法。这种方法是将统计指数体系因素分析方法运用于财务分析，借以分析不同时期某项财务指标的差异变动受到哪些因素变动的影响，并测定出各个因素的影响程度。

因素替换法的理论依据是统计学中的指数体系因素分析。因此，因素替换法的分析前提是若干因素财务指标的乘积等于被分析的总财务指标。

例如，商品销售额=商品销售量×商品价格

生产费用总额=产品产量×单位产品成本

材料消耗总额=产量×单位产品材料消耗量×材料单价

（二）因素替换法的步骤

下面以三因素分析为例来说明因素替换法的基本分析步骤。

假定 N 是被分析的总财务指标，a、b、c 分别是 N 的影响因素财务指标，基期各指标为 N_0、a_0、b_0、c_0，分析期为 N_1、a_1、b_1、c_1。

1. 检查因素替换法分析的前提条件，即检查是否有

$$N=a\times b\times c$$

注意，a、b、c 的排列顺序一般遵循数量指标在前的原则。

如此等式成立，则可采用因素替换法；反之不能采用。

2. 分析财务指标 N 总变动程度和总变动规模

N 的总变动程度为 $N_1\div N_0$

N 的总变动规模为 N_1-N_0

3. 分别分析各个因素（即 a、b、c）的变动对 N 总变动的影响程度和影响的绝对值

（1）a 对 N 的影响。

$$影响程度=a_1\times b_0\times c_0\div a_0\times b_0\times c_0$$

$$影响绝对数=(a_1\times b_0\times c_0)-(a_0\times b_0\times c_0)$$

（2）b 对 N 的影响。

$$影响程度=a_1\times b_1\times c_0\div a_1\times b_0\times c_0$$

$$影响绝对数=(a_1\times b_1\times c_0)-(a_1\times b_0\times c_0)$$

（3）c 对 N 的影响。

$$影响程度=a_1\times b_1\times c_1\div a_1\times b_1\times c_0$$

$$影响绝对数=(a_1\times b_1\times c_1)-(a_1\times b_1\times c_0)$$

4. 综合分析 a、b、c 变动总的影响

a 的变动、b 的变动和 c 的变动，这三个因素共同作用的结果才形成 N 的变动，即

N 的绝对变动=由于 a 变动引起的 N 的变动+由于 b 变动引起的 N 的变动+由于 c 变动引起的 N 的变动

$$N_1-N_0=(a_1\times b_0\times c_0-a_0\times b_0\times c_0)+(a_1\times b_1\times c_0-a_1\times b_0\times c_0)+(a_1\times b_1\times c_1-a_1\times b_1\times c_0)$$

（三）因素替换法实例分析

【例 3-4】 某公司生产的甲产品有关材料消耗的计划和实际资料如表 3-7 所示。

表 3-7　　某公司生产甲产品的材料消耗情况

项　目	单　位	计划完成数	实际完成数
产量	件	200	210
单位产品材料消耗量	千克	40	36
材料单价	元	10	12
材料消耗总额	元	80 000	90 720

要求：运用因素替换法分析材料消耗总额的差异原因。

具体分析如下。

材料消耗总额=产量×单位产品材料消耗量×材料单价

这说明符合因素替换法的前提条件。

材料消耗总额的差异数=90 720−80 000=10 720（元）

材料消耗总额计划数=200×40×10=80 000（元）

第一次替代，以实际产量代入=210×40×10=84 000（元）

第二次替代，以实际消耗量代入=210×36×10=75 600（元）

第三次替代，以实际单价代入=210×36×12=90 720（元）

产量变动对材料消耗总额变动的影响数为 84 000−80 000=4 000（元）

产量变动对材料消耗总额变动的影响程度为 84 000÷80 000=105%

单位消耗量变动对材料消耗总额变动的影响数为 75 600−84 000=−8 400（元）

单位消耗量变动对材料消耗总额变动的影响程度为 75 600÷84 000=90%

材料单价变动对材料消耗总额变动的影响数为 90 720−75 600=15 120（元）

材料单价变动对材料消耗总额变动的影响程度为 90 720÷75 600=120%

汇总各因素总影响=4 000−8 400+15 120=10 720（元）

以上计算结果表明，材料消耗总额变动是产量变动、单位消耗量变动和材料单价变动共同作用的结果。产量变动引起材料消耗总额实际完成数比计划数增长 5%，材料消耗总额实际完成数比计划数增加 4 000 元；单位消耗量变动引起材料消耗总额实际完成数比计划数降低 10%，材料消耗总额实际完成数比计划数减少 8 400 元；材料单价变动引起材料消耗总额实际完成数比计划数增长 20%，材料消耗总额实际完成数比计划数增加 15 120 元。

四、财务指标分析

财务指标分析通常也称为财务比率分析，这是财务分析中运用最广泛的一种方法。财务指标分析法是根据财务会计报表中两个项目或多个项目之间的关系，计算其比率，以评价企业的财务状况和经营成绩。

从财务分析的对象和内容来看，财务分析的主要任务是通过分析企业财务会计报表揭示企业在一定时期的财务状况和经营成果。构建财务分析指标体系应该紧紧围绕反映企业的财务状况和经营成果。为此，财务指标分析体系主要包括三大块：一是反映企业偿债能力的财务指标；二是反映企业资产营运能力的财务指标；三是反映企业盈利能力的财务指标。

（一）反映偿债能力的财务指标

偿债能力是现代企业财务能力体系的重要组成部分，是企业财务能力的基本反映。企业偿债能力分析具有十分重要的意义。通过企业偿债能力分析，可以比较全面地分析企业历年短期偿债的风险，确定适当的指标比率，树立企业良好的信誉；可以揭示企业年度收益与偿还长期债务能力之间的关系；可以增加企业财务有效措施，提高偿还债务的能力，维护企业的信誉，从而稳健地控制企业未来的风险；可以反映并据以评价企业的财务状况或发现经营中存在的问题，从而揭示企业生产经营的全貌，为投资者、债权人和企业管理当局做决策提供可靠的依据。对企业内部而言，通过测定企业偿债能力，有利于企业科学合理地进行筹资决策和投资决策；从企业外部来看，债权人最关心的是企业偿债能力的强弱，因为这是他们的投资能否如期收回的主要依据。

企业偿债能力分析是指企业偿还所欠债权人债务的能力分析，包括短期偿债能力分析和长期偿债能力分析两个方面。

1. 反映短期偿债能力的财务指标

短期偿债能力指企业在短期债务到期时可以用现金偿还负债的能力。短期偿债能力反映企业产生现金的能力，它取决于可以在近期变现的流动资产的数量。短期偿债能力体现在企业流动资产与流动负债的对比中，反映企业流动资产对偿付流动负债的保证程度。只有科学地揭示流动资产与流动负债之间的内在联系及数量关系，掌握其变化规律，才能正确地评估企业的短期偿债能力，从而有效地发挥企业短期偿债能力的作用。由于流动资产和流动负债是短期偿债能力分析中的两个基本要素，因此将流动资产与流动负债进行对比，可以大致反映企业的短期偿债能力。通常采用的反映企业短期偿债能力的财务指标主要有流动比率、速动比率等。

2. 反映长期偿债能力的财务指标

偿债能力分析还包括长期偿债能力的分析。由于企业对一笔长期债务总是负有两种责任，一种是偿还债务本金的责任，另一种是支付债务利息的责任，因此，分析一个企业的长期偿债能力，主要是为了确定该企业偿还债务本金与支付债务利息的能力。分析企业长期偿债能力有两个方面：一是分析利润表反映的长期债务偿还能力；二是分析资产负债表反映的长期债务偿还能力。这两方面都应结合企业的获利能力和资产结构一起分析，从而正确评价企业的长期偿债能力。通常采用的反映企业长期偿债能力的财务指标主要有资产负债率、产权比率、利息保障倍数等。

（二）反映资产营运能力的财务指标

企业资产营运能力是指企业充分利用现有资源创造社会财富的能力，具体指企业各项营运资产的周转效率，即企业各项营运资产的周转率或周转期。营运能力体现企业管理的水平，是企业发展的决定性因素，是提高偿债能力与盈利能力的关键。企业资产营运能力分析具有重要的意义：对企业外部信息使用者来说，通过企业资产营运能力的分析，能有效地为他们提供企业在资产管理或资本利用方面的效率情况，以便于对企业财务状况和经营成果有一个整体的认识，从而进行科学的信贷决策和投资决策；对企业内部管理当局来说，通过企业资产营运能力的分析，可查明企业资金的运用是否合理、资金使用是节约还是浪费，从而促进企业不断挖掘内部资金潜力，改善企业内部管理，有效地利用资金，不断提高资金的利用效果。

通常采用的反映企业资产营运能力的财务指标主要有总资产周转率、流动资产周转率、应收账款周转率、存货周转率等。

（三）反映盈利能力的财务指标

盈利能力是指企业在一定时期内赚取利润的能力。盈利能力分析是财务分析的核心。盈利能力分析的意义在于：能促进企业提高资产管理水平；能促进企业改善资产结构，提高资金运用效果；能促进企业扩大经营规模；能促进企业增强市场竞争能力。

不论投资者、债权人还是企业管理者，都非常关心企业的盈利能力。“一定时期”包括两个层次的内容：其一是企业在一个会计期间内从事生产经营活动的获利能力的比较与分析；其二是企业在一个较长时期内稳定获取较高利润能力的分析。盈利能力对于企业来说是至关重要的，企业从事生产经营活动的根本目的就是获取数量可观的利润和维持企业稳定、持续的经营和发展。投资者投资的目的在于获得最大的回报，因而他们最为关心企业的盈利能力；债权人特别是长期债权人的利息收益和债权收回也最终取决于企业能否盈利，因此，他们也会关心企业的盈利能力；企业管理者为了衡量业绩，发现问题，履行经营责任，当然同样会非常关心企业自身的盈利能力。总之,盈利能力分析是企业管理当局及各利害关系人最为关注的财务报表分析内容之一。对企业管理者来说，无论是资产结构的分析，还是偿债能力的分析等，其根本目标都是为了通过分析改善企业财务结构，提高偿债能力和经营能力，从而最终提高企业盈利能力，以保持企业的稳定发展。

获利能力指标体系包括三个层次。第一层次是与收入相关的获利能力指标体系，通常采用的反映与收入相关的获利能力的财务指标有销售（主营业务）毛利率、销售净利润率等。第二层次是与企业资产相关的获利能力指标，通常采用的反映与企业资产相关的获利能力的财务指标有资产利润率等。第三层次是与权益资本相关的获利能力指标，通常采用的反映与融资相关的获利能力的财务指标有权益资本利润率等。

第三节　主要财务指标的计算与分析

财务指标体系涉及的指标很多，为了简化，本节重点介绍一些常用的主要财务指标的计算与分析。

一、反映偿债能力的财务指标

如本章第二节所述，反映企业偿债能力的财务指标包括反映短期偿债能力的财务指标和反映长期偿债能力的财务指标两个方面。

（一）反映短期偿债能力的财务指标

反映短期偿债能力的主要财务指标有流动比率和速动比率。

1. 流动比率

（1）流动比率的含义。

流动比率是衡量企业流动资产在短期债务到期前可变为现金，用于偿还流动负债的能力，表明企业每一元钱流动负债有多少流动资产作为支付的保障。

（2）计算公式。流动比率的计算公式为

$$流动比率=\frac{流动资产}{流动负债}\times100\%$$

（3）流动比率分析要点。

第一，流动比率越高，说明企业的短期偿债能力越强，债权人的利益就越有保障。

第二，对企业来说，流动比率过高，往往说明企业在资金使用上不尽合理，这不利于企业提高盈利能力，应将其多余的资金用于收益性较好的投资或其他方面。一般来说，流动比率只有和同行业平均流动比率、本企业历史的流动比率进行比较，才能知道这个比率是高还是低。我国部分行业流动比率参考值为汽车业 1.1、房地产 1.2、制药 1.25、建材 1.25、化工 1.2、家电 1.5、计算机 2、电子 1.45、商业 1.65、机械 1.8。在会计实务工作中，一般认为企业合理的最低流动比率是 200%。从合理利用资金的角度而言，企业应根据自身的情况和行业特点，确定一个流动比率的最佳点。一般情况下，营业周期、流动资产中的应收账款数额和存货的周转速度是影响流动比率的主要因素。

第三，流动资产的长期化问题。理论上说，流动资产是指能够在一年内变现或耗用的资产，实际上资产负债表上的流动资产总有一些是已经“沉淀”了一年以上不可能在一年变现的，如长期积压的存货和长期挂账的应收款项等。

第四，流动资产中虚拟资产的问题。在资产负债表的流动资产部分，有一些项目，如待摊费用等，实际是虚拟资产，已经不能用于偿还债务，计算流动比率时最好也要扣除。考虑以上两点，账面未扣除虚拟资产的流动比率就有可能高估企业的短期偿债能力。

第五，流动比率还会掩盖流动资产或流动负债的内部结构性矛盾，这也是流动比率指标的又一个缺陷。流动比率高，可能是存货积压或滞销的结果，也可能是应收账款大量挂账或三角债的结果，甚至还可能是拥有过多的现金而未很好地加以利用的缘故，这些都会影响企业的正常经营和获利能力。

2. 速动比率

（1）速动比率的含义。

速动资产是指能在短时间内迅速变换为现金的资产。速动比率衡量的是企业流动资产中可立即用于偿还流动负债的能力，这个指标也被称为酸性测试比率。速动比率是对流动比率的补充。

（2）计算公式。速动比率的计算公式为

$$速动比率=\frac{速动资产}{流动负债}\times 100\%$$

$$速动资产=流动资产-存货$$

$$=现金+短期可上市证券+应收账款净额$$

式中，应收账款净额包括应收票据。

（3）速动比率分析要点。

第一，如果流动比率较高，而流动资产的流动性却很低，则说明企业偿债能力仍然不高。速动比率是对流动比率的补充，它们的关系取决于存货的变化方向和变化速度。

第二，如果速动比率过低，说明短期偿债能力偏低；如果速动比率过高，说明投资偏于保守。一般认为，企业正常的速动比率为100%，低于100%的速动比率被认为是短期偿债能力偏低。但这个比率并不是绝对的，不同的行业应该有所差别，所以要参照同行业资料和本企业历史情况进行判断。部分行业速动比率的参考值为汽车业0.85、房地产0.65、制药0.9、化工0.9、家电0.9、商业0.45、机械0.9。

第三，应收账款的变现能力是影响速动比率可信性的重要因素。账面上的应收账款不一定都能变成现金，有时也会因贴现、抵押、客户破产等使其变现能力受到影响，甚至出现坏账，从而最终影响到企业的短期偿债能力。

3. 辅助指标

考察短期偿债能力除以上两个主要财务指标之外，我们还可以使用营运资金和现金比率这两个辅助财务指标。

（1）营运资金。

营运资金是指流动资产超过流动负债的部分，是反映短期偿债能力的一项基本指标。其计算公式为

$$营运资金=流动资产-流动负债$$

营运资金不足，说明企业短期偿债能力低，企业存在不能按期偿还短期债务的风险。但是，过多持有营运资金，意味着流动资产比流动负债多得多，这不利于企业提高盈利能力。因此，企业应保持适当的营运资金规模。

（2）现金比率。

现金比率是指现金等价物和短期证券与流动负债的比率。其计算公式为

$$现金比率=\frac{现金等价物+短期债券}{流动负债}\times 100\%$$

在企业已将应收账款和存货作为抵押品的情况下，或者当财务分析人员怀疑企业存货和应收账款存在流动性问题时，评价企业短期偿债能力的最好指标就是现金比率。现金比率越高，短期偿债能力越强，但现金的盈利能力越低。在评价企业短期偿债能力时，现金比率只能作为流动比率和速动比率的补充，不能作为主要指标。

（二）反映长期偿债能力的财务分析指标

企业长期偿债能力是企业对长期负债的利息与本金及时足额偿付的能力。长期偿债能力不仅取决于资产的保证程度，而且取决于企业的盈利能力。反映长期偿债能力

的主要财务分析指标有资产负债率、产权比率、利息保障倍数。

1. 资产负债率

（1）资产负债率的含义。

资产负债率也叫负债比率，是指负债总额与全部资产总额之间的比率。资产负债率是衡量企业利用债权人提供的资金进行经营活动的能力，也用以反映债权人发放贷款的安全程度，也就是企业在清算时保护债权人利益的程度，即负债保障程度。

（2）计算公式。资产负债率的计算公式为

$$资产负债率=\frac{负债总额}{全部资产总额}\times 100\%$$

（3）资产负债率分析要点。

第一，不同的信息使用者分析的角度也不同。从债权人的立场看，资产负债率越低，企业偿债能力越强。因此，他们希望资产负债率越低越好。从股东的角度看，投资者所关心的是全部资本盈利率是否超过借入资金的利息率。当资本盈利率超过借入资金的利息率时，资产负债率越高越好，它表明企业获利能力越大。从经营者的立场看，资产负债率越大（当然不是盲目地借债），越显得企业活力充沛。从财务管理的角度来看，企业应当审时度势，全面考虑预期的利润和增加的风险，在二者之间权衡利害得失，做出正确决策，合理安排资本结构。

第二，从理论上讲，一般认为资产负债率为50%为宜。当资产负债率在50%与100%之间变化时，属于“黄灯区”，表明企业负债较重，企业资产的大部分或全部是负债形成的。这类企业的经营和财务风险较大，对投资者和债权人都不利。当资产负债率超过临界点，大于100%时，企业便进入“红灯区”。财务状况处于“红灯区”时，应对企业经营理财活动中存在的问题进行分析，找出亏损源，采取积极的对策。

2. 产权比率

（1）产权比率的含义。

产权比率也叫作债务股权比率，是负债总额与股东权益总额之间的比率，是衡量长期偿债能力的主要指标之一。

（2）计算公式。产权比率的计算公式为

$$产权比率=\frac{负债总额}{股东权益总额}\times 100\%$$

（3）产权比率分析要点。

第一，产权比率反映企业基本财务结构是否稳定。一般来说，产权比率为100%最佳，但也不能一概而论。产权比率高，是高风险、高报酬的财务结构；产权比率低，是低风险、低报酬的财务结构。从股东角度来看，在通货膨胀加剧时期，企业多借债可以减少利息负担和财务风险；在经济繁荣时期，多借债可以获得额外的利润；在经济萎缩时期，少借债可以减少利息负担和财务风险。

第二，产权比率同时也表明债权人的资本受到股东权益保障的程度，或者说是企业清算时对债权人利益的保障程度。

3. 利息保障倍数

（1）利息保障倍数的含义。

利息保障倍数也称为已获利息倍数，是指企业在一定时期内获取的收益与所需支付的债务利息之间的比率，用以衡量偿付借款利息的能力。

（2）计算公式。利息保障倍数的计算公式为

$$利息保障倍数=\frac{净利润+所得税+利息费用}{利息费用}$$

（3）利息保障倍数分析要点。

第一，在计算该指标时，分子的“利息”仅指计入“财务费用”的利息，分母的“利息”包括“资本化”利息和计入“财务费用”的利息。

第二，利息保障倍数反映了企业经营收益是所需支付的债务利息的多少倍。该指标不仅反映了企业获利能力的大小，而且还可以用来衡量企业对长期债务的保障程度，衡量债权人的风险大小，评价企业举债规模是否适当。利息保障倍数越大，说明企业支付利息和偿还债务的能力越强，债权人利益的保障程度越高。从长远看，企业的利息保障倍数至少要大于 1，否则便不能举债经营。

第三，如何合理确定企业的利息保障倍数，这需要将该企业的这一指标与其他企业，特别是本行业平均水平进行比较，来分析决定本企业的指标水平。同时从稳健性的角度出发，最好比较本企业连续几年的该项指标，并选择最低指标年度的数据作为标准。

第四，利息费用的实际支付能力问题。由于到期债务是用现金支付的，而企业的当期利润是依据“权责发生制”原则计算出来的，这意味着企业当期可能的利润很高，但不一定具有支付能力。所以，使用这一指标进行分析时，还应注意企业的现金流量与利息费用的数量关系。

（三）偿债能力分析举例

【例 3-5】 东方公司简要资产负债表和利润表如表 3-8、表 3-9 所示。

表 3-8　　东方公司 2020 年 12 月 31 日资产负债表　　单位：元

资　　产	年初余额	期末余额	负债及所有者权益	年初余额	期末余额
流动资产：			流动负债：		
货币资金	250 000.00	500 000.00	短期借款	450 000.00	600 000.00
交易性金融资产			交易性金融负债		
应收票据	110 000.00	80 000.00	应付票据	40 000.00	50 000.00
应收账款	1 990 000.00	3 980 000.00	应付账款	1 090 000.00	1 000 000.00
预付账款	40 000.00	220 000.00	预收账款	40 000.00	100 000.00
其他应收款	220 000.00	120 000.00	应付职工薪酬	170 000.00	140 000.00
应收补贴款			应交税金	80 000.00	70 000.00
存货	3 300 000.00	1 270 000.00	应付股利	100 000.00	280 000.00
一年内到期的非流动资产	190 000.00	830 000.00	其他应付款	180 000.00	230 000.00
其他流动资产			一年内到期的非流动负债		500 000.00
流动资产合计	6 100 000.00	7 000 000.00	其他流动负债	50 000.00	30 000.00
非流动资产：			流动负债合计	2 200 000.00	3 000 000.00
可供出售金融资产			非流动负债：		
			长期借款	2 450 000.00	4 500 000.00

续表

资　　产	年初余额	期末余额	负债及所有者权益	年初余额	期末余额
持有至到期投资			应付债券	2 600 000.00	2 400 000.00
长期应收款			长期应付款	600 000.00	500 000.00
长期股权投资			专项应付款		
投资性房地产			预计负债		
固定资产	9 550 000.00	12 380 000.00	递延所得税负债		
在建工程	250 000.00	100 000.00	其他非流动负债	150 000.00	20 000.00
固定资产清理			非流动负债合计	5 800 000.00	7 600 000.00
无形资产	80 000.00	60 000.00	所有者权益（或股东权益）：		
开发支出					
长期待摊费用	150 000.00	50 000.00	实收资本（或股本）	1 000 000.00	1 000 000.00
其他长期资产		30 000.00			
递延所得税资产			资本公积	100 000.00	160 000.00
非流动资产合计	10 030 000.00	12 620 000.00	减：库存股		
			盈余公积	400 000.00	740 000.00
			未分配利润	6 630 000.00	7 120 000.00
			所有者权益（或股东权益）合计	8 130 000.00	9 020 000.00
资产合计	16 130 000.00	19 620 000.00	负债及所有者权益合计	16 130 000.00	19 620 000.00

表 3-9　　东方公司 2020 年度利润表　　金额单位：元

项　　目	行次	上 期 金 额	本 期 金 额
一、营业收入		28 860 000.00	30 200 000.00
减：营业成本		25 030 000.00	26 440 000.00
营业税金及附加		280 000.00	280 000.00
销售费用		200 000.00	220 000.00
管理费用		400 000.00	460 000.00
财务费用		960 000.00	1 100 000.00
资产减值损失		0	0
加：公允价值变动净收益（损失以“-”号填列）		0	0
投资收益（损失以“-”号填列）		240 000.00	400 000.00
二、营业利润		2 230 000.00	2 100 000.00
加：营业外收入		170 000.00	100 000.00
减：营业外支出		50 000.00	200 000.00
三、利润总额（亏损以“ ”号填列）		2 350 000.00	2 000 000.00
减：所得税费用		750 000.00	640 000.00
四、净利润（净亏损以“-”号填列）		1 600 000.00	1 360 000.00

要求：

（1）根据表中数据计算东方公司以下财务分析指标，流动比率、速动比率、资产负债率、产权比率、利息保障倍数。

（2）根据计算结果对该公司的偿债能力进行分析。

解答如下。

（1）计算各财务指标。

$$年初流动比率=\frac{6\,100\,000}{2\,200\,000}\times100\%=277.27\%$$

$$年末流动比率=\frac{7\,000\,000}{3\,000\,000}\times100\%=233.23\%$$

$$年初速动比率=\frac{6\,100\,000-3\,300\,000}{2\,200\,000}\times100\%=127.27\%$$

$$年末速动比率=\frac{7\,000\,000-1\,270\,000}{3\,000\,000}\times100\%=191\%$$

$$年初资产负债率=\frac{2\,200\,000+5\,800\,000}{16\,130\,000}\times100\%=49.579\%$$

$$年末资产负债率=\frac{10\,600\,000}{19\,620\,000}\times100\%=54.03\%$$

$$年初产权比率=\frac{2\,200\,000+5\,800\,000}{8\,130\,000}\times100\%=98.4\%$$

$$年末产权比率=\frac{10\,600\,000}{9\,020\,000}\times100\%=117.52\%$$

$$2013年利息保障倍数=\frac{1\,600\,000+750\,000+960\,000}{960\,000}=3.45$$

$$2014年利息保障倍数=\frac{1\,360\,000+640\,000+1\,100\,000}{1\,100\,000}=2.82$$

（2）分析。

在会计实务工作中，一般认为企业合理的最低流动比率是 200%，合理的速动比率是 100%。基于这一标准，东方公司年初、年末流动比率是基本正常的；年初、年末速动比率是基本正常的。虽然年末流动比率较年初流动比率下降了 44.04 个百分点，但是年末速动比率较年初速动比率上升了 63.73 个百分点。东方公司具有较强的短期偿债能力。

东方公司年末资产负债比率略高于 50%。该指标说明公司长期偿债能力问题不大，但与期初相比有上升趋势，企业管理人员应引起注意。

东方公司年初产权比率为 98.4%，年末产权比率为 117.52%。这表明年末该企业债权人提供的资本是股东资本的 1.1752 倍，该企业举债经营的程度偏高，财务结构不很稳定。如果经营不是很景气，公司进行清算，则债权人的利益因股东提供的资本所占比重较小而缺乏保障。

如何合理确定企业的利息保障倍数，需要将该企业的这一指标与其他企业，特别是本行业平均水平进行比较，来分析决定本企业的指标水平。同时从稳健性的角度出发，最好比较本企业连续几年的该项指标，并选择最低指标年度的数据作为标准。

二、反映资产营运能力的财务指标

反映资产营运能力的主要财务指标有总资产周转率、流动资产周转率、应收账款周转率和存货周转率。

（一）总资产周转率

1. 总资产周转率的含义

总资产周转率是指销售收入净额与平均资产总额之间的比率。总资产周转率可用于分析企业全部资产的使用效率，用以衡量资产投资规模与销售水平之间的配比情况，综合反映企业整体资产的营运效率。

2. 计算公式

总资产周转率的计算公式为

$$总资产周转率=\frac{销售收入净额}{平均资产总额}$$

式中，销售收入净额=销售收入−销售折扣、折让

衡量总资产周转速度，也可以用周转期（天数）表示。

$$总资产周转期（天数）=\frac{计算期天数额}{总资产周转率}=\frac{计算期天数\times 平均资产总额}{销售收入净值}$$

为了计算方便，全年按 360 天计算，全季按 90 天计算，全月按 30 计算。平均资产总额应根据分析期的不同分别加以确定，并应当与分子的销售收入净额在时间上保持一致。

3. 总资产周转率分析要点

总资产周转率反映企业全部资产的周转速度。总资产周转率越大，总资产周转天数越少，表明总资产周转速度越快，资产使用效率越高，企业营运能力越强。企业可以通过薄利多销的办法，加速资产的周转，带来利润绝对额的增加。

（二）流动资产周转率

1. 流动资产周转率的含义

流动资产周转率是指销售收入净额与流动资产平均占用额的比率。流动资产周转率是衡量企业流动资产周转速度的快慢及利用效率的综合性指标。

2. 计算公式

流动资产周转率的计算公式为

$$流动资产周转率（次数）=\frac{销售收入净额}{流动资产平均占用额}$$

式中，流动资产平均占用额=（流动资产期初数+流动资产期末数）÷2

分析评价企业流动资产的周转速度还可用流动资产周转期这一指标，它是指流动资产周转一次需要的时间，其公式为

$$流动资产周转天数=计算期天数\div 流动资产周转率$$

3. 流动资产周转率分析要点

第一，流动资产周转率越大，流动资产周转天数越少，表明流动资金周转越快，企业营运能力越强。

第二，流动资产利润率=销售利润率×流动资产周转率。流动资产周转率可以反映流动资产实现利润的能力。流动资产周转率越大，表明流动资产实现利润的能力越强。

第三，流动资产周转率反映了流动资产投资的节约与浪费情况。

流动资产相对节约（或浪费）=分析期实际销售额×（分析期流动资产实际占用率-基期实际或分析期计划流动资产占用率）

式中，

流动资产实际占用率=1÷流动资产周转率

计算结果为正值表示浪费，负值则表示节约。

第四，降低流动资产占用额，加速流动资产周转的基本途径：一是加强定额管理，制定和贯彻先进合理的消耗定额和储备定额，降低材料、能源等消耗量，降低各项存货的储备量；二是努力降低材料采购成本和产品制造成本；三是采取技术措施和管理措施，提高生产效率和工作效率，缩短周转期，包括生产周期，存货的供应、在途、验收、整理准备和库存等环节的时间；四是加快货款结算，及时收回货款；五是定期清仓查库，及时处理积压产品和物资；六是用活货币增加，避免过量存款。

（三）应收账款周转率

1. 应收账款周转率的含义

应收账款周转率是指企业销售收入净额（赊销收入净额）与应收账款平均余额的比率，是衡量应收账款流动程度和管理效率的指标。

2. 计算公式

应收账款周转率的公式为

$$应收账款周转率=\frac{销售收入净额（赊销收入净额）}{应收账款平均余额}$$

式中，

赊销收入净额=主营业务收入-现销收入

应收账款周转天数=计算期天数÷应收账款周转率

3. 应收账款周转率分析要点

第一，公式中分母的应收账款应将“应收账款”与“应收票据”等全部赊销账款包括在内。应收账款余额应为扣除坏账准备后的净额，分母一般以应收账款的平均余额计算。如果应收账款余额的波动性较大，应尽可能使用更详尽的计算资料，如按各月份（或季度）应收账款余额来计算其平均占用额。公式中分子应以赊销收入净额计算，但在一般报表分析时或与其他单位比较时，由于企业赊销资料作为商业机密不对外公布，可用销售收入净额（或主营收入净额）计算。分子、分母的数据应注意其时间的对应性。

第二，应收账款周转率越大，应收账款周转天数越少，表明应收账款变现速度越快，企业管理效率越高。

第三，应收账款周转率分析时，应结合企业的信用政策。应收账款周转率高，并不一定好，也可能是企业信用政策过于严格的结果，从长期来看将会影响企业的销售水平，从而影响企业的获利水平。

第四，应收账款周转率分析时，应当与流动比率、速动比率相结合。

（四）存货周转率

1. 存货周转率的含义

存货周转率是指销售成本（或销售收入净额）与平均存货之间的比率。存货的流动性，一般用存货的周转速度指标来反映，即存货周转率或存货周转天数。它是衡量和评价企业购入存货、投入生产、销售收回等各环节管理状况的综合性指标。

2. 计算公式

存货周转率的计算公式如下。

以成本为基础的存货周转率=销售成本÷平均存货额

以收入为基础的存货周转率=销售收入净额÷平均存货额

存货周转天数=计算期天数÷存货周转率

销售成本、销售收入净额数据来自利润表，平均存货额来自资产负债表的“期初存货”与“期末存货”的平均数。

3. 存货周转率分析要点

第一，成本基础的存货周转率运用更为普遍，因为与存货直接相关的是销售成本，它们之比更切合实际地表现存货的周转状况。收入为基础的存货周转率既维护了资产运用效率比率各指标计算上的一致性，又因为由此计算的存货周转天数与应收账款周转天数建立在同一基础上，从而可直接相加并得出另一个分析指标，即营业周期。

第二，存货周转率通常能够反映企业存货流动性的大小和存货管理效率的高低。一般来讲，存货周转率越大，存货周转天数越少，表明存货变现速度越快，存货资金占用量越低，资金成本越节约，存货管理效率越高。

第三，企业采用不同的存货计价方法，将影响存货周转率的高低。存货批量的不同也会影响存货周转率。当存货批量很小时，存货可以很快地转换，因而存货周转率较高；但是如果存货批量过小，甚至低于安全储备量，则会导致经常性的缺货，影响企业的正常生产经营。

第四，企业管理者和有条件的外部报表使用者，除了分析批量因素、季节性生产的变化等情况外，还应对存货的结构以及影响存货速度的重要项目进行分析。分别就原材料、在产品、产成品三个部分计算周转率，借以分析各构成部分对整个存货周转率的影响。

第五，在其他条件不变的前提下，存货周转越快，所实现的周转额也就越大，利润数额和水平相应也就越高。所以该指标也可以用来衡量企业的获利能力，当然也可以作为分析偿债能力的辅助指标。

（五）资产营运能力分析举例

【例 3-6】 根据远期公司 2018 年、2019 年、2020 年财务会计报表，得出该公司如表 3-10 所示的相关财务数据。

要求：

（1）根据表 3-10 中数据计算远期公司以下财务分析指标，总资产周转率、流动资产周转率、应收账款周转率、存货周转率。

（2）根据计算结果对该公司的资产营运能力进行分析。

解答如下。

表 3-10　远期公司 2018 年、2019 年、2020 年相关财务数据　单位：万元

项　目	2018 年	2019 年	2020 年
资产总额	5 000	5 500	6 000
流动资产	3 000	3 300	3 500
应收账款	1 200	1 300	1 500
存货	1 460	1 540	1 760
销售收入净额		30 000	35 000
赊销收入净额		14 500	18 450
销售成本		21 500	24 950

（1）计算各财务分析指标，如表 3-11～表 3-14 所示。

表 3-11　总资产周转率计算表　金额单位：万元

项　目	2019 年	2020 年	差异
销售收入净额	30 000	35 000	+5 000
平均资产总额	5 250	5 750	+500
总资产周转率（次）	5.71	6.09	+0.38

表 3-12　流动资产周转率计算表　金额单位：万元

项　目	2019 年	2020 年	差异
销售收入净额	30 000	35 000	+5 000
平均流动资产	3 150	3 400	+250
流动资产周转率（次数）	9.52	10.29	+0.77
流动资产周转期（天数）	37.82	34.99	−2.83

表 3-13　应收账款周转率计算表　金额单位：万元

项　目	2019 年	2020 年	差异
赊销收入净额	14 500	18 450	+3 950
应收账款平均余额	1 250	1 400	+150
应收账款周转率（次）	11.6	13.18	+1.58

表 3-14　存货周转率计算表　金额单位：万元

项　目	2019 年	2020 年	差异
销售成本	21 500	24 950	+3 450
平均存货	1 500	1 650	+150
存货周转率（次）	14.33	15.12	+0.79

（2）分析。

远期公司 2020 年总资产周转率较 2019 年加快 0.38 次（6.09−5.71），平均周转天数也由 2019 年的 63.05 天（360/5.71）缩短为 2020 年的 59.11 天（360/6.09）。这表明企业资产的总体流动性、周转能力都有所提高。

远期公司 2020 年流动资产周转率较 2019 年加快 0.77 次（10.29−9.52），平均周转

天数也由 2019 年的 37.82 天缩短为 2020 年的 34.99 天。这表明企业流动资产的流动性、周转速度都有所提高。

远期公司 2020 年应收账款周转率比 2019 年加快了 1.58 次，平均收账期由 2019 年的 31.03 天（360/11.6）缩短为 2014 年的 27.31 天（360/13.18）。这不仅提高了应收账款投资的变现能力，减少了坏账损失和收账费用，而且也成为 2020 年该公司流动资产周转率加速 0.77 次的一个重要原因。

远期公司 2020 年存货周转率与 2019 年相比，加快了 0.79 次，周转天数也由 2019 年的 25.12 天（360/14.33）缩短为 2020 年的 23.81 天（360/15.12），表明企业在存货的变现能力、实现周转的能力上都有一定的提高。这也是整体流动资产周转率得以加快的重要因素。

三、反映盈利能力的财务指标

反映盈利能力的财务指标包括三个层次：第一层次是与收入相关的获利能力指标；第二层次是与企业资产相关的获利能力指标；第三层次是与权益资本相关的获利能力指标。

（一）与收入相关的获利能力的财务指标

反映与收入相关的获利能力的主要财务指标有销售毛利率和销售净利润率。

1. 销售毛利率

（1）销售毛利率的含义。

销售毛利率也叫主营业务毛利率，是指销售（或主营业务）毛利额与销售收入额（或主营业务收入）之间的比率。销售毛利率反映企业经营效益，以及产品市场竞争力的高低，是衡量企业获利能力高低的最基本财务指标。

（2）销售毛利率计算公式为

$$销售（主营业务）毛利率=\frac{销售（主营业务）毛利额}{销售（主营业务）收入额}\times 100\%$$

式中，销售（主营业务）毛利额=销售（主营业务）收入-销售（主营业务）成本

（3）销售毛利率分析要点。

第一，销售收入（或主营业务收入）是企业盈利的主体。销售利润占总利润的比重高，说明企业利润的质量高，具有较好的持久盈利性。销售毛利率是企业销售利润率的最初基础，没有足够大的毛利率便不能盈利。销售毛利率越高，企业获利能力越强。

第二，提高销售毛利率的主要途径是降低销售成本。当企业销售毛利率下降时，应该认真分析销售毛利率下降的原因，采取有效措施提高销售毛利率。

2. 销售净利润率

（1）销售净利润率的含义。

销售净利润率是指企业净利润与销售收入（主营业务收入）之间的比率。

（2）销售净利润率的计算公式为

$$销售净利润率=\frac{净利润}{销售（主营业务）收入}\times 100\%$$

式中，

$$净利润=利润总额-所得税$$

（3）销售净利润率分析要点。

第一，销售净利润率反映企业销售收入（主营业务收入）带来净利润的能力。一般来说，该指标越大，企业盈利能力越高。但是由于经营活动的其他方面也影响净利润的结果，因此，要求企业在扩大销售的基础上，注意改进经营管理，提高总体盈利水平。

第二，销售毛利率通常要与营业利润率结合使用进行分析。营业利润率是指营业利润与销售收入之间的比率。根据营业利润的构成可以看出，有效控制期间费用（如财务费用和管理费用），在销售毛利率不变的情况下，也可以提高营业利润率。

第三，如果营业利润率下降，而销售净利润率是上升的，这表明企业的投资收益和营业外净收入对企业净利润产生了重要影响。它不仅保持了与销售同步增长水平，而且抵补了营业利润率下降因素。但是，由于投资和营业外收支各项目的数量变动以及具体项目的变化一般不具有稳定性和持久性，所以销售净利润率增长水平高于营业利润率增长水平的局面将是很难长期稳定维持下去的。

（二）与资产相关的获利能力财务指标

反映与资产相关的获利能力的主要财务指标有资产利润率。

1. 资产利润率的含义

资产利润率是指企业利润总额与资产平均占用额之间的比率。该指标表示企业全部投入资金获得利润的能力，反映了企业资产利用的综合效果。

2. 计算公式

资产利润率的计算公式为

$$资产利润率=\frac{利润总额}{资产平均占用额}\times100\%$$

3. 资产利润率分析要点

第一，资产利润率指标表明企业资产利用的综合效果。该指标越高，表明资产的利用效率越高，说明企业在增加收入和节约资金使用等方面取得了良好的效果。

第二，影响资产利润率高低的因素主要有产品价格、单位产品成本的高低、产品销量，以及资金占用量的大小等。

第三，在对企业获利能力进行分析时，还需要结合对企业产品的获利能力进行分析。企业产品按获利能力不同可以划分为六类：①获利水平较高，且获利水平具有稳定持久性的产品；②获利水平较高，但获利水平不具稳定性的产品；③获利水平较低，但获利水平稳定、持久的产品；④获利水平较低，且获利水平不稳定的产品；⑤获利水平呈下降趋势的产品；⑥已经亏损的产品。

（三）与权益资本相关的获利能力财务指标

反映与权益资本相关的获利能力的主要财务指标有权益资本利润率。

1. 权益资本利润率的含义

狭义权益资本即为资本金，这时权益资本收益率也可称为资本金利润率。广义权益资本即为所有者权益，这时权益资本收益率就是指所有者权益利润率。权益资本利润率是指利润总额与权益资本的比率。权益资本利润率是评价所有者投入资本获取报酬水平的最具综合性和代表性的指标，反映企业资本营运的综合效益。

2. 计算公式

权益资本利润率的计算公式为

$$权益资本利润率=\frac{利润总额}{权益资本总额}\times100\%$$

3. 分析要点

第一，权益资本利润率是评价所有者投入资本的获利能力，该指标越大，表明获利能力越强。

第二，权益资本利润率可以用于跨行业之间的获利能力的比较。

第三，权益资本利润率计算公式中的分母可以使用"平均权益资本总额"，也可以使用"权益资本总额"。

（四）盈利能力分析举例

【例 3-7】 根据远大公司 2019 年、2020 年财务会计报表，得到该公司如表 3-15 所示的相关财务数据。

表 3-15 远大公司 2019 年、2020 年相关财务数据 单位：万元

项　　目	2019 年	2020 年
销售收入	387.8	396.5
销售成本	329.63	337.818
利润总额	29	31
减：所得税	7.25	7.75
净利润	21.75	23.25
资产平均占用额	111	109
资本金总额（计算期无变化）	60	62

要求：

（1）根据表 3-15 中数据计算远大公司以下财务分析指标，销售毛利率、销售净利润率、资产利润率、权益资本利润率。

（2）根据计算结果对该公司的盈利能力进行分析。

解答如下。

（1）计算各财务分析指标，如表 3-16～表 3-18 所示。

表 3-16 销售毛利率计算表 金额单位：万元

项　　目	2019 年	2020 年	差异
销售收入	387.8	396.5	+8.7
销售成本	329.63	337.818	+8.188
销售毛利	58.17	58.682	+0.512
销售毛利率	15%	14.8%	-0.2%

（2）分析。

该企业销售毛利率 2020 年较 2019 年下降了 0.2 个百分点，如果影响企业利润的其他因素不变，则意味着单位销售额的获利能力或者水平下降，最终必然导致企业总

的获利能力下降。具体分析该企业销售（营业）毛利率下降的原因，主要是销售成本的增长速度超过销售收入的增长速度，前者是 2.48%，而后者为 2.24%。

表 3-17　　销售净利润率计算表　　金额单位：万元

项　　目	2019 年	2020 年	差异
销售收入	387.8	396.5	+8.7
净利润	21.75	23.25	+1.5
销售净利润率	5.61%	5.86%	+0.25%

表 3-18　　资产利润率、资本金利润率计算表　　金额单位：万元

项　　目	2019 年	2020 年	差异
利润总额	29	31	+2
资产平均占用额	111	109	−2
资本金总额（计算期无变化）	60	62	+2
资产利润率	26.13%	28.44%	+2.31%
资本金利润率	48.33%	50%	+1.67%

销售净利润率 2020 年较 2019 年上升了 0.25 个百分点。在销售毛利率下降 0.2 个百分点的情况下，销售净利润率反而上升了 0.25 个百分点。仔细计算得知，销售毛利 2020 年较 2019 年增长了 0.88%，而净利润 2020 年较 2019 年增长了 6.9%。这表明了企业的投资收益和营业外净收入对企业净利润的影响，即它在销售毛利率 2020 年较 2019 年下降了 0.2 个百分点的情况下，使销售净利润率 2020 年较 2019 上升了 0.25 个百分点。但由于投资收益及营业外收支各项目的数量变动一般不具有稳定性和持久性，所以销售净利润率水平将是很难长期稳定维持下去的。

资产利润率从 2019 年的 26.13%提高到 2020 年的 28.44%，上升了 2.31 个百分点。这种变化表明资产的利用效率提高了，企业在增加收入和节约资金使用等方面取得了良好的效果，企业资产获利能力增强了。

企业资本金利润率 2020 年比 2019 年上升 1.67 个百分点，上升幅度为 3.46%，较资本金 3.33%的上升幅度快了 0.13 个百分点，说明该企业的资本金获利能力是比较强的。

本章小结

本章主要介绍了财务分析的目的、对象、内容和特点，阐述了财务分析的基本方法，较为详细地讲解了主要财务指标的计算与分析。

财务分析的目的就是通过对企业财务报表进行分析，客观评价企业过去和现在的财务状况和经营成果，揭示企业未来的报酬和风险，为财务报告的使用者提供有价值的参考依据。企业财务报告的使用者大致可以分为两类：外部使用者有企业的投资者、债权人、政府、中介机构等；内部使用者包括企业的经营管理者和雇员。

财务分析的对象就是企业的财务报表，主要是企业的财务会计报表。财务分析的基本内容主要包括：一是分析偿债能力，包括分析企业短期偿债能力和长期偿债能力；二是分析资产营运能力；三是分析盈利能力。财务分析具有四个方面的特点，即事后

性、数据性、确切性、适用性。

财务分析基本方法有趋势分析、结构分析、因素替换法，及财务指标分析。趋势分析有趋势定比（或环比）分析和趋势线性回归分析。结构分析是将财务会计报表中的某一关键项目数据作为比较对象，再将其余有关项目数据与之对比计算出百分比，以揭示出财务会计报表中各项目的相对地位和总体结构关系。在财务分析中，我们还可以将趋势分析与结构分析结合运用，以此反映出财务会计报表中各项目的相对地位和总体结构关系的变化趋势。因素替换法主要用于分析不同时期某项财务指标的差异变动受到哪些因素变动的影响，并测定出各个影响的影响程度。因素替换法的分析前提是若干因素财务指标的乘积等于被分析的总财务指标。

财务指标分析在财务分析中居于最重要的地位。反映短期偿债能力的财务指标主要有流动比率和速动比率。流动比率是流动资产与流动负债之间的比率，合理参考值是 200%。速动比率是速动资产与流动负债之间的比率，合理参考值是 100%。反映长期偿债能力的主要财务指标有资产负债率、产权比率和利息保障倍数。资产负债率是负债总额与全部资产总额之间的比率，合理参考值是 50%。当超过 50%在 50%与 100%之间变化时，企业处于“黄灯区”，表明企业负债较重；大于 100%时，企业便进入“红灯区”，应采取积极的财务对策。产权比率是负债总额与股东权益总额之间的比率，合理参考值是 100%。利息保障倍数是指企业在一定时期内获取的收益与所需支付的债务利息之间的比率。从长远看，企业的利息保障倍数至少要大于 1，否则便不能举债经营，最好比较本企业连续几年的该项指标，并选择最低指标年度的数据作为标准。反映资产营运能力的主要财务指标有总资产周转率、流动资产周转率、应收账款周转率和存货周转率。一般而言，以上周转率越大，表明相关资产周转速度越快，使用效率越高，企业营运能力越强。反映盈利能力的主要财务指标有销售毛利率、销售净利润率、资产利润率和权益资本利润率。一般而言，相关盈利能力指标越大，企业盈利能力越高。

综合练习一

一、单项选择题

1. 会计是（ ）。
   A. 记账、算账、报账的工作
   B. 纯粹的记账工作
   C. 预测、决策、分析的工具
   D. 管理活动，是经济管理的重要组成部分
2. 会计主要是以（ ）作为计量尺度。
   A. 劳动 B. 价格 C. 实物 D. 货币
3. 会计的基本职能是（ ）。
   A. 核算与监督 B. 反映与分析
   C. 控制与监督 D. 决策与控制
4. 会计对象的具体化是（ ）。
   A. 会计科目 B. 会计原则

C. 会计要素　　D. 会计账户

5. 下列各项中，属于反映企业财务状况的会计要素是（　　）。

A. 收入　　B. 所有者权益

C. 费用　　D. 利润

6. 下列费用中，构成产品成本的有（　　）。

A. 制造费用　　B. 管理费用

C. 财务费用　　D. 销售费用

7. 所有者权益是指企业投资人对企业（　　）的所有权。

A. 实收资本　　B. 未分配利润

C. 净利润　　D. 净资产

8. 下列各项中不属于资产负债表要素的是（　　）。

A. 资产　　B. 负债

C. 所有者权益　　D. 利润

9. 下列对会计核算基本前提的表述中恰当的是（　　）。

A. 持续经营和会计分期确定了会计核算的空间范围

B. 一个会计主体必然是一个法律主体

C. 货币计量为会计核算提供了必要的手段

D. 会计主体确立了会计核算的时间范围

10. 会计主体是指会计所服务的（　　）。

A. 特定独立单位　　B. 投资者

C. 债权人　　D. 企业管理当局

11. 会计核算以人民币为记账本位币。业务收支以外币为主的企业，也可以选择某种外币作为记账本位币，但编制的财务会计报告应当折算为人民币反映。这一要求所体现的会计核算的基本前提是（　　）。

A. 会计主体　　B. 持续经营

C. 会计分期　　D. 货币计量

12. 下列项目中，使负债增加的是（　　）。

A. 发行公司债券　　B. 用银行存款购买公司债券

C. 发行股票　　D. 支付现金股利

13. 下列项目中不属于流动资产的是（　　）。

A. 预收账款　　B. 应收账款

C. 预付账款　　D. 短期投资

14. 下列项目中不属于流动负债的是（　　）。

A. 预收账款　　B. 应付账款

C. 预付账款　　D. 短期借款

15. 下列项目中不属于所有者权益的是（　　）。

A. 实收资本　　B. 资本公积

C. 盈余公积　　D. 存货

16. 下列账户，属于损益类账户的是（　　）。

A. 预提费用　　B. 制造费用
C. 销售费用　　D. 本年利润

17. 会计科目和账户之间的联系是（　　）。
A. 内容相同　　B. 结构相同
C. 格式相同　　D. 两者不相关

18. 复式记账法对每项经济业务都以相等的金额，在（　　）中进行登记。
A. 两个账户　　B. 一个账户
C. 所有账户　　D. 两个或两个以上账户

19. 企业以银行存款偿还到期的短期借款，该业务对资产和负债的影响为（　　）。
A. 资产与负债同增　　B. 资产与负债同减
C. 资产增加，负债减少　　D. 资产减少，负债增加

20. 资产类账户的贷方登记（　　）。
A. 资产的减少　　B. 资产的增加
C. 资产的增加或减少　　D. 费用的增加

21. 下列经济业务中，不引起所有者权益变动的有（　　）。
A. 所有者投入资金偿还欠款　　B. 所有者向企业投入设备
C. 企业向所有者分配利润　　D. 企业提取盈余公积

22. 负债类账户的贷方登记（　　）。
A. 负债的减少　　B. 负债的增加
C. 负债的增加或减少　　D. 所有者权益的增加和减少

23. 在借贷记账法下，下列说法正确的是（　　）。
A. 资产增加记借方，负债和所有者权益减少记贷方
B. 资产减少记借方，负债和所有者权益增加记贷方
C. 资产增加记借方，负债和所有者权益增加记贷方
D. 资产减少记贷方，负债和所有者权益增加记借方

24. 在借贷记账法下，所有者权益类账户的期末余额等于（　　）。
A. 期初贷方余额＋本期贷方发生额－本期借方发生额
B. 期初借方余额＋本期贷方发生额－本期借方发生额
C. 期初借方余额＋本期借方发生额－本期贷方发生额
D. 期初贷方余额＋本期借方发生额－本期贷方发生额

25. 在权责发生制下，下列货款应列入本期收入的是（　　）。
A. 收到本期销售的货款存入银行
B. 收到上月销售的货款存入银行
C. 预收下月销售的货款存入银行
D. 收回上月多付的预付款存入银行

26. 外部信息使用者了解单位会计信息最主要的途径是（　　）。
A. 财务报告　　B. 账簿
C. 财产清查　　D. 会计凭证

27. 下列资产负债表项目，可直接根据有关总账余额填列的是（　　）。

A. 应收票据 B. 应收账款

C. 存货 D. 货币资金

28. 资产负债表是反映企业某一(　　)资产、负债和所有者权益状况的会计报表。

A. 期间 B. 时期

C. 时间 D. 日期

29. 资产负债表是依据(　　)会计等式的基本原理设置的。

A. 资产－负债＝所有者权益 B. 利润＝收入－费用

C. 资产＝负债＋所有者权益 D. 资金来源总额＝资金运用总额

30. 在下列各会计报表中，属于反映企业财务成果的对外报表是(　　)。

A. 资产负债表 B. 利润表

C. 利润分配表 D. 现金流量表

31. 财务分析的对象是(　　)。

A. 企业生产计划表 B. 企业财务报表

C. 企业销售计划表 D. 企业市场调查表

32. 下列各项中属于财务分析的内容的是(　　)。

A. 企业偿还银行贷款的能力分析 B. 企业发展战略分析

C. 产品市场分析 D. 产品生产工艺及流程分析

33. 下列各项属于财务分析的特点的是(　　)。

A. 事前分析 B. 数据分析

C. 不确切性分析 D. 随机分析

34. 下列财务分析方法中，用到统计学中的指数分析法的是(　　)。

A. 趋势定比分析 B. 趋势回归分析

C. 因素替换分析 D. 财务指标分析

35. 下列财务分析方法中，用到统计学中的回归分析法的是(　　)。

A. 趋势定比分析 B. 趋势回归分析

C. 因素替换分析 D. 财务指标分析

36. 下列财务指标中，反映短期偿债能力的是(　　)。

A. 速动比率 B. 资产负债率

C. 存货周转率 D. 销售净利润率

37. 下列财务指标中，反映资产营运能力的是(　　)。

A. 流动比率 B. 应收账款周转率

C. 产权比率 D. 销售净利润率

38. 企业的利益关系中最关心企业资本结构和长期偿债能力的是(　　)。

A. 政府 B. 投资者

C. 债权人 D. 员工

39. 下列财务指标中，反映盈利能力的是(　　)。

A. 流动比率 B. 存货周转率

C. 资产负债率 D. 销售净利润率

40. 反映债权人的资本受到股东权益保障的程度，即企业清算时对债权人利益的保障程度，具有这种作用的财务指标是（ ）。

A. 资产负债率　　B. 利息保障倍数
C. 销售净利润率　　D. 总资产周转率

41. 在短期偿债能力分析中，不宜用于企业间的比较的财务指标是（ ）。

A. 流动比率　　B. 速动比率
C. 现金比率　　D. 营运资金

42. 下列哪项长期偿债能力指标计算需使用利润表中有关数据（ ）。

A. 资产负债率　　B. 产权比率
C. 利息保障倍数　　D. 长期负债比率

43. 下列财务比率中，投资人可能最关注的是（ ）。

A. 流动比率　　B. 现金比率
C. 资本金收益率　　D. 存货周转率

44. 已知某存货的周转天数为 50 天，则该存货的年周转率为（ ）。

A. 7.2 次　　B. 7.3 次　　C. 72%　　D. 73%

二、多项选择题

1. 会计的基本职能包括（ ）。

A. 会计核算　　B. 会计监督
C. 会计预测　　D. 会计决策
E. 会计分析

2. 根据我国《企业会计准则》的规定，将会计要素划分为（ ）。

A. 资产和费用　　B. 负债和收入
C. 资金占用和资金来源　　D. 利润和所有者权益
E. 会计科目和账户

3. 下列各项，属于反映企业经营成果的会计要素有（ ）。

A. 收入　　B. 费用　　C. 负债　　D. 利润
E. 所有者权益

4. 资产的确认应满足的条件是（ ）。

A. 必须是能为企业提供未来经济利益的经济来源
B. 必须是企业拥有或控制的　　C. 必须是有实物形态的
D. 必须是可用货币计量的　　E. 必须具有一年以上的使用年限

5. 下列经济业务，属于资产和权益同时减少的是（ ）。

A. 售出固定资产　　B. 上交税款
C. 销售产品，货款未收　　D. 用银行存款归还银行借款
E. 用银行存款归还应付账款

6. 会计核算的基本前提包括（ ）。

A. 会计客体　　B. 会计主体
C. 持续经营　　D. 会计分期
E. 货币计量

7. 下列（ ）可以是会计主体。

A. 集团公司　　B. 子公司
C. 生产车间　　D. 合伙企业
E. 企业所有者

8. 根据《企业会计准则》的规定，企业的会计期间包括（　　）。
A. 年度　　B. 半年度　　C. 季度　　D. 月度
E. 旬度

9. 下列关于权责发生制的说法正确的是（　　）。
A. 权责发生制又称为现金制
B. 属于本期的支出应在本期入账
C. 本期付出的款项都应作为本期的支出
D. 属于本期的收入应在本期入账
E. 本期收到的款项都应作为本期的收入

10. 按权责发生制要求，下列收入或费用应归属本期的是（　　）。
A. 对方暂欠的本期销售产品的收入　　B. 预付明年的保险费
C. 本月收回的上月销售产品的收入　　D. 尚未付款的本月借款利息
E. 摊销前期已付款的报纸杂志费

11. “资产=负债+所有者权益”这一会计等式是（　　）。
A. 试算平衡的理论依据
B. 登记总分类账户和明细分类账户的理论依据
C. 复式记账的理论依据
D. 反映企业资产归属关系的等式
E. 编制资产负债表的理论依据

12. 借贷记账法下，账户的借方登记（　　）。
A. 资产增加　　B. 资产减少
C. 权益增加　　D. 权益减少
E. 资产的余额

13. 关于会计报表的作用，下列说法中正确的有（　　）。
A. 企业的投资者和债权人可据以进行投资决策
B. 企业管理人员可据以总括了解本单位的财务状况和经营成果，进行经营决策
C. 企业各级主管部门可据以评价企业的经营业绩
D. 可以维护企业财产物资的安全完整
E. 可以为审计机关检查、监督企业的生产经营活动提供必要的信息资料

14. 下列各项，可以通过资产负债表反映的有（　　）。
A. 某一时点的财务状况　　B. 某一时点的偿债能力
C. 某一期间的经营成果　　D. 某一期间的获利能力
E. 某一期间的现金流量

15. 资产负债表中，流动资产包括（　　）。
A. 货币资金　　B. 交易性金融资产
C. 应收账款　　D. 一年内到期的非流动资产

E. 其他应收款

16. 多步式利润表是通过多步计算出当期损益，一般将其计算过程划分为（ ）等进行。

A. 营业收入　　B. 营业利润
C. 利润总额　　D. 净利润
E. 可供分配利润

17. 在利润表的编制过程中，（ ）等项目按有关账户发生额转入“本年利润”账户借方的发生额填列。

A. 主营业务收入　　B. 销售费用
C. 管理费用　　D. 营业外支出

18. 下列资产负债表项目中可根据其总分类账户期末余额计算填列的是（ ）。

A. 应收账款　　B. 货币资金
C. 应付票据　　D. 存货
E. 实收资本

19. 企业会计报表的使用者包括（ ）。

A. 政府税务部门　　B. 银行
C. 企业债权人　　D. 企业债务人
E. 企业管理人员

20. 财务分析的内容包括（ ）。

A. 企业短期偿债能力　　B. 企业长期偿债能力
C. 企业技术更新能力　　D. 企业资产营运能力
E. 企业盈利能力

21. 下列各项中，反映企业短期偿债能力的财务指标有（ ）。

A. 流动比率　　B. 速动比率
C. 现金比率　　D. 营业周期
E. 产权比率

22. 下列各项中，反映企业长期偿债能力的财务指标有（ ）。

A. 产权比率　　B. 资产负债率
C. 利息保障倍数　　D. 销售净利润率
E. 现金比率

23. 下列各项中，反映企业资产营运能力的财务指标有（ ）。

A. 应收账款周转率　　B. 存货周转率
C. 流动资产周转天数　　D. 总资产周转天数
E. 营业周期

24. 下列各项中，反映企业盈利能力的财务指标有（ ）。

A. 资产负债率　　B. 销售毛利率
C. 资产利润率　　D. 权益资本利润率
E. 利息保障倍数

三、判断题

1．收入一定表现为企业资产的增加。（　　）

2．利润是指企业一定日期的经营成果。（　　）

3．会计核算应当以企业持续正常的生产经营活动为前提。（　　）

4．企业编报的财务会计报告应当以人民币反映。（　　）

5．会计主体与法律主体不完全对等，法律主体可作为会计主体，但会计主体不一定是法律主体。（　　）

6．资产与权益的恒等关系，反映了企业同一资金的两个不同方面。（　　）

7．资产=负债+所有者权益，这一会计恒等式反映了会计主体的资产、权益情况，能够提供企业某一期间的财务状况。（　　）

8．会计核算的基本等式，是复式记账法的理论基础和编制利润表的依据。（　　）

9．接受投资者投入实物能引起资产和所有者权益同时发生增减变化。（　　）

10．资金的投入包括企业所有者投入的资金和债权人投入的资金两部分。（　　）

11．对会计科目的具体内容进行分类核算的项目，称为会计要素。（　　）

12．会计科目和会计账户的口径一致，性质相同，都具有一定的格式和结构，所以在实际工作中，对会计科目和账户不加严格区分。（　　）

13．为了满足管理的需要，企业账户的设置越细越好。（　　）

14．目前企业的总分类账户一般根据国家制定的有关会计制度设置。（　　）

15．账户的基本结构分为左右两方，哪一方登记增加额，哪一方登记减少额，取决于所采用的记账方法和账户的性质。（　　）

16．会计科目只是账户的名称，没有结构。（　　）

17．复合会计分录可以分解为若干个简单会计分录，若干个无关的简单会计分录也可以组合成复合会计分录。（　　）

18．资产负债表中所确认的资产都是企业拥有的。（　　）

19．资产负债表中“无形资产”项目反映各项无形资产抵减无形资产减值准备后的净额。（　　）

20．利润表是反映企业在一定会计期间经营成果的报表。（　　）

21．阅读利润表可以获得企业的财务实力以及资金来源等信息。（　　）

22．对债权人而言，企业的资产负债率越高越好。（　　）

23．对任何企业而言，速动比率大于1才是正常的。（　　）

24．将积压的存货转为损失，将会降低流动比率。（　　）

25．从长远看，企业的利息保障倍数至少要大于1，否则便不能举债经营。（　　）

26．一般认为企业合理的最低流动比率是100%。（　　）

27．利息保障倍数反映债权人提供资本与股东提供资本的相对关系，反映企业基本财务结构是否稳定。（　　）

28．应收账款周转率是指企业销售收入与应收账款平均余额的比率。（　　）

29. 存货周转率越高，周转天数越多，存货的管理效率越高。（ ）

30. 长期债权人比短期债权人更加关心企业经营的长期稳定性和持续发展性。（ ）

31. 利润总额与权益资本的比率叫产权比率。（ ）

四．会计实务题

1. 某企业2020年7月31日的财务状况如下。

（1）库存现金350元；

（2）银行存款户结存额76 700元；

（3）应向购货单位收回款项7 000元；

（4）库存各种原材料共计300 000元；

（5）未完工产品36 000元；

（6）机器设备、汽车、工具器具等共计600 000元；

（7）向银行借入短期借款60 000元；

（8）投资者投入资本800 000元；

（9）应交未交各项税金计30 000元；

（10）应付光华公司购货款130 050元。

要求：

（1）确定以上项目中哪些属于资产，哪些属于负债，哪些属于所有者权益？（用序号列出）。

（2）计算资产总额、负债总额、所有者权益总额（写出计算过程）。

（3）由上述计算可得出什么结论？

2. 某企业2020年4月发生以下经济业务。

（1）销售产品56 000元，其中36 000元已收到现款，存入银行，另有20 000元货款尚未收到。

（2）收到上月提供劳务收入560元。

（3）支付本月水电费680元。

（4）预付下半年度房租1 800元。

（5）支付上季度借款利息340元。

（6）本月应计劳务收入890元。

（7）预收销货款24 000元。

（8）本月负担年初已支付的保险费210元。

（9）上月预收货款的主营业务收入本月实现18 900元。

（10）本月负担下月支付的修理费150元。

要求：

（1）按收付实现制，列表计算4月份的收入、费用和利润。

（2）按权责发生制，列表计算4月份的收入、费用和利润。

（3）比较两种会计原则下的利润总额，并予以简单说明。

3. 某企业2020年5月发生如下业务。

（1）收回应收账款40 000元并存入银行。

（2）用银行存款 1 000 元购入办公用品。

（3）用银行存款偿还短期借款 30 000 元。

（4）向银行借入短期借款 100 000 元直接偿还前欠 A 公司货款。

（5）收到投资方的投资款 500 000 元并存入银行（假定全部为实收资本）。

（6）购入小轿车一辆，价款 300 000 元，车已投入使用，款项尚未支付。

（7）收到 M 公司交来的违约金 12 000 元存入银行。

（8）结转本月管理费用、营业外收入。

要求：

（1）编制上述业务的会计分录。

（2）开设并登记有关总分类账户以及期末结账（用 T 形账户登记）。

注：有关账户期初余额如下，银行存款 25 万元，短期借款 15 万元，应收账款 4 万元，应付账款 15 万元，实收资本 150 万元。

4. 某企业资产负债表有关资料如表 3-19 所示。

表 3-19　　某企业资产负债表有关资料　　单元：元

资产	年初数	年末数	负债及所有者权益	年初数	年末数
货币资金	1 000	960	短期借款	2 000	2 800
应收账款		1 920	应付账款	1 000	800
存货		4 464	预收账款	600	200
固定资产	5 792	6 400	长期借款	4 000	4 000
总计	13 280	13 744	所有者权益	5 680	5 944
			总计	13 280	13 744

补充资料：

（1）年初速动比率为 0.75，年初流动比率为 2.08；

（2）该企业所在行业中的平均流动比率为 2。

要求：

（1）计算该企业年初应收账款、存货项目的金额。

（2）计算该企业年末流动比率，并初步评价该企业短期偿债能力。

5. 某企业全部流动资产为 20 万元，流动资产比率为 2.5，速动比率为 1，最近发生以下业务。

（1）销售产品一批，销售收入 3 万元，款项尚未收到，销售成本尚未结转。

（2）用银行存款归还应付账款 0.5 万元。

（3）应收账款 0.2 万元，无法收回，做坏账处理。

（4）购入材料一批，价值 1 万元，其中 60%为赊购，开出应付票据支付。

（5）以银行存款购入设备一台，价值 2 万元，安装完毕，交付使用。

要求：

计算每笔业务发生后的流动比率与速动比率。

6. 某公司年初应收账款额为 30 万元，年末应收账款额为 40 万元，本年净利润为 30 万元，销售净利率为 20%，销售收入中赊销收入占 70%。

要求：计算该企业本年度应收账款周转次数和周转天数。

7. 振华股份有限公司的有关资料如下（单位：万元）。

（1）产品销售收入756，产品销售成本620；

（2）利润总额40，净利润30；

（3）资产平均总额320。

要求：计算销售毛利率、销售净利率、资产利润率。

五、案例分析题

请从图书馆或因特网找一家知名公司的年度财务报告，回答以下问题。

（1）在这家公司的资产负债表上，哪项资产的金额最大？为什么公司在这项资产上做了大笔投资？资产负债表上的项目中，哪三项发生最大的百分比变动？

（2）该公司利润表上是净利润还是净亏损？净利润或净亏损占营业收入的比重为多少？利润表上的项目中，哪三项发生最大的百分比变动？

（3）从报表附注中选择两项内容，说明它们对信息使用者做出的决策有何影响？

（4）你认为这家公司的优势和弱项何在？

阶段综合模拟实训

实训项目一 会计分录的编制与T形账户的登记

1. 目的

练习会计分录的编制和总分类账户的设置、登记以及结账。

2. 资料

长江公司2020年9月30日的总账科目余额如下。

固定资产4 500 000元；

实收资本4 500 000元；

原材料136 000元，其中，甲材料26 000元，乙材料54 000元，丙材料56 000元；

短期借款186 000元；

银行存款300 000元；

应付账款250 000元。

10月发生如下经济业务。

（1）10月2日，以银行存款向南山公司购进材料一批，材料已入库。其中：甲材料100千克，单价52元，计5 200元，增值税676元；丙材料260千克，单价7.0元，计18 200元，增值税2 366元；共计26 442元。

（2）10月5日，北海公司投入全新设备一台，价值120 000元。

（3）10月6日，开出转账支票两张，偿还应付供应单位货款180 000元，其中，新洋公司80 000元，泰山公司100 000元。

（4）10月7日，向泰山公司购进下列材料，材料已入库，货款尚未支付：乙材料200千克，单价54元，计10 800元，增值税1 404元；丙材料150千克，单价70元，计10 500元，增值税1 365元；共计24 069元。

（5）12月10日，仓库发出下列材料，用于二车间生产A产品。其中：甲材料200千克，单价52元，计10 400元；乙材料700千克，单价54元，计37 800元；丙材料 850 千克，单价 70 元，计 59 500 元。

（6）10 月 12 日，向南方公司购进下列材料，材料已入库，货款尚未支付：甲材料 180 千克，单价 52 元，计 9 360 元，增值税 1 216.80 元；乙材料 210 千克，单价 54 元，计 11 340 元，增值税 1 474.20 元；共计 23 391 元。

（7）10 月 20 日，开出转账支票两张，偿还应付供应单位货款 50 700 元，其中，泰山公司 30 000 元，南方公司 20 700 元。

（8）10 月 20 日，销售 A 产品 50 件，单价 220 元，增值税 1 430 元，款已收存银行。该批产品生产成本为每件 150 元。

（9）10 月 20 日，接受宏远公司投资 500 000 元，其中，全新设备 300 000 元，银行存款 200 000 元。

（10）10 月 31 日，结转销售收入和销售成本。

3. 要求

（1）根据上述经济业务编制会计分录。

（2）根据月初余额和会计分录登记总分类账（“T”形账），并计算账户本期发生额和期末余额。

（3）计算账户的本期借方发生额合计与贷方发生额合计、借方期末余额合计与贷方期末余额合计，并说明有何关系。

实训项目二　会计报表分析

1. 目的

练习财务状况和经营成果相关财务指标的计算和分析，并初步学会财务分析报告的撰写。

2. 资料

东方公司 2014 年简要资产负债表和利润表如表 A-1 和表 A-2 所示。

表 A-1　　东方公司 2020 年资产负债表　　单位：万元

资　　产	年初余额	期末余额	负债及所有者权益	年初余额	期末余额
流动资产：			流动负债：		
货币资金	554.38	383.77	短期借款	5 000	3 600
交易性金融资产			交易性金融负债		
应收票据	353.50	127.80	应付票据	3.87	3.87
应收账款	975.03	676.29	应付账款	1 178.48	659.83
预付账款	328.09	60.36	预收账款		
其他应收款	1 782.58	1 027.15	应付职工薪酬	45.59	29.60
应收补贴款			应交税金	165.45	224.55
存货	2 013.03	2 238.33	应付股利		
一年内到期的非流动资产	113.50		其他应付款	502.15	341.69
			一年内到期的非流动负债	100	
其他流动资产			其他流动负债		
流动资产合计	6 120.11	4 513.70	流动负债合计	6 995.54	4 859.54
非流动资产：			非流动负债：		
可供出售金融资产			长期借款	400	100

续表

资　　产	年初余额	期末余额	负债及所有者权益	年初余额	期末余额
持有至到期投资			应付债券		
长期应收款			长期应付款		
长期股权投资	1 468.41	1 175.96	专项应付款		
投资性房地产			预计负债		
固定资产	1 376.85	838.47	递延所得税负债		
在建工程	1 319.60	952.12	其他非流动负债		
固定资产清理			非流动负债合计	400	100
无形资产			所有者权益（或股东权益）:		
开发支出			实收资本（或股本）	3 000	3 000
长期待摊费用	861.37	808.23	资本公积	6.94	
其他长期资产			减：库存股		
递延所得税资产			盈余公积	130.62	55.93
非流动资产合计	5 026.23	3 774.78	未分配利润	613.24	273.01
			所有者权益（或股东权益）合计	3 750.80	3 328.94
资产合计	11 146.34	8 288.48	负债及所有者权益合计（或股东权益合计）	11 146.34	8 288.48

表 A-2　　东方公司 2020 年度利润表　　单位：万元

项　　目	上 期 金 额	本 期 金 额
一、营业收入	10 394.92	9 096.29
减：营业成本	8 432.54	7 463.56
营业税金及附加	51.92	44.42
销售费用	498.56	415.41
管理费用	330.85	286.72
财务费用	481.75	401.92
资产减值损失		
加：公允价值变动收益		
投资收益	26.56	10.32
二、营业利润	625.86	494.58
加：营业外收入	3.18	3.12
减：营业外支出	4.26	5.18
其中：非流动资产处置损失		
三、利润总额	624.78	492.52
减：所得税	209.86	163.58
四、净利润	414.92	328.94
五、每股收益		
（一）基本每股收益		
（二）稀释每股收益		

3. 要求

对东方公司近两年的财务状况和经营成果进行分析，并撰写一份简要财务分析报告（或根据学生自己搜集的企业近两年财务报表完成上述要求）。

Accounting Basis and Practice

模块二

供应过程的成本费用核算与控制

※案例导入

存货管理也是一门学问

尼利饮料公司（Neeley Beverage，Inc.）是美国东北部的一家软饮料经销商，这家公司在过去30年里一直从事这个行业。贾斯廷•尼利（Justin Neeley）创办了这家公司并使其蓬勃发展，公司的销售额在过去的5年里有显著的增长。

尼利对公司的增长模式感到非常骄傲。然而，他也对快速增长所带来的问题保持着警惕，尤其是对他本人对公司实施足够控制的能力感到担忧。需要加以变化的地方很多，这使得尼利无法参与所有的决策，存货管理就是其中的一个问题。存货随着收入的增长而呈同步增长，尼利对保持大量存货的合理性有所怀疑。生产经理约翰•威廉姆斯（John williams）对总是能及时满足订单需要感到很自豪。然而尼利觉得库存大大超出了需要的水平，尽管他找不到什么方式证明这种直觉。尼利需要一种用来确定未来计划期最佳存货水平的定量分析方法，他希望可以用这样一种定量分析技术来进行决策，从而减少存货管理决策方面的人为因素。

为了寻求制定公司存货政策的可行方法，尼利拜访了管理咨询公司的总经理，管理咨询公司派出相关人员对尼利饮料公司进行了现场观察，检查了公司存货记录并同有关人员进行了面谈，最终找到了存货决策的可行方案。

问题

（1）存货管理的目标是什么？

（2）尼利饮料公司如何确定其最佳存货水平？

（3）尼利饮料公司存货管理策略包括哪些？

第四章

供应过程的成本费用核算

【学习目标】

通过本章学习，熟悉工业企业供应过程的主要经济活动；掌握材料采购成本的构成项目，掌握材料采购成本计算表的结构、编制，以确定材料采购成本；熟悉材料采购业务中所涉及基本账户的结构和用途，能对材料采购业务进行会计处理。

【重点难点】

重点：材料采购成本的构成及计算；材料采购业务的会计处理。

难点：材料采购成本计算表的编制；材料采购业务的会计处理。

【技能点】

通过本章的学习，能根据采购业务编制会计分录；通过编制材料采购成本计算表确定材料采购成本。

【学习内容】

从本章可以学到：工业企业供应过程的主要经济活动、材料采购成本的构成项目和材料采购成本的确定；材料采购业务中所涉及的基本账户、材料采购业务的会计处理等知识。

第一节 供应过程的主要业务活动

制造业的供应过程是从采购原材料开始，到原材料验收入库的整个过程。制造业为进行产品生产，必须要准备一定品种、一定数量的原材料，作为生产储备。所以，对于生产企业来说，原材料的采购是生产的准备阶段，为了生产适销对路的产品，必须采购生产适用、价格公道、质量合格的原材料。企业原材料的请购与订购、企业与供应单位进行货款结算、采购费用的支付、采购成本的计算，以及原材料的验收入库等，构成了供应过程的主要经济业务。

一、请购与订购

原材料是指企业在生产过程中经加工改变其形态或性质并构成产品主要实体的各种原料及主要材料、辅助材料、外购半成品、修理用备件、包装材料、燃料等，是制造业进行产品生产的必备条件。

为使原材料库存量既能满足生产需要，又能防止原材料积压过多造成的风险，在确定原材料采购时，必须由原材料的使用部门根据未来一定期间的需要量提出请购申请，并以填制“原材料需求单”的方式提前通知原材料保管部门，由保管部门根据现有原材料的库存量计算出请购量后，正式提交“请购单”。原材料采购的请购申请单由资金管理部门签署同意执行的意见后，再交采购部门，由采购部门将请购单报主管领导批准后方可办理招标订货手续。

在订货阶段，采购部门首先必须向不同的多家供应商发出询价单，待获取报价单后比较供应货物的价格、质量标准、可享受的折扣、付款条件、交货时间和供应商信誉等有关资料，初步确定适合的供应商并准备谈判；然后，根据谈判结果签订订货合同及订货单，并将订货单及时传送给生产、销售、保管和会计等有关部门，以备合理安排生产、销售、收货和付款。

二、验收与储存

企业所订购的货物到达时必须由与采购部门、使用部门和会计部门相分离的保管部门进行验收保管。所收货物的检验包括数量和质量两个方面，即由验收部门检查收到的原材料是否与订购单上的项目一致，进行计数、称重、测量、化验来验收外购材料的数量和质量，以保证所购货物符合商定的品名、数量和质量标准。

仓储部门在对收到的材料进行检查后签收，此时材料的采购成本将转化为库存材料的成本并形成储备资金，以备企业生产经营领用。为确保材料的安全、完整，存放材料的仓储区应相对独立，以限制无关人员这些材料。

三、付款与记录

外购原材料入库后，财务部门应当对购货发票、供应商发票、结算凭证、订购单、验收单以及入库单等资料的真实性、完整性、一致性、合法性进行严格审核后再办理结算或付款业务。同时，会计部门应及时记录存货的增加和银行存款的减少或应付账款的增加。对原材料的核算，必须根据企业的整体管理要求设置一级账户和明细账户正确进行记录。

第二节 材料采购成本的构成

在材料采购过程中，企业要按照合同和结算制度的规定，支付材料价款、增值税以及因购买材料而发生的各项采购费用。企业物资保管部门应根据材料入库凭证组织材料的验收入库。财会部门要运用有关账户，核算材料采购资金的占用和增减变动情况，反映材料购入的品种、数量和金额，并进行材料采购成本的计算。

材料采购成本一般包括材料的买价、外地运杂费、运输途中的合理损耗和入库前的整理挑选费用等。具体构成如下。

（1）买价，即购货发票上所注明的货款价格，不包括企业支付的增值税；

（2）采购过程中发生的运杂费（运输费、包装费、装卸费、保险费、仓储费等）；

（3）材料在运输途中发生的合理损耗；

（4）材料入库前发生的整理挑选费用（包括挑选整理过程中发生的工资、费用支出和必要的损耗，并扣除回收的下脚废料价值）；

（5）按规定应计入材料采购成本中的各种税金。

至于采购人员的差旅费、采购机构经费、材料市区零星运杂费等，一般作为企业管理费用处理，不计入材料采购成本。

材料采购成本的计算，就是以各种外购材料为对象，归集和分配在材料采购过程中所支付的材料买价、各项采购费用，并按成本项目计算各种材料的实际总成本和单位成本。属于直接费用的买价和能分清的采购费用，可根据发票金额直接计入各种材料的成本中；不能分清的运杂费等采购费用一般属于共同费用，必须通过一定的方法在各种材料之间进行分配，通常采用的分配标准有材料的重量、体积和买价等。

【例 4-1】 W 企业购入甲材料 2 000 千克，单价 26 元，共计 52 000 元；增值税税率为 13%，计 6 760 元；另付运费 500 元（税率 9%）。试计算甲材料采购成本。

本次采购活动发生的支出有三项，其中企业在购进材料时支付的增值税进项税额，作为应缴纳增值税的抵扣项，不能计入材料采购成本，则

甲材料采购成本=52 000+500=52 500（元）

【例 4-2】 W 企业购入甲材料 5 000 千克，单价 25 元，共计货款 125 000 元，增值税税率为 13%，计 16 250 元；购入乙材料 3 000 千克，单价 10 元，共计货款 30 000 元，增值税税率为 13%，计 3 900 元；两种材料共支付运费 2 000 元（税率为 9%）。试计算甲、乙两种材料的采购成本。

在本例中，运费 2 000 元应当采用适当的方法（如按材料重量比例分配）分配计入甲、乙两种材料的采购成本。

每千克材料应分配的运杂费=2 000÷（5 000+3 000）=0.25（元/千克）

甲材料应分配的运杂费=0.25×5 000=1 250（元）

乙材料应分配的运杂费=0.25×3 000=750（元）

甲材料的实际采购成本=125 000+1 250=126 250（元）

乙材料的实际采购成本=30 000+750=30 750（元）

第三节 材料采购过程的账户设置

为了加强对材料采购过程的核算和管理，如实反映库存原材料的增减变动及结存情况，确定材料采购成本，弄清因采购原材料而与供应单位发生的货款结算方式和税金等有关情况，在材料采购过程中应设置“在途物资”“原材料”“应交税费”“应付账款”“库存现金”“银行存款”等账户。

一、“在途物资”账户

“在途物资”账户属于资产类账户，用来归集企业购入各种材料物资的买价和采购费用，据以确定原材料的实际采购成本。该账户的借方登记购入原材料的买价和采购费用；贷方登记已验收入库材料物资的实际采购成本。对于已验收入库的原材料，在确定了其采购成本后，按其实际成本从“在途物资”账户的贷方转入“原材料”账户的借方，因而，“在途物资”账户期末一般无余额。若有余额，通常在借方，表示尚未到达企业或已到达但尚未验收入库的在途材料的实际成本。为了分类计算材料物资的采购成本，监督计算执行情况，“在途物资”账户应按材料种类设置明细账，进行明细核算。

二、“原材料”账户

“原材料”账户属于资产类账户，用来核算企业库存各种材料的收入、发出和结存情况，包括原料及主要材料、辅助材料、外购半成品、燃料等。账户的借方登记外购、自制及通过其他途径验收入库材料的实际采购成本；贷方登记由于生产经营活动或管理活动而发出材料的实际成本；余额在借方，表示库存材料实际成本。为了分别反映各种材料的增减变动情况，应在“原材料”账户下，按材料的名称或类别设置明细账户，进行明细核算。

三、“库存现金”账户

“库存现金”账户属于资产类账户，主要用来核算企业库存现金的增减变动及其结存情况。账户的借方登记库存现金的增加数额；贷方登记库存现金的减少数额；余额在借方，表示企业库存现金的期末结存数额。有外币业务的企业，应在“库存现金”账户下，按币种设置明细账户，进行明细核算。

四、“银行存款”账户

“银行存款”账户属于资产类账户，主要用来核算企业存入银行及其他金融机构的各种存款。账户的借方登记企业存入银行或其他金融机构的各种款项；贷方登记企业提取和支出的各种款项；余额在借方，表示企业现有银行存款数额。有外币业务的企业，应在“银行存款”账户下，按币种设置明细账户，进行明细核算。

五、“应付账款”账户

“应付账款”账户属于负债类账户，用来核算企业因采购材料、商品，接受劳务供应等而应付给供应单位的款项。账户的贷方登记企业进行材料采购而发生的应付供应单位的货款和代垫运杂费等，即表示负债的增加；借方登记企业用货币资金或其他资产清偿所欠供应单位的款项，意味着负债的减少；账户余额在贷方，表示企业期末尚未偿还的应付款项。“应付账款”账户应按供应单位名称设置明细账户，进行明细核算，以便具体反映企业与每个供应单位之间的结算情况。

六、“预付账款”账户

该账户属于资产类账户，用来核算企业向供应单位预付购买材料等款项。当企业按照合同规定向供应单位预付购买材料款时，表明企业的债权增加，记入“预付账款”账户的借方；当收到供应单位发来的材料，冲减预付款或收回多余的预付款时，表明企业的债权减少，记入该账户的贷方；该账户的余额在借方，表示企业期末尚未抵付的预付款项或尚未收回的多余的预付款项。“预付账款”账户应按供应单位名称设置明细账户，进行明细核算，以便分别反映与各供应单位的预付货款的结算情况。

七、“应交税费”账户

“应交税费”账户属于负债类账户，用来核算企业应交的各种税金及缴纳情况，包括增值税、消费税、营业税、所得税等。账户的贷方登记企业计算的各种应交税金或收到退回的多缴纳的税金；借方登记企业实际缴纳的税金或与税务机关清算后应补交的税金；期末该账户的余额如在贷方，表示企业尚未缴纳的税金；如期末余额在借方，表示企业多缴纳的税金。

“应交税费”账户应按照应交税金的种类设置明细账户，进行明细核算。设置的明细账户包括“应交税费——应交增值税”“应交税费——应交所得税”“应交税费——应交消费税”和“应交税费——应交营业税”等。其中“应交税费——应交增值税”账户是用来核算企业应交增值税的计算和缴纳情况。企业在购进货物或接受应税劳务时支付的增值税进项税额，作为应缴纳增值税的抵扣项使应纳增值税额减少，记入该账户的借方；企业在销售货物或提供应税劳务时收取的增值税销项税额，使应纳增值税额增加，记入该账户的贷方。

第四节　材料采购过程的账务处理

材料采购业务的核算包括采购材料入库和材料货款结算的核算。

【例 4-3】 企业从东风公司购入甲材料 30 吨，单价 550 元，增值税专用发票上所列货款为 16 500 元，增值税税额为 2 145 元，货款和税额尚未支付。材料已验收入库。

这项经济业务表明，购入的材料已验收入库，本可直接记入“原材料”账户的借方，但为了反映和监督采购资金的支付情况和计算材料采购成本，应先记入“在途物资”总账和“在途物资——甲材料”明细账户的借方，待材料采购成本确定后，再转入“原材料”账户的借方。所以，这项经济业务的发生，一方面使物资采购增加16 500元，记入“在途物资”账户的借方；增值税进项税额增加2 145元，记入“应交税费——应交增值税”账户的借方；另一方面有关款项尚未支付，使企业产生负债，即应付账款增加18 645元，记入“应付账款”账户的贷方。此项经济业务的会计分录编制如下。

借：在途物资——甲材料	16 500
应交税费——应交增值税	2 145
贷：应付账款——东风公司	18 645

【例4-4】 企业从外地某工厂购入甲材料50吨，单价540元，货款为27 000元，增值税税额为3 510元；乙材料100吨，单价240元，货款为24 000元，增值税税额为3 120元；装卸运输费等2 000元。货款、税额及运杂费均通过银行转账付清。材料已验收入库。

这项经济业务表明，一方面材料的买价51 000元，直接计入甲、乙两种材料的采购成本，即记入“在途物资”总账及“在途物资——甲材料”、“在途物资——乙材料”明细账户的借方；增值税进项税额增加6 630元，记入“应交税费——应交增值税”账户的借方；运费2 000元是两种材料共同发生的，应按材料重量在甲、乙两种材料之间进行分配，分配方法如下。

$$采购费用分配率=\frac{2\,000}{50+100}=13.33\ （元/吨）$$

$$甲材料应分配的采购费用=50\times13.33=666.67（元）$$

$$乙材料应分配的采购费用=2\,000-666.67=1\,333.33（元）$$

则甲、乙材料各承担的采购费用分别为666.67元和1 333.33元，分别计入甲、乙两种材料的采购成本，即记入“在途物资——甲材料”账户和“在途物资——乙材料”账户的借方。

另一方面企业的银行存款减少59 630元，记入“银行存款”账户的贷方。此项经济业务的会计分录编制如下。

借：在途物资——甲材料	（27 000+666.67）	27 666.67
——乙材料	（24 000+1 333.33）	25 333.33
应交税费——应交增值税		6 630
贷：银行存款		59 630

【例4-5】 根据合同规定，企业以银行存款10 000元支付向明华公司购买丙材料的预付款。

这项经济业务表明，企业由于需要购买丙材料而按合同规定向明华公司预付货款。虽然这笔业务的发生与丙材料的采购有一定联系，但材料采购的业务终究未发生，材料采购的成本尚未确定，所以，预付货款不能作为材料采购成本来处理，只能被认为是本企业对明华公司的债权的增加。即增加企业的预付账款10 000元，记入“预付账款”账户的借方；同时，银行存款减少10 000元，记入“银行存款”账户的贷方。此项经济业务的会计分录编制如下。

借：预付账款——明华公司	10 000	
贷：银行存款		10 000

【例 4-6】 企业向外地天福公司购入乙材料 50 吨，单价 245 元，共计货款 12 250 元，进项增值税税额 1 592.50 元。材料已验收入库。企业以转账支票支付有关款项。

这笔经济业务的发生，一方面表明乙材料的采购成本增加 12 250 元，其中买价 12 250 元，应记入“在途物资”总账和“在途物资——乙材料”明细账户的借方，进项增值税记入“应交税费——应交增值税”账户的借方；另一方面表明货款是以转账支票支付，使企业的银行存款减少，应记入“银行存款”账户的贷方。此项经济业务的会计分录编制如下。

借：在途物资——乙材料	12 250	
应交税费——应交增值税	1 592.50	
贷：银行存款		13 842.50

【例 4-7】 明华公司根据合同发来丙材料 1 000 千克，单价 25 元/千克，货款共计 25 000 元，进项增值税税额为 3 250 元。两项共计 28 250 元，其中 10 000 元以预付款抵付，余款 18 250 元通过银行存款支付。材料已验收入库。

丙材料的买价计 25 000 元，属于丙材料的实际采购成本，应记入“在途物资”总账和“在途物资——丙材料”明细账户的借方，进项增值税记入“应交税费——应交增值税”账户的借方。在 28 250 元总支出中，10 000 元是以原预付款进行抵付，所以本企业的债权即预付账款减少 10 000 元，记入“预付账款”账户的贷方；而原预付款不足以抵付应付明华公司的款项，故又以银行存款补足应付款与预付款之间的差额 18 250 元，即银行存款减少 18 250 元，记入“银行存款”账户的贷方。此项经济业务的会计分录编制如下。

借：在途物资——丙材料	25 000	
应交税费——应交增值税	3 250	
贷：预付账款——明华公司		10 000
银行存款		18 250

【例 4-8】 企业以银行存款 19 305 元归还前欠东风公司材料款。

企业以银行存款归还欠款后，企业的债务即应付账款减少，应记入“应付账款”账户的借方；同时银行存款减少，应记入“银行存款”账户的贷方。此项经济业务的会计分录编制如下。

借：应付账款——东风公司	19 305	
贷：银行存款		19 305

【例 4-9】 企业本月各种材料的采购均已完成，计算确定其实际采购成本并进行结转。

材料采购成本的计算，就是将企业采购材料所支付的买价和采购费用，按照购入材料的品种、类别加以归类、汇总，计算其采购总成本和单位成本。计算时，能分清的费用应直接计入该种材料的采购成本，凡不能分清的，应按照一定的标准分配计入各种材料的采购成本。根据企业本月发生的采购业务，汇总计算出各种材料采购成本如表 4-1 所示。

表 4-1　　　　材料采购成本计算表　　　　单位：元

成本项目	甲材料		乙材料		丙材料	
	总成本（80 吨）	单位成本	总成本（150 吨）	单位成本	总成本（1 000 千克）	单位成本
1. 买价	43 500	543.75	36 250	241.67	25 000	25
2. 采购费用	666.67	8.33	1 333.33	8.89	0	0
材料采购成本	44166.67	552.08	37 583.33	205.56	25 000	25

企业根据材料的实际采购成本进行结转，其会计分录编制如下。

借：原材料——甲材料　　44 166.67
　　　　　——乙材料　　37 583.33
　　　　　——丙材料　　25 000
　贷：在途物资——甲材料　　44 166.67
　　　　　　　——乙材料　　37 583.33
　　　　　　　——丙材料　　25 000

本章小结

供应过程是生产准备阶段，其主要经济业务包括企业原材料的请购与订购、企业与供应单位进行货款结算、采购费用的支付、采购成本的计算，以及原材料的验收入库等。

供应过程核算的重点是材料采购成本的确定。材料采购成本包括材料的买价、外地运杂费、运输途中的合理损耗和入库前的整理挑选费用等。在采购过程中发生的这些费用需设置“在途物资”“原材料”等账户进行核算。

第五章

存货管理与控制

【学习目标】

通过本章学习，掌握存货的功能和成本，了解存货管理的目标；掌握两种存货管理方法，即经济订货批量法和 ABC 分类管理法，了解存货的及时性管理；掌握存货的定额控制、储存期控制和分级归口控制；了解存货日常的质量控制。

【重点难点】

重点：存货的功能和成本；存货管理方法；存货控制方法。

难点：经济订货批量法的应用；ABC 分类管理法；存货的定额控制和储存期控制。

【技能点】

通过本章的学习，能根据经济订货批量基本模型和实际材料确定经济订货批量。

【学习内容】

从本章可以学到：存货的功能和成本、存货管理的目标；经济订货批量和 ABC 分类管理、及时性管理；存货的定额控制、储存期控制和分级归口控制；存货日常的质量控制等知识。

第一节　存货管理的目标

存货是企业一项重要的资产，它是指企业在生产经营过程中为生产或销售而储备的物资，包括商品、材料、燃料、低值易耗品、在产品、半成品、产成品等。由于存货经常处于不断买卖、耗用和销售之中，具有鲜明的流动性，因此它是流动资产中一个极其重要的组成部分，也是企业流动资产中比重较大的项目。存货运用得好坏，存货周转得快慢，直接影响企业的获利能力和财务状况。

一、存货的功能

存货的功能是指存货在企业生产经营过程中所具有的作用，主要表现在以下四个方面。

（一）防止停工待料

适量的原材料存货和在产品、半成品存货是企业生产正常进行的前提和保障。企业在生产经营过程中总是要保持一定数量的原材料、在产品等存货，即使是市场供应量充足的物资也是如此。因为一方面，企业采购、生产和销售之间存在时间差异，即企业从购入材料到投入生产，或者从产出产品到实现销售，都有一定的时间差异；另一方面，存货在运输过程中也需要一定的时间。出于以上考虑，企业需要储备一定的存货。此外，市场也不是一成不变的，原材料供应市场和产品销售市场总是会有变化的，为了防止原材料市场供应中断和产品销售市场需求旺盛而造成缺货，也应当储备一定的存货。可见，适量的存货能有效防止停工待料和断货事件的发生，维持生产和销售的连续性。

（二）适应市场的变化

存货储备能增强企业在生产和销售方面的机动性以及适应市场变化的能力。企业面对的市场是千变万化的，市场对本企业生产产品的需求量一般来说是不稳定的。一定数量的存货能够增加企业的生产和销售方面的机动性以及适应市场变化的能力。企业有了足够的库存产成品，能有效地供应市场，满足顾客的需要。相反，若某种畅销产品库存不足，将会坐失目前的或未来的推销良机，并有可能因此而失去顾客。在通货膨胀时，适当地储存原材料，能使企业获得因市场物价上涨而带来的好处。

（三）降低进货成本

很多企业为了鼓励客户购买自己的产品，往往对购货方提供较优厚的商业折扣待遇，即当客户的采购量达到一定的数量时，便可以在价格上给予相当的价格折扣。企业采取批量集中进货，可获得较多的商业折扣。此外，通过增加每次购货数量，减少购货次数，可以降低采购费用支出。即便在推崇以零库存为管理目标的今天，仍有不少企业采取大批量购货方式，原因就在于这种方式有助于降低购货成本，只要购货成本的降低额大于因存货增加而导致的储存等各项费用的增加额，便是可行的。另外，单件或少量生产的单位成本一般较高，而批量生产因规模效应，其单位成本一般较低。

（四）维持均衡生产

许多产品的市场需求具有季节性，例如空调、羽绒服等产品。对于这些所生产产品属于季节性产品，生产所需材料的供应具有季节性的企业，为实行均衡生产，降低生产成本，就必须适当储备一定的半成品存货或保持一定的原材料存货。否则，这些企业若按照季节变动组织生产活动，难免会产生忙时超负荷运转，闲时生产能力得不到充分利用的情形。因此，拥有合理的存货可以缓解这种变化对企业生产活动及盈利能力的影响。

二、存货的成本

存货成本是企业储备存货而发生的各项支出，包括订货成本、采购成本、储存成本和缺货成本四项。

（一）订货成本

订货成本是指企业为订购材料、商品时取得货物订单的成本，包括订购过程中发生的办公费、差旅费、电话电报费、谈判费用、邮资费等。订货成本一般与每次订货的数量无关，而与订货的次数有关，因此，要降低订货成本，主要是减少订货次数。

（二）采购成本

采购成本是由买价、运杂费等构成。为降低采购成本，企业要研究材料供应情况，广泛地收集材料供应信息，在保证质量的前提下，在价格上货比三家，努力采购质量好、价格低的材料物资。

（三）储存成本

储存成本指在存货储存过程中发生的各项费用，包括存货占用资金所应计的利息、仓储费用、保险费用，以及存货的变质与过失损失费用等。储存成本与存货的数量有关，储存成本等于平均存货数量与单位储存成本的乘积。企业要降低储存成本，主要措施是采用小批量订货方式，增加订货次数，从而减少存货的储存数量。

（四）缺货成本

缺货成本是因存货数量不足，影响企业的生产和销售而给企业造成的损失，包括材料供应中断造成的停工损失、延期交货所支付的罚金，产成品库存缺货造成的销售额损失和企业信誉的损失等。缺货成本是一种机会成本，较难准确计算。

三、存货管理的目标

企业持有充足数量的存货，不仅有利于生产过程的顺利进行，节约采购费用与生产时间，而且能够及时地满足客户各种订货的需要，从而为企业的生产销售提供较大的机动性。然而，储存存货在降低存货短缺成本给企业增加效益的同时，必然要占用更多的资金，这样不仅将使企业付出更大的持有成本，而且存货的储存与管理费用也会相应增加，影响企业获利能力的提高。这就决定了企业在存货的管理上，要考虑存货成本与存货功能及其收益之间的利弊，选择合理的组合。企业存货管理的目标，就是要在充分发挥存货功能的基础上，努力控制存货的数量，降低存货成本，加速存货资金的周转。

第二节　存货管理的方法

企业存货管理的目的是在满足经营所需的条件下，使存货的成本最低。存货水平过高虽能保证生产的顺利进行以及充分满足客户的需要，但同时也会带来存货成本的增加。如果企业不对存货进行有效管理，就不能达到存货成本与效益的最佳平衡。存货管理的方法在理论界及实务界已进行过大量的探讨，在此重点介绍经济订货批量法、ABC 分类管理法和即时性管理等。

一、经济订货批量法

经济订货批量是指在一定时期中，企业存货的储存成本和订货成本达到最低水平时的采购批量。如前所述，这两种成本高低与订货批量多少的关系是相反的。订货的批量大，储存的存货就多，会使储存成本上升，但由于订货次数减少，则会使订货成本降低；反之，如果降低订货批量，可降低储存成本，但由于订货次数增加，会使订货成本上升。也就是说，随着订购批量大小的变化，这两种成本是互为消长的。存货管理控制的目的，就是要寻求这两种成本合计数最低的订购批量，即经济订购批量。为了计算经济订购批量，我们需要在设立一些假设的基础上，建立经济订货批量的模型。

经济订货批量基本模型需要设立的假设条件是：

（1）企业能够及时补充存货，即需要订货时便立即取得存货；

（2）能集中到货，而不是陆续入库；

（3）不允许出现缺货情形，即无缺货成本，这是因为良好的存货管理本来就不应该出现缺货成本；

（4）需求量稳定，并且能够预测；

（5）存货的价格稳定，且不考虑现金折扣；

（6）企业现金充足，不会因现金短缺而影响进货；

（7）所需存货市场供应充足，不会因买不到所需存货而影响其他方面。

由于企业不允许缺货，即每当存货数量降至零时，下一批订货便会随即全部购入，故不存在缺货成本。因此与存货订购批量、批次直接相关的就只有订货成本和储存成本两项。经济进货批量模型的计算公式为

存货总成本=订货成本+储存成本

$$TC=\frac{A}{Q}\times F+\frac{Q}{2}\times C$$

式中，TC——存货总成本；

Q——经济订货批量；

A——某种存货年度计划进货总量；

F——平均每次的订货成本；

C——单位存货年度储存成本。

需要说明的是公式中已经剔除了与存货控制决策无关的各种固定成本。上列公式经推导后，可得经济订货批量的计算公式如下：

$$Q=\sqrt{\frac{2AF}{C}}$$

$$TC=\sqrt{2AFC}$$

$$W=\frac{QP}{2}=\sqrt{\frac{AF}{2C}}\times P$$

$$N=\frac{A}{Q}=\sqrt{\frac{AC}{2F}}$$

式中，W——经济订货批量平均占用资金；

N——年度最佳订货批次；

P——订货单价。

【例 5-1】 W 企业全年需要甲材料进货总量为 200 000 千克，进货单价为 25 元，每次订货成本为 600 元，每千克甲材料的年储存成本为 2.40 元。分别计算甲材料的经济订货批量、存货总成本、经济进货批量平均占用资金和年度最佳订货批次如下。

$$Q=\sqrt{\frac{2AF}{C}}=\sqrt{\frac{2\times 200\,000\times 600}{2.4}}=10\,000\text{（千克）}$$

$$W=\frac{QP}{2}=\sqrt{\frac{AF}{2C}}\times P=\frac{10\,000\times 25}{2}=125\,000\text{（元）}$$

$$TC=\sqrt{2AFC}=\sqrt{2\times 200\,000\times 600\times 2.40}=24\,000\text{（元）}$$

$$N=\frac{A}{Q}=\sqrt{\frac{AC}{2F}}=\frac{200\,000}{10\,000}=20\text{（次）}$$

计算结果显示，甲材料的经济订货批量为 10 000 千克，存货总成本为 24 000 元，经济订货批量平均占用资金为 125 000 元，年度最佳进货批次为 20 次。

二、ABC 分类管理

（一）ABC 分类法的产生

ABC 分类法是 19 世纪意大利经济学家巴雷特首创的，以后经过不断地发展和完善，现已广泛应用于存货管理、成本管理和生产管理。

企业存货品种繁多，尤其是大中型企业存货可能多达上万种。有的存货尽管品种数量很少，但金额巨大，如果管理不善，就给企业带来极大的损失；相反，有的存货虽然品种数量繁多，但金额很小，即便管理中出现一些问题，也不至于对企业产生很大的影响。因此，企业无论从能力还是从经济角度出发，都不可能也没有必要对所有的存货同等对待。ABC 分类法正是基于这一考虑提出的，即根据各项存货在全部存货中重要程度的大小，将存货划分为 ABC 三类。A 类存货数量少，资金占用多，应实行重点管理；B 类存货为一般存货，应实行常规管理；C 类存货数量多，资金占用少，不必花费太多精力，一般凭经验管理即可。

（二）ABC 分类的标准

ABC 分类的标准主要有两个，一是金额标准，二是品种数量标准。其中金额标准是最基本的，品种数量标准仅作为参考。

A 类存货的特点是金额巨大，但品种数量较少；B 类存货金额一般，品种数量相对较多；C 类存货品种数量繁多，但价值金额却很小。如一个拥有上万种商品的百货公司，家用电器、高档皮货、家具、摩托车、大型健身器械等商品的品种数量并不很多，但价值金额却相当大；大众化的服装、鞋帽、床上用品、布匹、文具用品等商品品种数量比较多，但价值额相对于A类商品要小得多；至于各种小百货，如针线、纽扣、一般化妆品、日常卫生用品及其他日杂用品等品种数量非常多，但所占金额却很小。一般而言，三类存货的金额比重大致为 A：B：C=0.7：0.2：0.1，而品种数量比重大致为 0.1：0.2：0.7。

（三）ABC 分类法在存货管理中的运用

通过对存货进行ABC分类，可以使企业分清主次，采取相应的对策进行经济有效的管理、控制。对于A类存货，应保持严密控制，经常检查库存，详细、科学准确地确定该类存货的经济批量及有关定额；对于C类存货，可采用比较简化的控制方式进行管理，如集中采购、适当加大安全的存量等，以节约订货费用，同时避免缺货损失；B类存货的控制介于A类和C类存货之间，可根据其在生产中的重要程度和采购的难易程度分别采用A类和C类存货的管理方法。ABC管理法的运用如表5-1所示。

表 5-1　　ABC 分类法

类别	划分标准		管理方法	适用范围
	占储存成本比重	实物量比重		
A类	70%左右	10%左右	重点管理	品种少、价值高的材料
B类	20%左右	20%左右	一般管理	介于两者之间的材料
C类	10%左右	70%左右	简单管理	品种多、价值低的材料

【例 5-2】　某公司共有 20 种存货，占用资金 20 万元，根据占用资金多少将存货划分为 A、B、C 三类，如表 5-2 所示。

表 5-2　　某公司存货信息

材料品种编号	占用资金数额（元）	类别	存货品种数量	存货品种比重	各类存货占用资金数量（元）	各类存货占用资金比重
1	96 000	A	2	10%	140 000	70%
2	44 000					
3	18 000	B	5	25%	41 000	20.5%
4	12 000					
5	4 800					
6	4 200					
7	2 000					
9—20	19 000	C	13	65%	19 000	9.5%
合计	200 000	—				

对 A、B、C 三类存货应采取不同的管理，如表 5-3 所示。

表 5-3　　某公司对存货的分类管理

类别	管理要求	规划要求	记录要求	检查要求	储备要求
A类	逐品种严格管理	逐品种详细计算	详细记录	经常检查	低
B类	按类别一般管理	根据过去记录	一般记录	定期检查	较多
C类	按总金额简单管理	库存低就进货	一般记录	必要时检查	灵活

最后，定期清仓查库，及时处理超储积压存货。

三、零存货与即时性管理

零存货是一种特殊的库存概念，零存货并不是等于不要储备和没有储备。所谓的零存货，是指存货（包括原材料、半成品和产成品等）在采购、生产、销售、配送等一个或几个经营环节中，不以仓库存储的形式存在，而均是处于周转的状态。它并不是指以仓库储存形式的某种或某些物品的储存数量真正为零，而是通过实施特定的存货管理策略，实现库存量的最小化。

零库存与即时性管理是一种比较先进的存货管理方法。它要求企业在生产经营的需要与材料物资的供应之间实现同步，即体现出即时性。它使库存趋近于零的方向，将存货降低到最低限度，甚至没有存货。也就是说，当有了客户订单时才进行生产和经营，只有在生产需要时才购置材料和零部件。

零库存与即时性管理的好处在于消除了大量的存货，节约了在储备存货上所占用的资金及相应的储存成本，从而提高生产效率及效益。然而另一方面，实施即时性管理也对供应商、员工、生产系统等提出了更高的要求，需花费一定代价，如提高职工技能的培训费、高质量的机器设备、与供应商加强密切联系的各种费用，以及可能因供货不畅而导致生产中断的潜在损失等。只有这些要求能够得到满足，即时性管理才能取得成功。

第三节　存货控制

一、定额控制

定额控制是指从满足生产经营的需求和最大限度地节约资金的角度出发，采用一定的核定方法，制定生产经营过程中存货资金占用的数量标准，并用于指导存货管理的实践，从而对存货进行有效的控制。定额控制是财务控制的一种方式，存货定额作为一种数量标准，是衡量存货资金运用效率的尺度。一旦确定下来，就成为各个部门、各个生产环节存货占用资金的计划依据，也可作为对各职能部门的存货管理水平进行评价的标准。在定额的执行中出现偏差是正常的。一般来说，在业务量一定的前提下，如果发现超定额偏差，应及时分析原因，并采取措施加以纠正，以通过纠正偏差来达到对存货的有效控制。此时，存货的定额控制是否成功，关键在于定额标准的制定是否科学合理并得到有效贯彻。定额标准制定的基本方法有定额日数法、因数分析法和比例分析法等。

（一）定额日数法

定额日数法又称周转计算法，是根据存货的平均每天占用量和定额日数来计算存货资金的一种方法，计算公式如下：

存货资金定额=平均每天占用的存货资金数额×定额日数（周转天数）

这种方法通常适用于原材料、在产品、产成品资金定额的制定。本章主要介绍原材料资金定额制定，在产品、产成品资金定额的制定将在后面章节介绍。

原材料资金定额是指企业从用现金购买各种原材料开始到把它们投入生产为止的整个过程所占用的资金。原材料资金定额的计算公式为

原材料资金定额=原材料平均每天消耗量×单价×原材料控制定额日数

式中，

原材料控制定额日数=在途日数+验收日数+整理准备日数+供应间隔日数×供应间隔系数+保险天数

【例 5-3】 某公司计划生产 A 产品 20 000 件，每件耗用甲材料 10 千克，计划单价为 36 元。甲材料在途日数 10 天，验收日数 1 天，整理及准备日数 2 天，供应间隔日数 30 天，供应间隔系数 0.6，保险天数 2 天。试确定甲材料控制定额。

甲材料控制定额日数=10+1+2+30×0.6+2=33（天）

甲材料耗用总量=20 000×10×36=7 200 000（元）

甲材料每天耗用量=7 200 000/360=20 000（元）

甲材料控制定额=20 000×33=660 000（元）

（二）因素分析法

因素分析法是以上期资金的实际占用额为基础，考虑计划期各项因素变化对资金占用的影响，通过调整计算，确定存货资金定额的方法。其计算公式为

存货资金定额=（上期资金实际平均占用额−不合理占用额）×（1±计划期产量增减百分比）×（1±计划期存货周转速度变动百分比）

这种方法主要适用于品种繁多、规格复杂和价格较低的存货。

【例 5-4】 某公司上年乙材料平均结存款为 40 000 元，其中不合理占用为 2 000 元，计划年度生产量比上年增加 10%，资金周转加速 12%。试确定乙材料控制定额。

乙材料控制定额=（40 000−2 000）×（1+10%）（1−12%）=36 784（元）

（三）比例分析法

比例分析法是根据存货资金占用数与影响占用数的变动因素之间的比例关系来测定资金定额的一种方法。其计算公式为

存货资金定额=计划年度某项指标的数额×上年该项指标正常存货率×（1±计划期存货周转速度变动百分比）

这种方法适用于辅助材料、修理用备件等资金定额的制定。

【例 5-5】 某公司计划年度耗用辅助材料总额为 200 000 元，上年实际耗用总额为 180 000 元，平均余额为 20 000，资金周转计划较上年加速 10%。试确定辅助材料控制定额。

辅助材料控制定额=200 000×（20 000/180 000）×（1−10%）=20 000（元）

二、存货储存期控制

无论是商品流通企业还是生产企业，其商品一旦入库，便面临着如何尽快销售出去的问题，且不考虑未来市场供求关系的不确定性风险，仅存货储存本身就会给企业造成巨额的资金占用费用（如利息成本、机会成本）与仓储保管费用开支或损失。为了加快存货的周转，企业应该尽量缩短存货的储存期，加速存货周转，以免在市场变化很快的情况下，储存期过长可能导致企业的产品或商品滞销而给企业带来巨大的损

失。因此，尽力缩短存货储存期，加速存货周转，是节约资金占用，降低成本费用，提高企业经济效益，降低企业经营风险的重要手段。

企业持有存货而发生的费用，按照其与储存时间的关系可以分为固定储存费用与变动储存费用两类。前者与存货储存期的长短无直接关系，后者则与存货储存期的长短有密切关系，如存货资金占用费、存货储存管理费等。它们与利润存在以下关系：

利润=销售毛利-固定性储存费-销售税金及附加-每日变动储存费×储存天数

由上式可得：

$$\text{存货保本储存天数}=\frac{\text{毛利}-\text{固定费用}-\text{销售税金及附加}}{\text{日变动费用}}$$

$$\text{存货保利储存天数}=\frac{\text{毛利}-\text{固定费用}-\text{销售税金及附加}-\text{目标利润}}{\text{日变动费用}}$$

式中，$\text{日变动费用}=\frac{\text{机会成本}+\text{仓储管理费}}{360\text{天}}$

固定费用=期间费用-变动费用

【例 5-6】 某商品流通企业购进 A 商品 4 000 件，单位进价（不含增值税）为 50 元，单位售价（不含增值税）为 80 元，经销该商品的固定费用为 32 000 元，销售税金及附加为 24 000 元，每日变动储存费用为 400 元。试计算：

（1）该批 A 商品保本储存期；

（2）若该商品流通企业欲获得 26 000 元的目标利润，计算其保利储存期；

（3）若该批 A 商品实际储存期为 120 天，实际获得的利润为多少？

根据以上资料计算如下。

（1）A 商品的保本储存期=[（80-50）×4 000-24 000-32 000]÷400=160（天）

（2）A 商品的保利储存期=[（80-50）×4 000-24 000-32 000-26 000]÷400=95（天）

（3）实际获得利润=400×（160-120）=16 000（元）

综上所述，通过对存货储存期的分析，可以及时地将企业存货的信息传输给经营部门，如有多少存货已过保本或保利期，金额多大，比重多高，这样，决策者就可以针对不同情况，采取相应的管理措施。一般而言，已过保本期的大多属于积压呆滞的存货，对此企业应当积极推销，压缩库存，将损失降至最低限度；对于超过保利期未过保本期的存货，应当首先检查销售状况，查明原因，是人为所致，还是市场行情已经逆转，有无沦为过期积压的可能，若有，须尽早采取措施；至于那些尚未超过保利期的存货，企业亦应密切监控，以防过期损失。因此，企业应控制产品或商品的储存时间和储存数量，以保利期作为控制商品储存天数的目标和努力方向，使产品或商品的储存天数不突破保本期，并根据保本、保利期测算保本、保利的库存限量或库存限额。

三、分级归口控制

存货在实际运转过程中，是以各种形态分布在企业生产经营活动的各个环节上，由直接从事供应、生产、销售活动的部门和职工具体使用，因此，必须贯彻集中管理与分级归口管理相结合的原则。具体内容如下。

（一）存货资金实行统一管理

在厂长经理的领导下，财务部门对存货资金实行统一管理。企业必须加强对存货资金的集中、统一管理，促进供、产、销互相协调，实现资金使用的综合平衡，加速资金周转。

（二）实行资金的归口管理

根据使用资金和管理资金相结合、物资管理和资金管理相结合的原则，每项资金由哪个部门使用，就归哪个部门管理。各项资金归口管理的分工一般如下。

（1）原材料、燃料、包装物等资金归供应部门管理；

（2）在产品和自制半成品归生产部门管理；

（3）产成品资金归销售部门管理；

（4）工具用具占用的资金归工具部门管理；

（5）修理用备件占用的资金归设备动力部门管理。

（三）实行资金的分级管理

各归口的管理部门要根据具体情况将资金计划指标进行分解，分配给下属单位或个人，层层落实，实行分级管理。具体分解过程如下。

（1）原材料资金计划指标可分配给供应计划、材料采购、仓库保管、整理准备各业务组管理；

（2）在产品资金计划指标可分配给各车间、半成品库管理；

（3）成品资金计划指标可分配给销售、仓库保管、成品发运各业务组管理。

四、存货日常的质量控制

从财务管理的角度，存货质量是指存货的流动性和收益性，即存货的适销状况。企业的各种存货按照行销状况和盘存记录可以分为畅销、平销和滞销三类。前两类为适销存货，后一类属于不适销或积压有问题存货，具体又可分为销小存大、冷背呆滞、质次价高、残损霉变等多种情形。对存货进行质量控制，就是要掌握各种存货的金额、比重及变动趋势，以便采购措施，改善购销工作，优化库存结构，加速存货资金周转，提高企业的经济效益。

企业对存货进行质量控制，一般来说要严格把好进货关，加强进货资金的供应，同时要改进存货的仓储管理。在另一方面，对于不适销的存货，要采取措施，积极处理，以加速资金的流转，减少成本损失。这些措施大致包括以下几种。

（一）权衡利弊，灵活进行削价处理

对于不适销的存货，不少企业采取挂账方式而不予处理。这样尽管在表面上不会减少当期损益，但对企业是非常不利的。因为存货一旦积压滞销，损失实际已经形成，企业无论处理与否，削价损失都是客观存在的。并且拖延的时间越长，需要降价的幅度会越大，推销的难度也会越大，造成的损失实际会更多。采用挂账方式，积压存货占用的资金不能及时盘活，不能投入企业资金周转增值过程，形成机会损失。而且挂账资金会使企业的利润虚增，加重企业的纳税负担。而若及时盘活存货资金，不仅可以节约利息、费用开支，取得抵税好处，而且可以将这些资金尽快投入再增值过程，提高资金的使用效率。因此，企业要从盘活资金的角度出发，积极地处理有问题的存货。

（二）建立存货削价准备制度

随着市场经济体制和现代企业制度改革的深入，企业已逐渐被推向完全的市场竞争。在生产技术日新月异、产品更新换代周期日益缩短、消费结构和消费层次不断提高的市场环境下，企业在生产经营过程中不可避免地会出现一些滞销存货，需要进行削价处理，从而产生一定的削价损失。这在客观上要求企业建立存货削价准备，以便于及时盘活积压存货，加速资金周转。

（三）完善存货质量控制制度

对积压有问题的存货进行削价处理是企业迫不得已的举措，削价处理总会使企业遭受一定的经济损失。虽然存货积压的情况是难以完全避免的，但是如果企业采取有效的管理措施，严格控制存货数量和质量，还是可以降低或防范存货积压的情况。这些管理控制措施包括以下方面。

（1）建立健全存货进、存、销的责任制度，以销定购，以销定存。

（2）建立健全存货验收、监督、检查和反馈制度，及时分析反馈存货质量信息，并通过资金分配环节进行控制、调节，以减少积压存货数量及资金占用额。

（3）建立存货管理奖惩制度，对已经出现的积压有问题存货，要查明原因，明确责任。对造成重大经济损失的积压存货的责任者要给予适当的惩罚，对及时发现问题存货，采取措施挽救减少经济损失的人员要给予一定的奖励。

本章小结

存货是企业一项重要的资产，它是指企业在生产经营过程中为生产或销售而储备的物资。存货的功能是指存货在企业生产经营过程中所具有的作用，包括防止停工待料、适应市场的变化、降低进货成本和维持均衡生产。控制存货数量，加速存货周转，减少存货损失是存货管理的根本任务。通过经济订货批量法、ABC 分类管理法和即时性管理，制订存货资金定额，加强存货的数量和质量控制，是完成存货管理任务的主要措施。

综合练习二

一、判断题

1．企业外购的原材料到达时必须由与采购部门、使用部门和会计部门相分离的保管部门进行验收保管。（　　）

2．材料采购成本中的买价是指向购买方支付的全部账款。（　　）

3．订货成本一般与每次订货的数量有关，而与订货的次数无关。（　　）

4．企业要降低储存成本，主要措施是采用小批量订货方式，增加订货次数，从而减少存货的储存数量。（　　）

5．企业存货管理的目标是，在充分发挥存货功能的基础上，努力控制存货的数量，降低存货成本，加速存货资金的周转。（　　）

6. 在存货需要量既定的条件下，经济订货批量越大，进货周期越长。(　　)

7. 一般而言，企业存货需要量与企业生产及销售的规模呈正向变动，与存货周转一次所需要天数呈反向变动。(　　)

8. 能够使企业的订货费用、储存成本和缺货成本之和最低的订货批量，就是经济订货批量。(　　)

9. 如果存货市场供应不充足，即使满足有关的基本假设条件，也不能利用经济订货批量基本模型。(　　)

10. 存货保本储存天数与目标利润正相关，在其他因素不变的情况下，目标利润越大，存货保本储存天数越多。(　　)

11. 存货的缺货成本主要包括所缺少的存货的采购成本、原材料存货中断造成的停工损失、产成品库存缺货造成的销售额损失和企业信誉的损失等。(　　)

12. 一般来讲，当某存货数量比重达到70%左右时，可将其划分为A类存货，进行重点管理和控制。(　　)

13. 零存货就是指存货没有库存，即不要储备。(　　)

14. 存货如果在保利期与保本期之间售出，则目标利润可以实现。(　　)

15. 实行资金的归口管理时，原材料、燃料、包装物等资金归供应部门管理，而产成品资金归生产部门管理。(　　)

16. 从财务管理的角度讲，存货质量就是指存货的流动性和收益性，即存货的适销状况。(　　)

二、单项选择题

1. 在确定原材料采购时，必须由原材料的(　　)根据未来一定期间的需要量提出请购申请。

A. 采购部门　　B. 使用部门　　C. 保管部门　　D. 财务部门

2. 下列项目中不构成材料采购成本的是(　　)。

A. 买价　　B. 材料在运输途中发生的合理损耗

C. 采购人员差旅费　　D. 材料入库前发生的整理挑选费用

3. 一般纳税人购进材料一批，买价为50 000元，运输费为1 200元(税率为9%)，入库前的挑选整理费为 800 元，增值税进项税额为 6 608 元。该批材料采购成本是(　　)元。

A. 52 000　　B. 51 200　　C. 50 800　　D. 60 500

4. “在途物资”账户期末有余额，表示(　　)。

A. 已购入但尚未验收入库的材料

B. 企业本月及以前各期累计购买的材料金额

C. 企业目前尚存的原材料

D. 企业已入库和已耗用材料的差额

5. 下列资产不属于存货的是(　　)。

A. 辅助材料　　B. 原材料　　C. 固定资产　　D. 低值易耗品

6. 由于材料供应中断造成的停工损失属于(　　)。

A. 订货成本　　B. 采购成本　　C. 储存成本　　D. 缺货成本

7. 经济订货批量基本模型的假设条件不包括（　　）。

A. 存货的价格稳定　　B. 允许缺货

C. 需求量稳定

D. 企业现金充足，不会因现金短缺而影响进货

8. 存货 ABC 分类的标准中，（　　）是最基本的。

A. 金额标准　　B. 重量标准

C. 数量标准　　D. 品种标准

9. 对存货实行 ABC 分类管理的情况下，ABC 三类存货的品种数量比重大致为（　　）。

A. 0.7 : 0.2 : 0.1　　B. 0.1 : 0.2 : 0.7

C. 0.5 : 0.3 : 0.2　　D. 0.2 : 0.3 : 0.5

10. 采用 ABC 分类法对存货进行控制管理时，重点控制的是（　　）。

A. 数量较多的存货　　B. 占用资金较多的存货

C. 品种较多的存货　　D. 库存时间较长的存货

11. 关于存货保本储存天数，下列说法正确的是（　　）。

A. 存货保本储存天数同每日变动储存费用呈反比

B. 存货保本储存天数同固定储存费用呈反比

C. 存货保本储存天数同目标利润呈正比

D. 存货保本储存天数同毛利无关

12. 在计算存货保本储存天数时，以下各项中不需要考虑的因素是（　　）。

A. 销售税金　　B. 变动储存费

C. 所得税　　D. 固定储存费

13. 根据使用资金和管理资金相结合、物资管理和资金管理相结合的原则，在产品和自制半成品归（　　）管理。

A. 供应部门　　B. 生产部门

C. 销售部门　　D. 财务部门

三、多项选择题

1. 以下项目中构成材料采购成本的有（　　）。

A. 买价　　B. 运杂费

C. 广告费　　D. 挑选整理费

E. 增值税

2. 下列资产属于存货的有（　　）。

A. 库存商品　　B. 原材料

C. 低值易耗品　　D. 固定资产

E. 无形资产

3. 存货的功能主要表现在（　　）方面。

A. 防止停工待料　　B. 适应市场变化

C. 防止市场脱销　　D. 降低进货成本

E. 维持均衡生产

4. 存货成本包括的内容有（ ）。

A. 订货成本　　B. 采购成本

C. 储存成本　　D. 缺货成本

E. 超储成本

5. 以下属于储存成本的有（ ）。

A. 谈判费用　　B. 采购费用

C. 仓储费用　　D. 保险费用

E. 存货的变质与过失损失费用

6. 以下属于缺货成本的有（ ）。

A. 材料供应中断而引起的停工损失

B. 成品供应短缺而引起的信誉损失

C. 成品供应短缺而引起的赔偿损失

D. 成品供应短缺而引起的销售机会的丧失

E. 其他损失

7. 经济订货基本模型需要设立的假设条件有（ ）。

A. 需要订货时便可立即取得存货，并能集中到货

B. 不允许缺货，即无缺货成本

C. 储存成本的高低与每次进货批量呈正比

D. 需求量稳定，存货单价不变

E. 企业现金和存货市场供应充足

8. 经济订货批量（ ）。

A. 与储存成本呈正比　　B. 与储存成本呈反比

C. 与订货成本呈正比　　D. 与订货成本呈反比

E. 与储存成本无关

9. 定额标准的制定的基本方法包括（ ）。

A. 定额日数法　　B. 因数分析法

C. 比例计算法　　D. 周转计算法

E. 预测法

10. 各归口的管理部门要根据具体情况将资金计划指标进行分解，分配给下属单位或个人，层层落实，实行分级管理。则原材料资金计划指标可分配给（ ）管理。

A. 供应计划部门　　B. 材料采购部门

C. 仓库保管部门　　D. 销售部门

E. 财务部门

四、计算题

1. 某企业购入原材料 500 吨，单价为 156 元，共计 78 000 元；增值税税率为 13%，计 10 140 元；另付运杂费 600 元（税率为 9%），挑选整理费 350 元。试计算该批原材料的采购成本。

2. 某企业购入 A 材料 600 千克，单价为 32 元，共计货款 19 200 元，增值税税率

为 13%，计 2 496 元；购入 B 材料 300 千克，单价为 22 元，共计货款 6 600 元，增值税税率为 13%，计 858 元；两种材料共支付运费 600 元（税率为 9%）。试计算 A、B 两种材料的采购成本。

3. 某企业全年需要甲材料进货总量为 16 900 千克，进货单价为 15 元，每次订货成本为 600 元，每千克甲材料的年储存成本为 3 元。试分别计算甲材料的经济订货批量、存货总成本、经济订货批量平均占用资金和年度最佳订货批次。

4. 长城股份有限公司甲材料全年进货总量为 90 000 千克，进货单价为 5 元，每次进货费用为 200 元，每千克甲材料的储存成本为 1 元。

要求：计算经济订货批量、存货总成本、经济订货批量平均占用资金和年度最佳订货批次。

5. 某企业全年计划生产 A 产品 180 000 件，每件耗用甲材料 2 千克，甲材料计划单价为 5 元/千克。预计甲材料在途日数 5 天，验收日数 1 天，整理及准备日数 2 天，供应间隔日数 20 天，供应间隔系数 50%，保险天数 4 天。试确定甲材料占用资金的数额。

6. 某商品毛利额为 11 000 元，一次性固定费用为 2 600 元，销售税金及附加为 1 800 元，每日变动储存费用为 60 元。试计算：

（1）该批商品保本储存期；

（2）若该商品流通企业欲获得 1 200 元的目标利润，计算其保利储存期；

（3）若该批商品实际储存期为 60 天，实际获得的利润为多少？

阶段综合模拟实训

实训项目一　材料采购成本的核算

1. 目的

初步掌握制造企业材料采购成本的构成、核算和数据汇总。

2. 资料

中华企业 2014 年 7 月的有关资料如下。

（1）企业向永星工厂购入甲材料 30 吨，单价 900 元，货款共计 27 000 元，应交增值税 3 510 元，材料运输费 500 元（税率为 9%），款项均以银行存款支付，材料已验收入库。

（2）以银行存款 20 000 元向东方公司预付购买丙材料的货款。

（3）向飞华企业购入甲材料 50 吨，单价 900 元，乙材料 100 吨，单价 800 元，货款共计 125 000 元，应交增值税 16 250 元，供货单位代垫运费 1 200 元（税率为 9%），货款、运费及税款尚未支付，材料已验收入库（材料运费按重量比例分配）。

（4）向恒丰企业购入乙材料 50 吨，单价 800 元，增值税进项税为 5 200 元，运费 450 元（税率为 9%），企业开出转账支票以支付货款及税金，材料已验收入库。

（5）收到东方公司发来的丙材料 500 千克，单价 30 元，对方代垫运费 360 元（税率为 9%），增值税进项税为 2 550 元，材料已验收入库，款项用前预付款偿付。

（6）收到东方公司退回的货款 2 090 元。

（7）以银行存款偿还前欠飞华企业货款、运费及税金共计 147 450 元。

（8）企业购入甲材料 20 吨，单价 910 元，货款共计 18 200 元，应交增值税 2 366 元，材料运输费 200 元（税率为 9%），款项均以银行存款支付，材料已验收入库。

（9）向恒丰企业购入乙材料 60 吨，单价 810 元，增值税进项税为 6 318 元，运费 400 元（税率为 9%），企业开出转账支票以支付货款及税金等，材料已验收入库。

（10）月末，结转上述各种入库材料的实际成本。

3. 要求

（1）根据上述资料编制会计分录；

（2）根据会计分录登记“在途物资”“原材料”总账和明细账（T 形账）；

（3）编制材料采购成本计算表。

实训项目二　经济订货批量的确定

1. 目的

初步掌握经济订货批量的确定方法。

2. 资料

重庆红旗汽车配件公司大量生产各种车型的汽车缸盖。随着企业的不断壮大，企业的知名度越来越高，客户对其产品的需求也越来越大。汽车缸盖的制造以铝为主要原料，对铝锭的需求量极大。东恒公司是该公司的主要原料供应商，其货源充足，能随时满足该公司的全年需要量，且每次的进货数量和进货日期完全由红旗公司自行决定。红旗公司的仓储条件能够满足全年需要。两家公司长期的业务合作，形成了良好的互信机制，货款采用滚动付款，没有过任何经济纠纷。目前铝锭的价格稳定，维持在 1.6 万元/吨，而且不存在任何的数量折扣优惠。

2019 年年底，公司市场部和生产部根据企业的订单和生产能力，预测公司 2014 年的铝锭全年需要量在 5 000 吨左右，每次的进货费用为 200 元，每吨铝锭的年储存成本为 2 000 元，订货数量只能是整数。那么铝锭的经济订货批量、总成本、经济订货批量平均占用资金和年度最佳订货批次是多少？

2020 年年底，东恒公司开展了 2021 年的业务洽谈会和订货会，为了感谢客户的长期合作，以及更好地开展 2021 年的业务，实行了商业折扣优惠。若每次订货在 40 吨以下，维持原价；当订货在 40～60 吨时（包括 40 吨），每吨价格下调 500 元，当订货量大于或等于 60 吨时，每吨价格再下调 500 元。

3. 要求

对红旗公司 2021 年的存货进行管理（公司的其他条件同 2020 年）。

Accounting Basis and Practice

模块三

生产过程的成本费用核算与控制

※案例导入

成本费用对利润的影响

重庆市某小型机械制造厂为本市一大型摩托车制造厂配套生产凸轮轴。由于该厂成本核算人员较少，并且素质较差，该厂的成本核算主要采用估算的方法。2014 年 7 月，经估算，单位产品的材料成本为 20 元，直接人工成本为 3 元，制造费用为 2 元，共计 25 元，各项费用的比重分别为 80%、12%、8%。摩托车制造厂接收价格为 30 元。期间费用占比为 0.5%。该机械厂为小规模纳税人，所得税税率为 25%。

问题

（1）该企业的成本核算制度是否健全？核算过程是否科学？

（2）各项费用的比例是否合理，利润空间大吗？

第六章

生产过程的成本费用核算

【学习目标】

通过本章的学习，掌握生产过程主要经济业务的核算；正确理解产品成本的含义及构成；掌握期间费用的构成及核算、成本费用的归集与分配；熟悉固定资产的折旧方法及账务处理。

【重点难点】

重点：生产过程主要经济业务的核算，期间费用的构成及核算，成本费用的归集与分配。

难点：成本费用的归集与分配，固定资产折旧的计算。

【技能点】

通过本章的学习，会进行生产费用的归集与分配，会进行产品成本的计算。

【学习内容】

从本章可以学到，生产过程主要经济业务、生产过程业务所涉及的主要账户、产品成本和期间费用、生产费用的归集和分配、固定资产折旧的计算及账务处理等内容。

产品生产是制造企业的主要业务活动。生产过程是由原材料转化为产成品的一系列活动，其主要目标是生产出满足管理当局政策和计划要求的产品。在这个过程中，随着各种生产费用的发生，资金逐渐由储备资金、固定资金和货币资金形态转化为生产资金形态。伴随产品的完工和验收入库，资金又从生产资金形态转化为成品资金形态。制造企业在生产过程中一方面生产产品，另一方面要发生各种耗费。产品生产过程中所发生的各种耗费，概括地称为生产费用。其内容主要有耗用各种材料的费用、支付的职工工资、固定资产的折旧费和其他费用。生产费用是为生产各种产品而发生的，最终都要归集、分配到各种产品成本中去。生产费用以不同产品来归集计算，得出为生产某种产品而耗用的生产费用，就称为产品的制造成本。因此，生产费用的发生、归集和分配，产品成本的形成与计算，是产品生产过程核算的主要内容。

第一节 生产过程主要业务活动的核算

一、生产过程的主要业务活动概述

生产过程所涉及的主要业务活动包括计划和安排生产、发出原材料、生产产品、核算生产成本、产成品入库等。生产过程业务活动的第一个环节是计划和安排生产，生产计划部门根据顾客订单或者销售量预测，来分析决定投产的种类和数量。第二步是仓储部门根据生产部门的领料申请单发出生产所需的原材料。第三步是生产部门加工产品，生产部门在收到生产通知单及领取原材料后，组织生产。生产工人在完成生产任务后，将完成的产成品交生产部门查点，然后转交检验员验收并办理入库手续，或是将所完成的产品移交下一部门，以进一步加工。第四步是核算产品成本，正确计算出每种产品的成本。最后环节是产品生产完工后产成品入库。

二、账户设置

为了归集、分配生产费用，计算产品成本，需设置和运用的主要账户有“生产成本”“制造费用”“应付职工薪酬”和“库存商品”等。

（一）“生产成本”账户

“生产成本”账户是用以归集反映产品生产过程中所发生的一切费用，计算确定产品制造成本的账户。该账户为成本类账户。账户的借方登记产品生产过程中所发生的各项生产费用，包括直接计入产品成本的直接费用（直接材料与直接人工），以及期末分配转入产品成本的制造费用。贷方登记完工入库产品的制造成本。期末如有余额，为借方余额，表示期末在产品的实际成本。该账户应按产品成本计算对象（如产品的品种、批别等）设置明细分类账户，进行明细分类核算。“生产成本”账户的基本结构如图 6-1 所示。

生产成本

借方	贷方
为产品生产所发生的直接材料费 为产品生产所发生的直接人工费 分配计入的制造费用	完工入库产品的实际生产成本
余额：在产品的生产成本	

图 6-1 “生产成本”账户结构

（二）“制造费用”账户

制造费用”账户是用以归集与分配企业生产车间范围内为组织生产和管理生产而发生的各项间接费用，包括车间管理人员的工资和福利费，车间固定资产的折旧费、修理费，车间发生的办公费、水电费、劳动保护费等。该账户为成本类账户。账户的借方登记本期内实际发生的全部制造费用；贷方登记按一定的分配方法，分配转出计入有关成本核算对象的制造费用；该账户期末一般无余额。为了考核不同车间的经费开支情况，以及不同产品的制造费用分配标准和数额，该账户应按不同车间、部门和费用项目设置明细账，进行明细核算。“制造费用”账户的基本结构如图 6-2 所示。

制造费用

借方	贷方
本期实际发生的全部制造费用	分配计入各种产品成本的制造费用

图 6-2 “制造费用”账户结构

（三）“应付职工薪酬”账户

“应付职工薪酬”账户是用以核算和监督企业应付给职工薪酬的提取、结算、使用等情况的账户。该账户为负债类账户。账户的贷方登记实际发生的应分配的职工薪酬（应付数），借方登记实际支付的职工薪酬，账户贷方余额，反映职工应付未付的职工薪酬。该账户可按“工资”“职工福利”“社会保险费”“住房公积金”“工会经费”“职工教育经费”“非货币性福利”“辞退福利”“股份支付”等进行明细核算。“应付职工薪酬”账户的基本结构如图 6-3 所示。

应付职工薪酬

借方	贷方
实际支付的职工薪酬	结算应支付的职工薪酬
余额：多支付的职工薪酬	余额：尚未支付的职工薪酬

图 6-3 “应付职工薪酬”账户结构

（四）“库存商品”账户

“库存商品”账户是用以核算和监督库存商品实际成本增减变动及结存情况的账户。该账户为资产类账户。账户的借方登记已经完成全部生产过程并已验收入库，可以对外销售的产品的实际成本，贷方登记出库产品的实际成本，期末借方余额表示库存产品的实际成本。该账户可按产品的品种、种类和规格进行明细分类核算。“库存商品”账户的基本结构如图 6-4 所示。

库存商品

借方	贷方
完工验收入库商品的实际生产成本	已售发出商品的实际生产成本
余额：库存商品的实际生产成本	

图 6-4 “库存商品”账户结构

三、生产过程业务核算举例

【例 6-1】 某企业本月份发出材料的情况如下。

甲产品生产耗用 A 材料 8 吨，单位成本 10 000 元，计 80 000 元；乙产品生产耗用 B 材料 25 吨，单位成本 2 000 元，计 50 000 元，车间一般耗用 C 材料 5 吨，单位成本 1 200 元，计 6 000 元。

分析：该项经济业务的发生，一方面使企业的库存材料减少了 136 000 元，另一方面使成本费用增加了 136 000 元。直接用于产品生产的材料费用应直接计入甲、乙产品的成本，车间一般耗用的材料应先计入制造费用。该项经济业务应编制如下会计分录。

借：生产成本——甲产品	80 000	
——乙产品	50 000	
制造费用	6 000	
贷：原材料——A 材料		80 000
——B 材料		50 000
——C 材料		6 000

【例 6-2】 企业本月应付工资总额为 45 000 元，其中，甲产品生产工人工资 25 000 元，乙产品生产工人工资 15 000 元，车间管理人员工资 5 000 元。

分析：该项经济业务的发生，一方面使企业的本月份应付工资增加了 45 000 元，另一方面使企业的工资费用增加了 45 000 元。其中，产品生产工人工资计入生产成本，车间管理人员工资计入制造费用。编制会计分录如下。

借：生产成本——甲产品	25 000	
——乙产品	15 000	
制造费用	5 000	
贷：应付职工薪酬——工资		45 000

【例 6-3】 以现金支付本月工资 45 000 元。

分析：该项经济业务的发生，一方面使企业的现金减少了 45 000 元，另一方面使应付工资减少了 45 000 元。该项经济业务应编制如下会计分录。

借：应付职工薪酬——工资	45 000	
贷：库存现金		45 000

【例 6-4】 按实际发生工资总额的 14%提取职工福利费 6 300 元。

该项经济业务的发生，一方面使企业的应付福利费增加了 6 300 元，另一方面使企业的成本费用增加了 6 300 元。该项经济业务应编制如下会计分录。

借：生产成本——甲产品	3 500	
——乙产品	2 100	
制造费用	700	
贷：应付职工薪酬——职工福利		6 300

【例 6-5】 以银行存款 1 300 元支付车间固定资产修理费用。

分析：该项经济业务的发生，一方面使制造费用增加了 1 300 元，另一方面使银行存款减少了 1 300 元。

编制会计分录如下。

借：制造费用 1 300

贷：银行存款 1 300

【例 6-6】 以现金支付应由本月负担的车间用固定资产租金 650 元。

分析：该项经济业务的发生，一方面使制造费用增加了 650 元，另一方面使现金减少了 650 元。编制会计分录如下。

借：制造费用 650

贷：库存现金 650

【例 6-7】 月末，结转本月完工验收入库产品成本 191 000 元。其中，甲产品成本 121 000 元，乙产品成本 70 000 元。

分析：该项经济业务的发生，一方面使企业的库存商品增加了 191 000 元，另一方面使生产成本减少了 191 000 元。编制会计分录如下。

借：库存商品——甲产品 121 000

——乙产品 70 000

贷：生产成本——甲产品 121 000

——乙产品 70 000

第二节 产品成本和期间费用

一、产品成本

（一）成本的概念

一般来说，成本是指为了达到特定目的所失去或放弃的资源。这里的“资源”，不仅包括作为生产资料和生活资料的天然资源，还包括经过人类加工的物质资源以及人力资源。“特定目的”是指需要对成本进行单独测量的任何活动，也就是成本对象，例如一件产品、一项设计、一项服务、一个客户、一种商标、一个部门或者一项工作计划。“失去”是指资源被消耗，例如材料在生产中被消耗掉、设备在使用中被磨损等；“放弃”是指资源交给其他企业或个人，例如用货币支付工资或加工费等。

成本具有以下特征。

1. 成本是经济资源的耗费

生产经营过程同时也是资产的耗费过程。例如，为生产产品需要耗费原材料、磨损固定资产以及用现金支付工资等。原材料、固定资产和现金，都是企业的资产。成本是经济资源的耗费，经常作为耗费、花费的同义词使用。

2. 成本是以货币计量的耗费

生产经营成本是以货币计量的。它们若不是过去已经支付了货币，就是将来需要支付货币。没有支付货币的耗费，如生产对环境的损害等，只要企业对此不需要支付现金就不能计入生产经营成本。

3. 成本是特定对象的耗费

成本总是针对特定对象或目的的。成本是转移到一定产出物的耗费，是针对一定的产出物计算归集的。这个产出物称为成本计算对象，它可以是一件产品或者一项服务。

成本和费用的区别之一就是成本有特定的对象而费用没有特定对象。广义的费用是资产的耗费，它强调资产已经被耗费而不是被“谁”耗费；狭义的费用仅指为取得营业收入而发生的资产耗费，它强调与特定会计期收入配比的耗费，而不是特定产出物的耗费。

4. 成本是正常生产经营活动的耗费

从理论上说，企业的全部经济活动应当分为生产经营活动、投资活动和筹资活动，这三项活动的损益在利润表中要分开列报，以便分别评价其业绩。企业经济活动的正常损益和非正常损益也要分开报告，以便评价企业的获利能力。只有生产经营活动的正常耗费才能计入生产经营成本并从营业收入中扣减，以便使“营业利润”能反映生产经营活动的正常获利能力。

成本计算中的成本，是正常生产经营状态下的成本。非正常的、意外的耗费不计入营业成本，而将其直接列为期间费用或损失。

（二）产品成本的构成

制造企业在生产过程中所发生的各项生产费用，按照费用的经济用途分类形成的项目，称为产品成本项目。产品成本项目主要包括直接材料、直接人工和制造费用等。

（1）直接材料。直接材料是指直接用于产品生产、构成产品实体的原料及主要材料，以及有助于产品形成的辅助材料等。

（2）直接人工。直接人工是指直接从事产品生产的工人工资，以及按生产工人工资总额和规定的比例计算提取的职工福利费。

（3）制造费用。制造费用是指企业各生产单位（如生产车间）为组织和管理生产而发生的各项间接费用，如工资和职工福利费、折旧费、修理费、办公费、水电费等。如果企业或生产车间只生产一种产品，所发生的应计入产品成本的各项生产费用，按产品成本项目进行归集即可计算出该产品的成本。在这种情况下，不存在按成本计算对象分配生产费用的问题。如果企业或生产车间生产的产品不止一种，即存在若干个成本计算对象，则对发生的生产费用，应区别情况处理：对直接费用，可直接计入某成本计算对象的成本项目中；对于间接费用，应通过一定的账户先进行归集，然后采用适当的方法在各有关成本计算对象之间分配后计入。关于制造费用的归集和分配将在下一节中介绍。

二、期间费用

期间费用是企业当期发生的费用中的重要组成部分，是指本期发生的，不能直接或间接归入某种产品成本，而是直接计入损益的各项费用，包括管理费用、销售费用和财务费用。

（一）管理费用

管理费用是指企业为组织和管理企业生产经营所发生的管理费用，包括企业在筹建期间内发生的开办费、董事会和行政管理部门在企业的经营管理中发生的或者应由企业统一负担的公司经费（包括行政管理部门职工工资及福利费、物料消耗、低值易耗品摊销、办公费和差旅费等）、工会经费、董事会费（包括董事会成员津贴、会议费和差旅费等）、聘请中介机构费、咨询费（含顾问费）、诉讼费、业务招待费、房产税、车船使用税、土地使用税、印花税、技术转让费、矿产资源补偿费、研究费用、排污费以及企业生产车间（部门）和行政管理部门等发生的固定资产修理费用等。

企业发生的管理费用，在“管理费用”科目核算，并在“管理费用”科目中按费用项目设置明细账，进行明细核算。期末，“管理费用”科目的余额结转“本年利润”科目后无余额。该账户的基本结构如图 6-5 所示。

管理费用

借方	贷方
本期实际发生的全部管理费用	期末转入“本年利润”的管理费用

图 6-5 “管理费用”账户结构

【例 6-8】 企业管理部门用现金购买办公用品 120 元。

分析：企业管理部门购买办公用品，一方面增加了企业管理部门的办公费 120，应记入“管理费用”账户的借方；另一方面，现金减少 120 元，记入“库存现金”账户的贷方。所以，该笔经济业务的会计分录编制如下。

借：管理费用　　120

　贷：库存现金　　120

（二）销售费用

销售费用是指企业在销售商品和材料、提供劳务的过程中发生的各种费用，包括企业在销售商品过程中发生的保险费、包装费、展览费和广告费、商品维修费、预计产品质量保证损失、运输费、装卸费等以及为销售本企业商品而专设的销售机构（含销售网点、售后服务网点等）的职工薪酬、业务费、折旧费、固定资产修理费用等费用。

企业发生的销售费用，在“销售费用”科目核算，并在“销售费用”科目中按费用项目设置明细账，进行明细核算。期末，“销售费用”科目的余额结转“本年利润”科目后无余额。该账户的基本结构如图 6-6 所示。

销售费用

借方	贷方
本期发生的各项销售费用	期末转入“本年利润”账户的销售费用

图 6-6 “销售费用”账户结构

【例 6-9】 企业开出转账支票，支付销售产品而发生的广告费用共 10 000 元。

分析：销售产品而发生的广告费用，属于企业的销售费用。所以，这笔经济业务的发生，一方面使企业的销售费用增加 10 000 元，应记入“销售费用”账户的借方；另一方面，由于以银行存款支付，银行存款减少 10 000 元，应记入“银行存款”账户的贷方。这笔经济业务的会计分录编制如下。

借：销售费用　　10 000

　贷：银行存款　　10 000

（三）财务费用

财务费用是指企业为筹集生产经营所需资金等而发生的筹资费用，包括利息支出（减利息收入）、汇兑损益以及相关的手续费、企业发生的现金折扣或收到的现金折扣等。

企业发生的财务费用，在“财务费用”科目核算，并在“财务费用”科目中按费用项目设置明细账，进行明细核算。期末，“财务费用”科目的余额结转“本年利润”科目后无余额。该账户的基本结构如图 6-7 所示。

财务费用	
借方	贷方
本期实际发生的各项财务费用	本期发生的应冲减的财务费用
	期末转入“本年利润”的财务费用

图 6-7 “财务费用”账户结构

【例 6-10】 企业接银行付款通知，一月份短期借款利息 3 600 元已转账付讫。

分析：这项经济业务的发生，属于银行借款利息的结算和支付。一方面，1 月借款利息 3 600 元，已通过银行转账支付，使银行存款减少，记入“银行存款”账户的贷方。另一方面，银行借款利息属企业筹集资金而发生的开支，属于财务费用，本月应承担的借款利息 3 600 元，应直接作为本期期间费用，记入“财务费用”账户的借方。该笔经济业务的会计分录编制如下。

借：财务费用　　3 600

　贷：银行存款　　3 600

三、资本化支出和收益性支出

购置或扩建固定资产的支出叫作资本性支出，记入资产账户，会计人员通常所说的资本化就是将一项支出记入资产账户，而不是记入费用账户。使用固定资产必要的日常修理、维护、燃料和其他杂项支出叫作收益性支出，借记费用账户。记入费用账户就是假设这些支出只使当前会计期受益，因此就应从当前会计期的收入中扣减以确定净利润。将某一项支出直接记入费用账户通常叫作费用化。企业采购的某些生产资料会使几个会计期受益，但它们的成本又相对较低，例如汽车用的电池、废纸篓和卷笔刀。从理论上说，这些生产资料属于资本性支出，但是如果将它们记入资产账户，就需要在以后会计期间计算和记录相关的折旧费用，因此为了更方便和更经济地维护会计记录，金额不大的支出就作为当前会计期的费用。总而言之，金额足够大并且使几个会计期受益的支出作为资本性支出，金额较小或者只使当前会计期受益的支出作为收益性支出。

【例 6-11】 某企业 2020 年 5 月发生以下支出。

（1）2 日，企业以 100 000 元购入载重汽车一辆；

（2）3 日，开出转账支票，支付业务宣传费 6 000 元；

（3）4 日，用现金 500 元购入办公用打印纸 10 盒；

（4）6 日，以 200 000 元购入生产用设备一台。

要求：分析上述支出哪些属于资本化支出，哪些属于收益性支出，应分别记入哪些账户。

在上述支出中，1、4两项支出属于资本化支出，应记入“固定资产”账户，2、3两项支出属于收益性支出，应分别记入“销售费用”和“管理费用”账户。

第三节　成本的归集和分配

一、产品成本计算概述

产品成本计算的目的，可以概括为以下四个方面。

（1）改善决策。成本计算可以向管理当局提供许多重要信息，帮助他们做出较好的决策。如定价、自制和外购的选择、项目的评价等。

（2）有利于计划、控制和业绩评价。在预算编制过程中，可靠的成本信息是预算质量的保证。通过预算成本和实际成本的比较，分析差异，才能达到控制的目的。

（3）衡量资产和收益。编制财务报表要使用存货成本和已销产品信息，这些成本信息是股东、债权人和税务当局所需要的，它们必须按照会计准则或会计制度的要求来报告。

（4）确定应补偿的金额。有些销售价格以成本为定价基础，为了确定价格需要计算产品成本。例如，有的产品订货合同使用“产品加成价”，有些咨询费按成本节约额的一定比率收取；有些公用事业收费以成本增加为提价依据。

成本计算的过程实际上是成本的归集和分配过程，生产经营成本通过多次的归集和分配，最终计算出产品总成本和单位成本。

成本的归集，是指通过一定的会计制度以有序的方式进行成本数据的收集或汇总。收集某类成本的聚集环节，称为成本归集点或成本集合。例如，制造费用是按车间归集的，所有间接制造费，包括折旧、间接材料、间接人工等都聚集在一起。以后分配时不再区分这些项目，而是统一地按一个分配基础，分配给产品。

成本的分配，是指将归集的间接成本分配给成本对象的过程，也叫间接成本的分摊或分派。

成本分配要使用某种参数作为成本分配基础。成本分配基础是指能联系成本对象和成本的参数。可供选择的分配基础有许多，例如人工工时、机器台时、占用面积、直接人工工资、订货次数、采购价值、直接材料成本、直接材料数量等。

二、成本计算使用的主要会计账户

为了按照用途归集各项成本，划清有关成本的界限，正确计算产品成本，应设置“生产成本”“制造费用”“应付职工薪酬”等账户。关于这几个账户的性质和结构我们已在第一节中介绍。

三、材料费用的归集和分配

在企业的生产活动中，要大量消耗各种材料，如各种原料及主要材料、辅助材料及燃料。它们有的用于产品生产，有的用于维护生产设备和管理、组织生产，此外，还有的用于非工业生产等。其中应计入产品成本的生产用料，还应按照成本项目归集。如用于构成产品实体的原料及主要材料和有助于产品形成的辅助材料，列入“直接材料”项目，计入产品的生产成本。用于维护生产设备和管理生产的各种材料列入“制造费用”项目，不应计入产品成本。而属于期间费用的材料费用则应列入“管理费用”“销售费用”科目。用于购置和建造固定资产、其他资产方面的材料费用，则不得列入产品成本，也不得列入期间费用。

（一）材料费用计入产品成本和期间费用的方法

用于产品生产的原料及主要材料，如纺织用的原棉、铸造用的生铁、冶炼用的矿石、造酒用的大麦、制皂用的油脂等，通常是按照产品分别领用的，属于直接费用，应根据领料凭证直接计入各种产品成本的“生产成本”项目。但是，有时一批材料为几批产品共同耗用。例如，某些化工生产的用料，属于间接费用，则要采用简便的分配方法，分配计入各种产品成本。在消耗定额比较准确的情况下，通常采用材料定额消耗量比例或材料定额成本的比例进行分配，计算公式如下：

$$分配率=\frac{材料实际总消耗量（或实际成本）}{各种产品材料定额消耗量（或定额成本）之和}$$

某种产品应分配的材料数量=该种产品的材料定额消耗量（或定额成本）×分配率

【例 6-12】 领用某种原材料 2 106 千克，单价 20 元，原材料费用合计 42 120 元，生产甲产品 400 件，乙产品 300 件。甲产品消耗定额为 1.2 千克，乙产品消耗定额为 1.1 千克。分配结果如下。

$$分配率=\frac{42\,120}{400\times1.2+300\times1.1}=\frac{42\,120}{480+330}=52（元/千克）$$

甲产品应分配的材料费用=480×52=24 960（元）

乙产品应分配的材料费用=330×52=17 160（元）

合计–24 960+17 160–42 120（元）

上述耗用的基本生产产品的材料费用，应记入“生产成本”科目及所属明细账的借方，在明细账中还要按产品种类分别反映。此外，生产车间和行政管理部门为管理和组织生产所发生的材料费用，应分别记入“制造费用”“管理费用”等科目及其明细账的借方。至于用于非生产用的材料费用，则应记入其他有关科目。

（二）材料费用分配表的编制

在实际工作中，材料费用的分配一般是通过“材料费用分配表”进行的。这种分配表应该按照材料的用途和材料类别，根据归类后的领料凭证编制。其格式如表 6-1 所示。

表 6-1　　材料费用分配表　　单位：元

用　途	甲材料	乙材料	丙材料	合　计
制造产品耗用	44 100	30 132	8 855	83 087
A 产品	33 075	12 555		45 630
B 产品	11 025	17 577	8 855	37 457

续表

用　途	甲材料	乙材料	丙材料	合　计
生产车间一般耗用		2 511	253	2 764
企业管理部门一般耗用			506	506
合　计	44 100	32 643	9 614	86 357

【例 6-13】 本月仓库发出材料用于产品生产和管理一般耗用，各部门耗用情况如表 6-1 所示。

分析：这笔经济业务的发生，表明一方面耗用了原材料，使原材料减少 86 357 元，应记入“原材料”账户的贷方；另一方面材料投入生产，增加生产费用，其中直接用于 A、B 产品生产的原材料耗用，属于直接费用，应记入“生产成本”账户的借方，生产车间一般耗用的原材料，属于间接费用，归集为制造费用，记入“制造费用”账户的借方，而企业管理部门一般耗用的材料，属于期间费用，记入“管理费用”账户的借方。此笔经济业务的会计分录编制如下。

借：生产成本——A 产品　　45 630
　　　　　　——B 产品　　37 457
　　制造费用　　2 764
　　管理费用　　506
　贷：原材料　　86 357

四、人工费用的归集和分配

人工费用包括工资和福利费用。分配工资和福利费用，也要划清计入产品成本与期间费用的界限。其中应计入产品成本的工资和福利费用还应该按成本项目归集：凡属生产车间直接从事产品生产人员的工资费用，列入产品成本的“生产成本”项目；企业各生产车间为组织和管理生产所发生的管理人员的工资和计提的福利费，列入产品成本的“制造费用”项目。企业行政管理人员的工资和计提的福利费，作 为期间费用列入“管理费用”科目。

（一）直接从事产品生产人员的工资费用计入产品成本的方法

工资制度不同，生产工人工资计入产品成本的方法也不同。在计件工资制下，生产工人工资通常是根据产量凭证计算工资并直接计入产品成本。在计时工资制下，如果只生产一种产品，生产人员工资属于直接费用，可直接计入该种产品成本；如果生产多种产品，就要求采用一定的分配方法在各种产品之间进行分配。工资费用的分配，通常采用按产品耗用工时比例分配的方法。其计算公式如下：

$$分配率=\frac{生产工人工资总额}{各种产品耗用工时之和}$$

某种产品应分配的工资费用=该种产品耗用工时×分配率

按照规定的工资总额的一定比例（目前制度规定 14%）计提的职工福利费可与工资费用一起分配。

【例 6-14】 装配车间生产工人 2020 年 5 月共产生工资 100 000 万元。该车间共生产A、B两种产品，其中A产品耗用工时80 000小时，B产品耗用工时20 000小时。计算应分别计入A、B两种产品的工资费用。

分配率=100 000/（80 000+20 000）=1（元/工时）

其中，A产品工资费用=80 000×1=80 000（元）

B产品工资费用=20 000×1=20 000（元）

（二）工资费用分配表的编制

为了按工资的用途和发生地点归集并分配工资及计提的福利费用，月末应分生产部门根据工资结算单和有关的生产工时记录编制“工资费用分配表”。该表的格式如表6-2所示。

表6-2　企业2020年5月工资费用结算表

部　门	工资额（元）
生产工人工资	45 000
其中：A产品工人工资	25 000
B产品工人工资	20 000
生产车间管理人员工资	6 000
企业管理人员工资	10 000
福利人员工资	1 200
基建工程人员工资	2 800
合　计	65 000

【例6-15】 结算本月应付职工工资65 000元，按其用途归集如表6-2所示。

分析：这笔经济业务的发生，一方面应付职工的工资65 000元尚未支付给职工，形成企业对职工的负债，使企业的债务增加，应记入“应付职工薪酬”账户的贷方。同时生产费用也增加65 000元。其中生产车间A产品工人工资25 000元和B产品工人工资20 000元可以直接对象化，分别记入“生产成本——A产品”和“生产成本——B产品”账户的借方；对于车间管理人员的工资费用，不能直接对象化，属于间接费用，应记入“制造费用”账户的借方；企业管理人员的工资费用，属于期间费用，应记入“管理费用”账户的借方；福利人员的工资应冲减应付福利费，则记入“应付职工薪酬——职工福利”账户的借方；基建人员的工资应计入工程成本，即记入“在建工程”账户的借方。此笔经济业务的会计分录编制如下。

借：生产成本——A产品	25 000	
——B产品	20 000	
制造费用	6 000	
管理费用	10 000	
应付职工薪酬——职工福利	1 200	
在建工程	2 800	
贷：应付职工薪酬——工资		65 000

【例6-16】 按工资总额的14%计提职工福利费。

职工福利费是按工资总额的14%提取的，用于职工的医药费、福利人员工资、生活困难补助等方面的开支。根据表6-2所示企业本月工资结算资料，本月计提职工福利费如表6-3所示。

表6-3　　企业2020年5月职工福利费计算表

部　门	工资额（元）	计提比例	计提福利费（元）
生产工人工资	45 000	14%	6 300
其中：A产品工人工资	25 000	14%	3 500
B产品工人工资	20 000	14%	2 800
生产车间管理人员工资	6 000	14%	840
企业管理人员工资	10 000	14%	1 400
福利人员工资	1 200	14%	168
基建工程人员工资	2 800	14%	392
合　计	65 000	14%	9 100

分析：职工福利费是企业所发生的人工费用之一，所以计提职工福利费时，应与工资结算相似。即根据生产车间生产工人的工资总额提取的职工福利费，应增加产品生产成本，分别记入“生产成本——A产品”和“生产成本——B产品”账户的借方；根据车间管理人员的工资提取的福利费，仍属于间接费用，应记入“制造费用”账户的借方；根据企业管理人员的工资提取的福利费，作为期间费用，记入“管理费用”账户的借方；根据福利人员的工资提取的福利费用应作为管理费用，记入“管理费用”账户的借方；根据基建人员的工资提取的福利费仍计入工程成本，记入“在建工程”账户的借方。企业在提取职工福利费时，形成企业负债，应记入“应付职工薪酬——职工福利”账户的贷方。此笔经济业务的会计分录编制如下。

借：生产成本——A产品　　3 500
　　　　　　——B产品　　2 800
　　制造费用　　840
　　管理费用　　1 568
　　在建工程　　392
　贷：应付职工薪酬——职工福利　　9 100

五、制造费用的归集和分配

制造费用是指企业各生产单位为组织和管理生产而发生的各项间接费用。它包括工资和福利费、折旧费、修理费、办公费、水电费、机物料消耗、劳动保护费、租赁费、保险费、排污费、存货盘亏损失（减盘盈收益）及其他制造费用。

企业发生的各项制造费用，是按其用途和发生地点，通过“制造费用”科目进行归集和分配的。根据管理的需要，“制造费用”科目可以按生产车间开设明细账，账内按照费用项目开设专栏，进行明细核算。费用发生时，根据支出凭证借记“制造费用”科目及其所属有关明细账，材料、产品等存货的盘盈、盘亏数，则应根据盘点报告表登记。归集在“制造费用”科目借方的各项费用，月末时应全部分配转入“生产成本”科目，计入产品成本。“制造费用”科目一般月末没有余额。

在生产一种产品的车间中，制造费用可直接计入其产品成本。在生产多种产品的车间中，就要采用既合理又简便的分配方法，将制造费用分配计入各种产品成本。制造费用分配计入产品成本，常用的有按生产工时、定额工时、机器工时、直接人工费等比例分配的方法。

在具有产品耗用工时统计资料的车间里，可按生产工时的比例分配制造费用。如果企业没有耗用工时统计资料，而制定有比较准确的产品工时定额，也可采用按产品定额工时的比例进行分配。在机械化程度较高的车间中，制造费用也可按机器工时比例分配。其计算公式为

$$制造费用分配率=\frac{制造费用总额}{各种产品耗用（定额、机器）工时之和}$$

某产品应负担的制造费用=该种产品耗用（定额、机器）工时数×分配率

制造费用的大部分支出，属于产品生产的间接费用，因而不能按照产品制定定额，而只能按照车间、部门和费用项目编制制造费用计划加以控制。通过制造费用的归集和分配，反映和监督各项费用计划的执行情况，并将其正确及时地计入产品成本。

【例 6-17】 假设某基本生产车间甲产品生产工时为 56 000 小时，乙产品生产工时为 32 000 小时，本月发生制造费用 36 080 元。要求在甲、乙产品之间分配制造费用，并编制会计分录。

$$制造费用分配率=\frac{36\,080}{56\,000+32\,000}=0.41（元/小时）$$

甲产品制造费用=56 000×0.41=22 960（元）

乙产品制造费用=32 000×0.41=13 120（元）

按生产工时比例法编制“制造费用分配表”，如表 6-4 所示。

表 6-4　制造费用分配表

借方科目	生产工时（小时）	分配金额（元）（分配率：0.41）
生产成本——甲产品	56 000	22 960
——乙产品	32 000	13 120
合　计	88 000	36 080

编制会计分录如下。

借：生产成本——甲产品　　22 960

　　　　　　——乙产品　　13 120

　贷：制造费用　　36 080

六、计算产品生产成本

企业的生产费用经过归集和分配后，各项生产费用均全部归集到“生产成本”账户及其所属各种产品成本明细账的借方，这样，就可以算出各种产品的总成本和单位成本。

如果某种产品已全部完工，则该产品生产成本明细账上归集的费用，即为完工产

品的成本；如果某种产品只是部分完工，则要将生产费用在完工产品与月末在产品之间进行分配。最后编制产品成本汇总表，分别汇总产品总成本和单位成本。

【例 6-18】 某企业 2020 年 5 月生产甲、乙两种产品。假定甲产品、乙产品月初均无在产品，甲产品、乙产品本月均全部完工。甲产品共生产 800 件，乙产品共生产 200 件。甲、乙两种产品的生产成本明细账，如表 6-5、表 6-6 所示。

表 6-5　　生产成本明细账

产品名称：甲产品　　单位：元

2014 年		凭证号数	摘　　要	借方（成本项目）			
月	日			直接材料	直接人工	制造费用	合　计
5		（略）	领用材料	80 000			80 000
			生产工人工资		25 000		25 000
			生产工人福利费		3 500		3 500
			分配制造费用			12 500	12 500
			合　　计	80 000	28 500	12 500	121 000
			结转完工产品成本	80 000	28 500	12 500	121 000

表 6-6　　生产成本明细账

产品名称：乙产品　　单位：元

2014 年		凭证号数	摘　　要	借方（成本项目）			
月	日			直接材料	直接人工	制造费用	合　计
5		（略）	领用材料	500 00			50 000
			生产工人工资		15 000		15 000
			生产工人福利费		2 100		2 100
			分配制造费用			7 500	7 500
			合　　计	50 000	17 100	7 500	74 600
			结转完工产品成本	50 000	17 100	7 500	74 600

根据甲、乙产品生产成本明细账，编制产品生产成本计算表，如表 6-7 所示。

表 6-7　　生产成本计算表

单位：元

成本项目	甲产品（800 件）		乙产品（200 件）	
	总成本	单位成本	总成本	单位成本
直接材料	80 000	100	50 000	250
直接人工	28 500	35.625	17 100	85.5
制造费用	12 500	15.625	7 500	37.5
产品生产成本	121 000	151.25	74 600	373

编制会计分录如下。

借：库存商品——甲产品　　121 000

　　　　　——乙产品　　74 600

贷：生产成本——甲产品　　121 000
　　　　　——乙产品　　74 600

七、固定资产折旧

（一）固定资产折旧的定义

折旧是指在固定资产的使用寿命内，按照确定的方法对应计折旧额进行的系统分摊。需要系统地将固定资产的成本分配至多个会计期间主要有两个原因，一是损耗，二是陈旧。固定资产的损耗是使用和日晒雨淋等自然力侵蚀的结果。仔细保养固定资产的人或许会说他的资产就像新的一样，事实上这是不对的。尽管好的维修保养政策会大大延长资产的使用年限，但一项资产最终总会被废弃。总而言之，维修并不能消除计提折旧的必要性。陈旧是指逐渐过时或陈旧的过程。例如，一架飞机尽管性能良好，但可能已经陈旧了，因为市场上已出现了设计更好，性能更佳的飞机。

（二）影响固定资产折旧的因素

影响固定资产折旧的因素主要有以下几个方面。

（1）固定资产原价，指购置固定资产的成本。

（2）预计净残值，指假定固定资产预计使用寿命已满并处于使用寿命终了时的预期状态，企业从该项资产处置中获得的扣除预计处置费用后的金额。

（3）固定资产的使用寿命，指企业使用固定资产的预计期间，或者该固定资产所能生产产品或提供劳务的数量。

（三）计提折旧的固定资产范围

企业应当对所有的固定资产计提折旧，但是，已提足折旧仍继续使用的固定资产和单独计价入账的土地除外。在确定计提折旧的范围时还应注意以下几点。

（1）固定资产应当按月计提折旧，并根据用途计入相关资产的成本或者当期损益。当月增加的固定资产，当月不计提折旧，从下月起计提折旧；当月减少的固定资产，当月仍计提折旧，从下月起不计提折旧。

（2）固定资产提足折旧后，不论能否继续使用，均不再计提折旧，提前报废的固定资产也不再补提折旧。所谓提足折旧是指已经提足该项固定资产的应计折旧额。

（3）已达到预定可使用状态但尚未办理竣工决算的固定资产，应当按照估计价值确定其成本，并计提折旧；待办理竣工决算后再按实际成本调整原来的暂估价值，但不需要调整原已计提的折旧额。

（四）固定资产折旧方法

企业应当根据与固定资产有关的经济利益的预期实现方式，合理选择折旧方法。概括地说，固定资产的折旧方法由直线法和加速折旧法构成，直线法分配的折旧费用在资产使用年限的每一年都是相同的，其他大多数折旧方法都是各种形式的加速折旧法。加速折旧要求在资产使用早期多计提折旧，在资产使用后期少计提折旧。然而在资产的整个使用年份中，直线法和加速折旧法计提的折旧总额是相同的。

具体来看可选用的折旧方法包括年限平均法、工作量法、双倍余额递减法和年数总和法等。企业选用不同的固定资产折旧方法，将影响固定资产使用寿命期间内不同时期的折旧费用，因此，固定资产的折旧方法一经确定，不得随意变更。

1. 年限平均法

年限平均法又称直线法，是指将固定资产的应计折旧额均衡地分摊到固定资产预计使用寿命内的一种方法。采用这种方法计算的每期折旧额均相等。计算公式如下：

$$年折旧率=\frac{1-预计净残值率}{预计使用寿命（年）}\times 100\%$$

月折旧率=年折旧率÷12

月折旧额=固定资产原价×月折旧率

【例 6-19】 甲公司购入设备一台，价值为 51 000 元，预计使用年限为 5 年，预计净残值为 1 000 元。计算该设备的年折旧额和年折旧率。

年折旧额=（51 000−1 000）/5=10 000（元）

年折旧率=10 000/50 000=20%

采用年限平均法计算固定资产折旧虽然比较简便，但它也存在着一些明显的局限性。首先，固定资产在不同使用年限提供的经济效益是不同的。一般来讲，固定资产在其使用前期工作效率相对较高，所带来的经济利益也就多；而在其使用后期，工作效率一般呈下降趋势，因而，所带来的经济利益也就逐渐减少。年限平均法对此没有考虑，明显是不合理的。其次，固定资产在不同的使用年限发生的维修费用也不一样。固定资产的维修费用将随着其使用时间的延长而不断增加，而年限平均法也没有考虑这一因素。

当固定资产各期负荷程度相同时，各期应分摊相同的折旧费，这时采用年限平均法计算折旧是合理的。但是，如果固定资产各期负荷程度不同，采用年限平均法计算折旧时，则不能反映固定资产的实际使用情况，提取的折旧数与固定资产的损耗程度也不相符。

2. 工作量法

工作量法，是根据实际工作量计算每期应提折旧额的一种方法。计算公式如下：

单位工作量折旧额=固定资产原价×（1-预计净残值率）/预计总工作量

某项固定资产月折旧额=该项固定资产当月工作量×单位工作量折旧额

【例 6-20】 甲公司的一台机器设备原价为 800 000 元。预计生产产品产量为 4 000 000 个，预计净残值率为 5%，本月生产产品 40 000 个。假设甲公司没有对该机器设备计提减值准备。则该台机器设备的本月折旧额计算如下：

单个产品折旧额=800 000×（1-5%）/4 000 000=0.19（元/个）

本月折旧额=40 000×0.19=7 600（元）

3. 双倍余额递减法

双倍余额递减法，是指在不考虑固定资产预计净残值的情况下，根据每期期初固定资产原价减去累计折旧后的余额和双倍的直线法折旧率计算固定资产折旧的一种方法。计算公式如下：

年折旧率=2/预计使用寿命（年）×100%

月折旧率=年折旧率÷12

月折旧额=固定资产账面净值×月折旧率

由于每年年初固定资产净值没有扣除预计净残值，因此，在应用这种方法计算折旧额时必须注意不能使固定资产的账面折余价值降低到其预计净残值以下。即实行双倍余额递减法计算折旧的固定资产，应在其折旧年限到期前两年内，将固定资产净值扣除预计净残值后的余额平均摊销。

【例 6-21】 甲公司某项设备原价为 120 万元，预计使用寿命为 5 年，预计净残值率为 4%；假设甲公司没有对该机器设备计提减值准备。

甲公司按双倍余额递减法计算折旧，每年折旧额计算如下：

年折旧率=2/5×100%=40%

第一年应提的折旧额=120×40%=48（万元）

第二年应提的折旧额=（120-48）×40%=28.8（万元）

第三年应提的折旧额=（120-48-28.8）×40%=17.28（万元）

从第四年起改按年限平均法（直线法）计提折旧，即

第四、五年应提的折旧额=（120-48-28.8-17.28-120×4%）÷2

=10.56（万元）

4. 年数总和法

年数总和法，又称年限合计法，是将固定资产的原价减去预计净残值的余额乘以一个以固定资产尚可使用寿命为分子、以预计使用寿命逐年数字之和为分母的逐年递减的分数计算每年的折旧额。计算公式如下：

年折旧率=尚可使用年限/预计使用寿命的年数总和×100%

月折旧率=年折旧率÷12

月折旧额=（固定资产原价-预计净残值）×月折旧率

【例 6-22】 沿用例 6-20 的资料。采用年数总和法计算的各年折旧额如表 6-8 所示。

表 6-8 折旧的计算 金额单位：元

年 份	尚可使用年限	原价-净残值	年折旧率	每年折旧额	累计折旧
第 1 年	5	1 152 000	5/15	384 000	384 000
第 2 年	4	1 152 000	4/15	307 200	691 200
第 3 年	3	1 152 000	3/15	230 400	921 600
第 4 年	2	1 152 000	2/15	153 600	1 075 200
第 5 年	1	1 152 000	1/15	76 800	1 152 000

双倍余额递减法和年数总和法都属于加速折旧方法。其特点是在固定资产使用的早期多提折旧，后期少提折旧，其递减的速度逐年加快，从而相对加快折旧的速度，目的是使固定资产成本在预计使用寿命期内加快得到补偿。

【思考】假设你是一家新开的颇有前途的服务性企业的顾问。企业现为内部持股，共有股东 100 人，企业的目标是经营约 5 年后能公开上市，企业现在对房屋和办公设备的投资可望在企业股票上市交易时投入正常使用。最近企业管理层交给你一份计划书，你发现计划书中所有的利润预测都是以加速折旧法为基础的。根据计划书中提供的信息，你又用直线法重新计算了折旧费用，两种折旧法计算的 5 年的折旧费用如表 6-9 所示。

表 6-9　　　　　　　　　　年度折旧费用　　　　　　　　　　单位：元

年　数	加速折旧法	直线折旧法
第 1 年	200 000	100 000
第 2 年	150 000	100 000
第 3 年	70 000	100 000
第 4 年	60 000	100 000
第 5 年	20 000	100 000

请向管理层解释为什么企业应考虑在财务报告中采用直线法折旧而不是加速折旧法折旧。

采用加速折旧法计提的折旧费用较高，所以报告的净利润较直线法下低。因为该企业希望在 5 年内上市，所以在通用会计准则允许的范围内尽可能高地报告企业的净利润将有利于企业上市目标的实现。

（五）固定资产折旧的会计处理

固定资产应当按月计提折旧，计提的折旧应通过“累计折旧”科目核算，并根据用途计入相关资产的成本或者当期损益。“累计折旧”账户的贷方登记固定资产已提取的累计折旧额；借方登记调出、报废清理固定资产的累计折旧额；该账户的余额在贷方，表示现有固定资产已提取的累计折旧额。“累计折旧”账户的基本结构如图 6-8 所示。

累计折旧

借方	贷方
调出、报废清理固定资产的累计折旧额	按规定提取的固定资产折旧额
	余额：现有固定资产的累计折旧额

图 6-8　“累计折旧”账户结构

（1）企业基本生产车间所使用的固定资产，其计提的折旧应计入制造费用。

（2）管理部门所使用的固定资产，其计提的折旧应计入管理费用。

（3）销售部门所使用的固定资产，其计提的折旧应计入销售费用。

【例 6-23】 甲公司 2020 年 1 月固定资产计提折旧情况如下。

第一生产车间厂房计提折旧 7.6 万元，机器设备计提折旧 9 万元。

管理部门房屋建筑物计提折旧 13 万元，运输工具计提折旧 4.8 万元。

销售部门房屋建筑物计提折旧 6.4 万元，运输工具计提折旧 5.26 万元。

此外，本月第一生产车间新购置一台设备，原价为 122 万元，预计使用寿命 10 年，预计净残值为 1 万元，按年限平均法计提折旧。

分析：本例中，新购置的设备本月不提折旧，应从 2020 年 2 月开始计提折旧。

甲公司 2020 年 1 月计提折旧的账务处理如下。

借：制造费用——第一生产车间　　　　166 000
　　管理费用　　　　178 000
　　销售费用　　　　116 600
　贷：累计折旧　　　　460 600

本章小结

本章主要讲述了生产过程中成本费用的核算与控制。首先，我们要掌握产品生产过程中的成本核算，在成本核算中，账户的设置、核算的基本内容都是我们需要掌握的。然后我们学习了产品成本和期间费用，我们需要掌握产品成本的含义及构成、产品成本与期间费用的联系与区别、期间费用的构成项目及核算。关于产品成本的计算主要通过成本费用的归集与分配来进行，我们主要学习了材料费用的归集与分配、人工费用的归集与分配以及制造费用的归集与分配。在这个基础上我们能够计算出产品的生产成本并编制成本汇总表。还学习了固定资产的折旧方法，需要掌握固定资产折旧的含义、折旧方法的分类以及计算，掌握不同折旧方法对企业利润的影响以及折旧的会计处理。

第七章

成本控制

【学习目标】

通过本章学习，能够运用日常成本核算数据，对企业各个部门、各个环节的成本费用进行成本控制。成本控制的方法主要是标准成本法。除了解成本控制的含义和程序、标准成本及其分类，还要求掌握标准成本系统、标准成本制定过程、标准成本差异的计算公式及其计算、标准成本差异的账务处理等。

【重点难点】

重点：实施标准成本制度的步骤和条件；标准成本差异的性质。

难点：标准成本差异的计算及账务处理。

【技能点】

标准成本的计算；标准成本差异的计算；标准成本制度下成本计算方法。

【学习内容】

从本章可以学到：成本控制的含义及程序；标准成本系统的构成及标准成本的分类；如何确定标准成本；标准成本差异的计算与核算等。

第一节 成本控制的含义及程序

一、成本控制的含义

成本控制就是利用会计所提供的各种信息资料，计算实际或预计脱离目标的差异，找出产生差异的原因，并采取措施，消除不利差异保证目标实现的过程。企业建立健全成本控制系统，对于充分发挥成本管理的职能作用，提高企业经营管理水平以及经济效益都具有非常重要的作用。

二、成本控制的基本程序和方法

成本控制的基本程序具体可分为成本事前控制、成本事中控制和成本事后控制三个环节。

（一）成本事前控制

成本事前控制是在产品投产前对影响成本的经济活动进行事前的规划、审核，确定目标成本，它是成本的前馈控制。成本事前控制具体包括：对成本进行预测，为确定目标成本提供依据；在预测的基础上，通过对多种方案的成本进行对比分析，确定目标成本；把目标成本分别按各成本项目或费用项目进行层层分解，落实到各部门、车间、班组和个人，实行归口分级管理，以便于管理控制。具体来说，成本事前控制应该从以下几个方面进行。

1. 制定行之有效的成本控制标准

在产品生产之前，对影响成本的各有关因素进行分析研究，制定出一套适应企业具体情况的成本控制制度，将各项指标层层细化，分解落实到各责任单位。同时，相应地制定可控费用的管理办法，做到硬指标、硬任务和奖惩激励措施并举，增强广大员工克服困难的信心，鼓励员工积极参与成本管理。该制度应尽可能制定得数量化、具体化，使之能够发挥考核作用。如果不能衡量差异，就不能界定成本控制的好坏，达不到操作的目的。

2. 建立成本控制的归口、分级责任制度

在成本控制的归口负责制下，各职能部门在成本管理和控制方面分别承担一定的责任。其中，生产部门负责生产任务的安排、下达，保证按质按量地完成生产加工任务；供应部门应负责制定物资储备定额，节约物资的采购、保管费用；人力资源管理部门负责劳动的合理组织，制定劳动定额，提高工时利用率和劳动生产率，控制工资支出；动力部门负责水、电等动力定额的制定和管理，在保证生产需要的前提下，努力控制动力消耗；其他各部门负责与本身责任有关的成本管理与控制工作，提高工作效率，减少费用支出。

（二）成本事中控制

成本事中控制是在成本形成过程中，随时将实际发生的成本与目标成本对比，及时发现差异并采取相应措施予以纠正，以保证成本目标的实现，它是成本的过程控制。成本事中控制应在成本目标的归口分级管理的基础上进行，严格按照成本目标对一切

生产耗费进行随时随地的检查审核，把可能产生损失浪费的苗头消灭在萌芽状态，并且把各种成本偏差的信息，及时地反馈给有关的责任单位，以利于及时采取纠正措施。具体来说，成本事中控制应该从以下几个方面进行。

1. 对材料的控制

对材料的控制应从两个方面入手，一是材料消耗量的控制，二是材料价格的控制。从可控的角度分析，企业应以控制材料消耗量为主。

首先，制定标准消耗量。企业应根据材料消耗的历史数据及其变化规律，结合目前的情况，以及国内外同行业企业的材料消耗状况，来制定本企业的材料标准消耗量。

其次，找出标准消耗量与实际消耗量之间的差异。企业在生产过程中，将实际消耗的材料与先前已有的标准消耗量进行比较，就可以得出差异。

最后，分析差异原因，采取成本控制措施。

2. 对工资的控制

对工资的控制，主要从有效利用工时、提高劳动生产率和监督工资基金的合理使用等方面入手。

在日常生产中，应根据工时或产量标准分配生产任务，及时正确地反映实际产量的标准工时和实际工时，以及工时差异与差异形成的原因，按照责任归属，把这些差异反馈到责任者或责任部门，以便结合具体情况，制定出新措施，防止不利差异的进一步扩大，巩固和发展有利差异。

3. 对制造费用的控制

对制造费用的控制，应从有效利用生产能力、提高工作效率和降低消耗水平等方面入手。

制造费用的日常控制，必须按月编制费用指标，控制费用开支。每月月初，企业财会部门应会同其他各有关费用的归口部门，根据季度费用预算并结合各月具体情况，对各单位确定和下达各项费用的控制指标。各部门要在确定的指标范围内控制费用开支，其中固定费用应按项目控制其开支的绝对数额，属于变动费用的，还应结合工时、工人人数、设备数量和产量的多少控制费用开支。财会部门和归口部门要根据下达指标对费用开支进行监督和检查，促使其费用指标的完成。

实行费用指标归口分级管理，明确责任单位。实行这一控制方法时，应按费用的性质确定归口单位，对于变动费用部分应分解成若干小指标，下达给班组和个人，由他们自己控制使用。财会部门是综合管理一般费用的主管部门，应按期审核各项费用预算，做好综合平衡工作。

（三）成本事后控制

成本事后控制是在产品成本形成之后，对实际成本的核算、分析和考核，它是成本的后馈控制。成本事后控制通过实际成本和一定标准的比较，确定成本的节约或浪费，并进行深入的分析，查明成本节约或超支的主客观原因，确定其责任归属，对成本责任单位进行相应的考核和奖惩。通过成本分析，为日后的成本控制提出积极改进意见和措施，进一步修订成本控制标准，改进各项成本控制制度，以达到降低成本的目的。成本的事中控制主要是针对具体各个成本费用项目进行实地实时的分散控制。而成本的综合性分析控制，一般只能在事后才可能进行。成本事后控制的意义并非是消极的，大量的成本控制工作有赖于成本事后控制来实现。从某种意义上讲，控制的事前与事后是相对而言的，本期的事后控制，也就是下期的事前控制。具体来说，成本事后控制应该从以下几个方面进行。

1. 形成一个正式的成本控制报告制度

企业应至下而上逐级编制成本控制报告，向企业有关部门报送。

成本控制报告的内容应与责任单位承担的成本责任一致，但应根据例外管理原则突出重要的成本信息，而且还要同岗位责任制相联系，区分可控费用与不可控费用。报告的形式应尽量采用表格的形式，主要栏目有责任部门的标准消耗量、实际消耗量、差异等项目。企业管理人员根据报告内容，对自己负责管理事项，及时掌握其执行情况，了解产生问题的原因，决定深入调查的方向，以及采取何种措施等。财会部门应建立并完善有关成本台账制度，将每月的产量、材料和工资等费用及时收集、汇总编制成成本快报，把成本管理贯穿于生产经营的全过程，提高成本监控的能力，为企业领导进行决策提供详实可靠的成本信息。

2. 开展成本差异调查，采取措施纠正偏差

成本控制将会使企业管理层注意到成本控制过程中产生的偏差，但它只是反映了成本控制过程中存在的问题，并没有说明应采取何种措施。企业管理层应就成本控制中存在的问题，有针对性地采取相应措施，查明责任，分别情况，提出改进措施，加以贯彻执行。对于重大项目差异的纠正，应发动有关部门和人员进行广泛的研究和讨论，提出多种可能解决问题的方案，然后进行比较分析，从中找出最优方案加以执行。方案实施完成后，还要检查方案实施后所产生的经济效益，衡量是否达到了预期目标。

3. 建立奖惩制度

具体来说，把目标成本纳入考核范围，按照“权、责、利”相结合的原则进行考核。同时，奖惩机制必须健全，促使全员积极参与，根据不同的情况设定不同的激励机制。例如，对于普通员工的激励可采取奖罚浮动工资的办法实施激励，对于中层领导则以业绩考核为主，辅以精神鼓励和一定的物质奖励，即基层的物质奖罚居多，而中高层以精神鼓励为主。

第二节 标准成本及其制定

一、标准成本及其分类

标准成本是为与成本相关的诸如技术指标、作业指标、计划值等各项指标而设计的，将成本的前馈控制、反馈控制及核算功能有机结合而形成的一种成本控制系统。其主要内容包括成本标准的制定、成本差异揭示及分析、成本差异的账务处理三部分。

作为一种成本计算方法，在标准成本下，不仅间接费用是预计的，而且直接材料和直接人工等也是按预计的数字来计算的。这种成本计算方法称为标准成本制度。

（一）标准成本的性质

标准成本是指在正常和高效率的运转情况下制造产品的成本，而不是指实际发生的成本。在典型的实际成本制度中，间接费用是按事先规定的比率分摊到产品中去的，

标准成本制度也按同样的办法处理。这两种方法的主要区别是对直接材料和直接人工的计算方法不同。实际成本制度采用每种产品实际发生的直接成本数额；而标准成本制度则采用从直接材料和直接人工中产生的标准单位成本，有的会计制度规定存货用标准成本记账，有的会计制度规定存货既用标准成本也用实际成本记账。

（二）标准成本和实际成本的比较

就直接材料来说，直接材料的标准成本，就是制造单位产品时所需要的标准材料用量和这些材料在正常情况下的价格（标准价格）的乘积。同样的原则也适用于确定标准直接人工成本。单位产品标准直接人工成本，是标准小时工资率和标准工时的乘积。而一批产品的标准直接人工成本，则是单位产品的标准直接人工成本和产品数量的乘积。在标准成本制度中，也采用事先规定的间接费用率，但一批产品的间接费用则是事先规定的间接费用率和标准数量的乘积。除了这个差别以外，不论是实际成本制度，还是标准成本制度，对间接费用的处理都是一样的。标准成本在分批法和分步法中都能应用。标准成本和实际成本之间的差异称为差额。实际成本超过标准成本称为逆差或亏损差额，反之，则称为顺差，或盈余差额。

（三）标准成本的用途

标准成本具有下列用途

（1）作为成本控制的依据。

成本控制的标准有两类：一类是以历史上曾经达到的水平为依据；另一类是以应该发生的成本为依据，如各种标准成本。

（2）代替实际成本作为存货计价的依据。

由于标准成本中已去除了各种不合理因素，以它为依据进行材料、在产品和产成品的计价，可使存货计价建立在更加健全的基础上。而以实际成本计价，往往同样实物形态的存货有不同的计价标准，不能反映其真实的价值。

（3）作为经营决策的成本信息。

由于标准成本代表了成本要素的合理近似值，因而可以作为定价依据，并可作为本量利分析的原始数据资料，以及估算产品未来成本的依据。

（4）作为登记账簿的计价标准。

使用标准成本来记录材料、在产品和销售账户，可以简化日常的账务处理和报表的编制工作。在标准成本系统中，上述账户按标准成本入账，使账务处理及时简单，减少了许多费用的分配计算。

（四）标准成本的分类

标准成本的分类标准主要有生产技术和经营管理水平及适用期两种。

1. 按照生产技术和经营管理水平分类

按照生产技术和经营管理水平，标准成本可分为理想标准成本和正常标准成本。

（1）理想标准成本，即在最优的生产条件下，利用现有的规模和设备能够达到的最低成本。

它是理论上的业绩标准、生产要素的理想价格和可能实现的最高生产能力的利用水平。理想的业绩标准是指生产过程中毫无技术浪费时的生产要素消耗量，最熟练的工人全力以赴工作、不存在废品损失和停工时间等条件下可能实现的最优业绩。最高生产能力的利用水平是指理论上可能达到的设备利用程度，只扣除不可避免的机器修理、改换品种、调整设备的时间，而不考虑产品销路不畅、生产技术故障造成的损失。这种标准是"工厂的极乐世界"，很难成为现实，即使出现也不可能持久。它的主要用途是提供一个完美无缺的目标，揭示成本下降的潜力，不能作为考核的依据。

评价：因其提出的要求太高，不能作为考核的依据。

（2）正常标准成本，即在良好的条件下，根据下期应该发生的生产要素消耗量、预计价格和预计生产经营能力利用程度制定出来的标准成本。

正常标准成本的特点：①它是用科学方法根据客观实验和过去实践经充分研究后制定出来的，具有客观性和科学性；②它排除了各种偶然性和意外情况，又保留了目前条件下难以避免的损失，代表正常情况下的消耗水平，具有现实性；③它是应该发生的成本，可以作为评价业绩的尺度，成为督促职工去努力争取的目标，具有激励性；④它可以在工艺技术水平和管理有效性水平变化不大时持续使用，不需要经常修订，具有稳定性。

评价：可以调动职工的积极性，在标准成本系统中广泛使用。

2. 按照适用期分类

按照适用期，标准成本可分为现行标准成本和基本标准成本。

（1）现行标准成本，即根据其适用期间应该发生的价格、效率和生产经营能力利用程度等预计的标准成本。它可以成为评价实际成本的依据，也可以用来对存货和销货成本计价。它可以用于直接评价工作效率和成本控制的有效性。

（2）基本标准成本，即一经制定，只要生产的基本条件无重大变化，就不予变动的标准成本。

这种标准成本确定后，除非产品的生产或制造方法发生重大变化，已确定的直接材料、直接人工和制造费用的数量标准和价格标准一般长期不变。费用的数量标准和价格标准也保持长期不变。

基本标准成本的优势：基本标准成本相对固定，可以使各期的成本在同一基础上进行比较，充当稳定成本变动趋势的尺度。通过考察各期发生的实际成本与基本标准成本的指数变动，可以了解各期实际成本发生的变化。

基本标准成本的劣势：基本标准成本有一个最大的缺点，就是不能反映企业工作效率和经营状况的不断变化，显得呆板过时，以致很难发挥成本控制的作用。因此，在实际工作中，基本标准成本也很少被采用。

基本标准成本由于不按各期实际修订，不宜用来直接评价工作效率和成本控制的有效性。

二、标准成本的制定

指定产品的标准成本，是进行标准成本计算和进行成本控制、分析的基础。在一般情况下，标准成本可以按零件、部件和生产阶段按成本项目制定，即分别按直接材料、直接人工和制造费用制定。对于其中的制造费用，还可分为变动费用和固定费用两类。

制定标准成本，通常先确定直接材料和直接人工的标准成本，其次确定制造费用的标准成本，最后确定单位产品的标准成本。

在制定时，无论是哪一个成本项目，都需要分别确定其用量标准和价格标准，两者相乘后得出成本标准。

用量标准包括单位产品材料消耗量、单位产品直接人工工时等，主要由生产技术部门主持制定，吸收执行标准的部门和职工参加。

价格标准包括原材料单价、小时工资率、小时制造费用分配率等，由会计部门和有关其他部门共同研究确定。采购部门是材料价格的责任部门，劳资部门和生产部门对小时工资率负有责任，各生产车间对小时制造费用率承担责任，在制定有关价格标准时要与他们协商。

无论是价格标准还是用量标准，都可以是理想状态的或正常状态的，据此得出理想的标准成本或正常的标准成本。下面介绍正常标准成本的制定。

（一）直接材料标准成本

直接材料的标准消耗量，是用统计方法、工业工程法或其他技术分析方法确定的。它是现有技术条件生产单位产品所需的材料数量，其中包括必不可少的消耗，以及各种难以避免的损失。

直接材料的价格标准，是预计下一年度实际需要支付的进料单位成本，包括发票价格、运费、检验和正常损耗等成本，是取得材料的完全成本。

计算公式如下：

直接材料标准成本=产品或零部件某种材料标准消耗量×该种材料标准单价

下面是一个直接材料标准成本的实例（见表 7-1）。

表 7-1　　直接材料标准成本

产品：A

标　准	材　料　甲	材　料　乙
价格标准：		
发票单价	1.00 元	4.00 元
装卸检验费	0.07 元	0.28 元
每千克标准价格	1.07 元	4.28 元
用量标准：		
图纸用量	3.0 千克	2.0 千克
允许损耗量	0.3 千克	—
单位产品标准用量	3.3 千克	2.0 千克
成本标准：		
材料甲（3.3×1.07）	3.53 元	
材料乙（2.0×4.28）		8.56 元
单位产品标准成本	12.09 元	

（二）直接人工标准成本

直接人工的用量标准是单位产品的标准工时。确定单位产品所需的直接生产工人工时，需要按产品的加工工序分别进行，然后加以汇总。标准工时是指在现有生产技术条件下，生产单位产品所需要的时间，包括直接加工操作必不可少的时间，以及必要的间歇和停工，如工间休息、调整设备时间、不可避免的废品耗用工时等。标准工时应以作业研究和工时研究为基础，参考有关统计资料来确定。

直接人工的价格标准是指标准工资率。它可能是预定的工资率，也可能是正常的工资率。如果采用计件工资制，标准工资率是预定的每件产品支付的工资除以标准工时，或者是预定的小时工资；如果采用月工资制，需要根据月工资总额和可用工时总量来计算标准工资率。

计算公式如下：

直接人工标准成本=产品或零部件单位产品标准工时×小时标准工资率

下面是一个直接人工标准成本的实例（见表 7-2）。

表 7-2 直接人工标准成本

小时工资率	第一工序	第二工序
基本生产工人人数（人）	20	50
每人每月工时（25.5 天×8 小时/天）	204	204
出勤率	98%	98%
每人平均可用工时（小时）	200	200
每月总工时（小时）	4 000	10 000
每月工资总额（元）	3 600	12 600
每小时工资（元）	0.90	1.26
单位产品工时：		
理想作业时间（小时）	1.5	0.8
调整设备时间（小时）	0.3	—
工间休息（小时）	0.1	0.1
其　他（小时）	0.1	0.1
单位产品工时合计（小时）	2	1
直接人工标准成本（元）	1.80	1.26
合计（元）	3.06	

（三）制造费用标准成本

制造费用的标准成本是按部门分别编制，然后将同一产品涉及的各部门单位制造费用标准加以汇总，得出整个产品制造费用标准成本。

各部门的制造费用标准成本分为变动制造费用标准成本和固定制造费用标准成本两部分。

（1）变动制造费用标准成本。变动制造费用的数量标准通常采用单位产品直接人工工时标准，它在直接人工标准成本制定时已经确定。有的企业采用机器工时或其他用量标准。作为数量标准的计量单位，应尽可能与变动制造费用保持较好的线性关系。

变动制造费用的价格标准是每一工时变动制造费用的标准分配率，它根据变动制造费用预算和直接人工总工时计算求得。

变动制造费用标准成本的计算公式如下：

变动制造费用标准成本=产品或零部件单位产品直接人工用量标准

×变动制造费用标准分配率

式中，变动制造费用标准分配率=变动制造费用预算总数÷直接人工标准总工时

下面是一个单位产品标准变动制造费用的实例（见表 7-3）。

表 7-3

部　　门	第一车间	第二车间
变动制造费用预算：		
运　　输	800	2 100
电　　力	400	2 400
消耗材料	1 400	1 800
间接人工	2 000	3 900
燃　　料	400	1 400
其　　他	200	400
合　计（元）	5 200	12 000
生产量标准（人工工时）	4 000	10 000
变动制造费用标准分配率（元/小时）	1.30	1.20
直接人工用量标准（人工工时）	2	1
变动制造费用标准成本（元）	2.60	1.20
单位产品标准变动制造费用（元）	3.80	

各车间变动制造费用标准成本确定之后，可汇总出单位产品的变动制造费用标准成本。

（2）固定制造费用标准成本。如果企业采用变动成本计算，固定制造费用不计入产品成本，因此单位产品的标准成本中不包括固定制造费用的标准成本。在这种情况下，不需要制定固定制造费用的标准成本，固定制造费用的控制则通过预算管理来进行。如果采用完全成本计算，固定制造费用要计入产品成本，还需要确定其标准成本。

固定制造费用的用量标准与变动制造费用的用量标准相同，包括直接人工工时、机器工时、其他用量标准等，并且两者要保持一致，以便进行差异分析。这个标准的数量在制定直接人工用量标准时已经确定。

固定制造费用的价格标准是其每小时的标准分配率，它根据固定制造费用预算和直接人工标准总工时来计算求得。

固定制造费用标准成本的计算公式如下：

固定制造费用标准成本=产品或零部件单位产品直接人工用量标准

×固定制造费用标准分配率

式中，固定制造费用标准分配率=固定制造费用预算总额÷直接人工标准总工时

下面是一个单位产品标准固定制造费用的实例（见表 7-4）。

各车间固定制造费用的标准成本确定之后，可汇总出单位产品的固定制造费用标准成本。

将以上确定的直接材料、直接人工和制造费用的标准成本按产品加以汇总，就可确定有关产品完整的标准成本。通常，企业编制“标准成本卡”（见表 7-5），反映产成品标准成本的具体构成。在每种产品生产之前，它的标准成本卡要送达有关人员，包括

各级生产部门负责人、会计部门、仓库等，作为领料、派工和支出其他费用的依据。

表 7-4 **固定制造费用标准成本**

部　　门	第一车间	第二车间
固定制造费用：		
折旧费	200	2 350
管理人员工资	700	1 800
间接人工	500	1 200
保险费	300	400
其他	300	250
合计（元）	2000	6 000
生产量标准（人工工时）	4 000	10 000
固定制造费用分配率（元/小时）	0.5	0.6
直接人工用量标准（人工工时）	2	1
部门固定制造费标准成本（元）	1	0.6
单位产品固定制造费用标准成本（元）	1.60	

表 7-5 **单位产品标准成本卡**

产品：A

成本项目	用量标准	价格标准	标准成本
直接材料：			
甲材料	3.3 千克	1.07 元/千克	3.53 元
乙材料	2 千克	4.28 元/千克	8.56 元
合　计			12.09 元
直接人工：			
第一车间	2 小时	0.9 元/时	1.80 元
第二车间	1 小时	1.26 元/时	1.26 元
合　计			3.06 元
制造费用：			
变动费用（第一车间）	2 小时	1.30 元/时	2.60 元
变动费用（第二车间）	1 小时	1.20 元/时	1.20 元
合　计			3.80 元
固定费用（第一车间）	2 小时	0.5 元/时	1.00 元
固定费用（第二车间）	1 小时	0.6 元/时	0.60 元
合　计			1.60 元
单位产品标准成本总计		20.55 元	

第三节　标准成本差异的计算与核算

一、标准成本差异的计算

（一）标准成本差异的性质

标准成本差异是指产品的实际成本与产品的标准成本之间的差额，其计算公式如下：

标准成本差异=产品的实际成本-产品的标准成本

如果上式计算的结果为“+”号，表示实际成本大于标准成本的差异，称为不利差异；如果计算的结果为“-”号，表示实际成本小于标准成本的差异，称为有利差异。对于不利差异，应及时找出原因，提出进一步改进的措施，以便尽早消除；对于有利差异，也应及时总结经验，巩固成绩。

标准成本差异分为数量差异和价格差异两种。现分别说明各种差异的计算。

标准成本差异是指实际成本与标准成本之间的差额，在计算时，分为直接材料成本差异、直接工资成本差异、制造费用成本差异等三个方面。成本差异的计算与分析，是采用标准成本法的关键问题。只有计算出差异，才能有效地对生产成本进行控制。当计算出有利差异时，应总结经验，巩固成绩；当计算出不利差异时，则应分析原因，提出改进的措施，逐渐消除差异。当然，对计算出来的有利差异和不利差异，还应针对具体情况进行分析，找出主要问题，提出改进的措施。

在计算成本差异时，差异可按如下通用模式进行计算：

标准成本差异=实际成本-标准成本

上式中，

实际成本=实际数量×实际价格

实际数量=标准数量+数量差异

实际价格=标准价格+价格差异

实际成本=（标准数量+数量差异）×（标准价格+价格差异）

标准成本=标准数量×标准价格

成本差异=[（标准数量+数量差异）×（标准价格+价格差异）]-标准数量×标准价格

经过整理后，结果如下：

成本差异=标准价格×数量差异+标准数量×价格差异+数量差异×价格差异

在上式中，标准数量乘以数量差异是由于实际数量与标准数量不一致产生的，是纯数量差异；标准数量乘以价格差异是由于实际价格与标准价格不一致产生的，是纯价格差异；数量差异乘以价格差异是实际数量与标准数量差异、实际价格与标准价格差异结合而产生的差异，一般也称其为混合差异。在实际工作中，一般将混合差异包括在价格差异中。

（二）标准成本差异的计算

1. 直接材料标准成本差异的计算

直接材料标准成本差异是指直接材料的实际成本与直接材料的标准成本之间的差异额，其计算公式为

直接材料成本差异=直接材料实际成本-直接材料标准成本

式中，直接材料的标准成本=单位产品直接材料标准成本×产品的实际产量

直接材料标准成本差异受直接材料价格差异和直接材料数量差异两个因素影响。这两个因素对差异的影响程度分别为

直接材料价格差异=Σ（某种材料实际成本-该种材料实际消耗量×材料标准单价）

=Σ（材料实际单价-材料标准单价）×材料实际消耗量

直接材料数量差异=Σ（某种材料的实际耗用量×材料标准单价-该种材料标准成本）

=Σ（材料实际耗用量-材料标准耗用量）×材料标准单价

2. 直接工资标准成本差异的计算

直接工资标准成本差异是指直接工资的实际成本与直接工资标准成本之间的差异额，其计算公式为

直接工资标准成本差异=实际直接工资-标准直接工资

式中，标准直接工资=单位产品标准直接工资×实际产量

直接工资标准成本差异是由工资率差异和效率差异两个部分组成的，其计算公式如下：

直接工资工资率差异=（实际工资率-标准工资率）×实际工时

上式中的实际工资率，是用实际直接支付的工资除以实际工时计算求得的。

直接工资效率差异=（实际工时-标准工时）×标准工资率

上式中的标准工时，是指实际产量的标准工时，即用实际产量乘以单位标准工时计算求得。

3. 制造费用标准成本差异的计算

制造费用可分为变动制造费用和固定制造费用两部分。由此，制造费用标准成本差异可分为变动制造费用差异和固定制造费用差异两部分。

（1）变动制造费用标准成本差异的计算。

变动制造费用标准成本差异=变动制造费用实际成本-变动制造费用标准成本

式中，变动制造费用标准成本=单位产品变动制造费用的标准成本×实际产量

变动制造费用标准成本差异是由变动制造费用分配率差异和效率差异两部分组成的，其计算公式如下：

变动制造费用分配率差异=（实际变动制造费用分配率-变动制造费用标准分配率）×实际工时

上式中实际变动制造费用分配率是用实际发生的变动制造费用总额除以实际总工时计算求得的。

变动制造费用效率差异=（实际工时-标准工时）×变动制造费用标准分配率

（2）固定制造费用标准成本差异的计算。

固定制造费用标准成本差异=固定制造费用实际成本-固定制造费用标准成本

式中，固定制造费用标准成本=单位产品固定制造费用的标准成本×实际产量

固定制造费用标准成本差异一般分为耗费差异、生产能力利用差异和效率差异三个部分，其具体计算公式如下：

耗费差异=实际固定制造费用-预算固定制造费用

生产能力利用差异=（预算产量下的标准工时-实际产量下的实际工时）×固定制造费用标准分配率

效率差异=（实际产量下的实际工时-实际产量下的标准工时）×固定制造费用标准分配率

二、标准成本制度下的成本计算及成本差异的账务处理

（一）标准成本制度下成本计算的程序

标准成本计算与实际成本计算的程序不同，它是在标准成本的基础上进行的。同

时，在进行计算时，还要进行各种差异的计算。其计算程序如下。

（1）制定单位产品的标准成本；

（2）计算实际产量的标准产品成本（按成本项目计算）；

（3）计算标准成本差异，将计算出来的差异计入各种专设的差异账户中；

（4）根据完工产品的实际产量和单位标准产品成本，计算完工产品成本，并予以结转；

（5）计算并结转标准成本差异账户，结转销售产品成本。

（二）标准成本制度下成本差异的账务处理

标准成本差异的处理，应根据具体差异采用不同的方法进行。一般主要有如下两种方式。

1. 将差异全部计入当期损益

采用这种方法处理时，在期末，应将归集在各种差异账户中的标准成本差异，全部计入当期的损益账户中，结平这些差异账户。如果为有利差异，则应增加当期的收益；如果是不利差异，则应冲减当期的收益。

2. 按比例分摊

将标准成本差异按当月销售产品成本和月末结存产品成本的比例进行分摊。在分摊时，是根据各种销售产品和月末结存产品的标准成本的比例进行的。

在标准成本法下，要为各种成本差异分别设差异账户单独归集，如对材料标准成本差异，应设置“材料价格差异”和“材料用量差异”账户；对直接人工标准成本差异，应设置“工资效率差异”“工资分配率差异”账户；对变动制造费用，应设置“变动制造费用”“已分配变动制造费用”“变动制造费用效率差异”“变动制造费用耗费差异”账户；对固定制造费用差异，应设置“已分配固定制造费用”“固定制造费用能力利用差异”和“固定制造费用效率差异”等账户。年度终了时将这些差异予以处理，或者转为销售产品成本，或者直接计入损益。我国和西方国家大都采用将本期发生的各种差异全部计入当期损益。

在标准成本法下，产品的实际成本是按标准成本列示的。实际成本与标准成本之间的差异只对改进管理有作用。因此，一般只计算产品的标准成本，不计算产品的实际成本，产成品、在产品在资产负债表上以标准成本列示。这是标准成本法与定额法的根本性区别。

标准成本法下，成本必须分为变动成本和固定成本，以分清哪些责任由采购部门负责（如材料价格差异），哪些责任由车间负责（如材料数量差异），哪些责任由生产部门负责（如固定制造费用能力利用差异）等。资料详细、系统，强调全面管理，有利于各职能部门、生产车间分清责任、相互配合，有利于经济责任制的建立。

（三）标准成本制度成本计算的举例

【例 7-1】 某企业生产 A 产品，本月预计生产 220 件，实际生产 200 件，本月投产，本月全部完工，并于当月销售 150 件。每件售价 5 000 元。A 产品的标准成本资料如下。

单件产品耗用甲材料 8.5 千克，每千克标准单价 2.25 元；耗用乙材料 14 千克，每千克标准单价 4.82 元。单位产品标准工时为 190 小时，标准工资率为 19 元/小时，标准固定制造费用分配率为 0.65 元/小时，标准变动制造费用分配率为 1.40 元/小时。

本月发生的其他有关业务资料如下。

（1）本月实际耗用甲材料 1 800 千克，每千克 2.20 元，乙材料 2 900 千克，每千克 5.10 元。

（2）本月生产工人的工资总额为 800 000 元，生产工时为 40 000 小时。

（3）本月实际发生变动制造费用 54 000 元，固定制造费用 24 000 元。

要求：

（1）计算各项单位产品标准成本；

（2）计算耗用材料价格差异与数量差异，并编制会计分录；

（3）计算直接工资差异，并编制会计分录；

（4）计算变动制造费用与固定制造费用差异，并编制会计分录；

（5）计算完工产品标准成本，并编制会计分录。

根据以上资料计算如下。

（1）单位标准成本的计算。

单位产品标准直接材料成本=8.5×2.25+14×4.82=86.61（元）

单位产品标准直接工资成本=190×19=3 610（元）

单位产品标准固定制造费用=190×0.65=123.50（元）

单位产品标准变动制造费用=190×1.40=266（元）

单位产品的标准成本=86.61+3 610+123.50+266=4 086.11（元）

（2）材料价格差异、数量差异的计算，见表 7-6 及表 7-7。

表 7-6　　材料价格差异计算表　　金额单位：元

材料种类	实际耗用数量（千克）	标准		实际		价格差异
		单价	金额	单价	金额	
甲材料	1 800	2.25	4 050	2.20	3 960	−90
乙材料	2 900	4.82	13 978	5.10	14 790	+812
合计			18 028		18 750	+722

表 7-7　　材料数量差异计算表

材料种类	标准单价（元/千克）	标准			实际		数量差异（元）
		单耗量（千克）	总耗量（千克）	总成本（千克）	总耗量（元）	总成本（元）	
甲材料	2.25	8.5	1 700	3 825	1 800	4 050	+225
乙材料	4.82	14	2 800	13 496	2 900	13 978	+482
合计				17 321		18 028	+707

根据表中数据，应做如下的会计分录。

借：生产成本　17 321
　　材料价格差异　722
　　材料数量差异　707
　贷：原材料　18 750

（3）直接工资差异的计算，见表 7-8。

表 7-8　直接工资差异计算表

标　准				实　际			差　异	
每件工时（小时）	总工时数（小时）	小时工资率（元）	总成本（元）	总工时数（小时）	小时工资率（元）	总成本（元）	效率差异（元）	工资率差异（元）
190	38 000	19	722 000	40 000	20	800 000	38 000	40 000

根据上表资料，应做如下的会计分录。

借：生产成本　722 000
　　工资效率差异　38 000
　　工资分配率差异　40 000
　贷：应付职工薪酬　800 000

（4）变动制造费用差异的计算，见表 7-9。

表 7-9　变动制造费用差异计算表

标准分配率（元/小时）	标　准		实　际		差　异	
	总时数（小时）	总成本（元）	总时数（小时）	总成本（元）	效率差异（元）	耗费差异（元）
1.40	38 000	53 200	40 000	54 000	2 800	-2 000

根据实际发生的变动制造费用，应做如下的会计分录。

借：变动制造费用　54 000
　贷：银行存款等科目　54 000

将变动制造费用计入产品成本时，应做如下的会计分录。

借：生产成本　53 200
　贷：已分配变动制造费用　53 200

根据变动制造费用差异，应做如下的会计分录。

借：已分配变动制造费用　53 200
　　变动制造费用效率差异　2 800
　贷：变动制造费用　54 000
　　　变动制造费用耗费差异　2 000

（5）固定制造费用差异的计算，见表 7-10。

根据实际发生的固定制造费用，应做如下的会计分录。

借：固定制造费用　24 000
　贷：银行存款等科目　24 000

表 7-10 固定制造费用差异计算表

预算			标准		实际		差异		
总时数（小时）	分配率（元/小时）	总成本（元）	总时数（小时）	总成本（元）	总时数（小时）	总成本（元）	效率差异（元）	能力利用差异（元）	耗费差异（元）
41 800	0.65	27 170	38 000	24 700	40 000	24 000	1 300	1 170	-3 170

将固定制造费用计入产品成本时，应做如下的会计分录。

借：生产成本 24 700

贷：已分配固定制造费用 24 700

根据固定制造费用差异，应做如下的会计分录。

借：已分配固定制造费用 24 700

固定制造费用效率差异 1 300

固定制造费用能力利用差异 1 170

贷：固定制造费用 24 000

固定制造费用耗费差异 3 170

（6）编制完工产品标准成本计算表，见表 7-11。

表 7-11 完工产品标准成本计算表

产品名称	单位产品标准成本（元）	完工产品标准成本		销售产品标准成本	
		入库数量（件）	总成本（元）	销售数量（件）	总成本（元）
A 产品	4 086.11	200	81 222	150	612 916.50

产品完工入库时，应做如下的会计分录。

借：库存商品 817 222

贷：生产成本 817 222

产品销售时，应做如下的会计分录。

借：银行存款 750 000

贷：主营业务收入 750 000

借：主营业务成本 612 916.50

贷：库存商品 612 916.50

（7）成本差异结转时，应做如下的会计分录。

借：主营业务成本 79 529

变动制造费用耗费差异 2 000

固定制造费用耗费差异 3 170

贷：材料价格差异 722

材料数量差异 707

工资效率差异 38 000

工资分配率差异 40 000

变动制造费用效率差异 2 800

固定制造费用效率差异 1 300

固定制造费用能力利用差异　　1 170

值得注意的是，成本控制的方法有很多，比如定额成本方法、作业成本方法等，标准成本法只是其中的一种方法而已。但是，在诸多成本控制方法中，标准成本法是较为重要的一种成本控制方法。

本章小结

成本控制是企业在成本核算的基础上，有效控制与管理成本的重要方法。通过成本控制，可以使企业节约成本费用开支，提高经营效率，增强企业的经济效益。本章从成本控制的基本概念及程序入手，讲解了企业各个部门等责任单位，通过一些适合自己的具体方式，来控制属于自身责任范围的成本，使之达到成本目标。成本控制的方法有很多，诸如定额成本法、标准成本法、作业成本法等，本章着重对标准成本法进行了讲解。

标准成本的制定，应结合企业各个部门的实际情况来进行，教材中的实例也只是从一个侧面来说明这一问题。而标准成本差异的各个计算公式及其具体操作，应该具有通用性。通过对标准成本差异的计算与处理，在与实际成本的比较中，达到进行成本控制的目的。

综合练习三

一、单项选择题

1. 企业每月按工资总额的一定比例计提的职工福利，贷记（　　）账户。

A. 应付职工薪酬　　B. 应付股利

C. 应付账款　　D. 应交税费

2. 企业申请短期借款的手续费，应记入（　　）账户。

A. 管理费用　　B. 销售费用　　C. 财务费用　　D. 短期借款

3. 下列费用中，不构成产品成本的有（　　）。

A. 直接材料费用　　B. 直接人工

C. 期间费用　　D. 制造费用

4. 账户按经济内容分类，“制造费用”账户属于（　　）。

A. 成本类账户　　B. 损益类账户

C. 资产类账户　　D. 负债类账户

5. 一台机器设备原值为 80 000 元，估计净残值为 8 000 元，预计可使用 12 年，按直线法计提折旧，则第二年应计提折旧为（　　）元。

A. 6 600　　B. 6 000　　C. 7 000　　D. 8 000

6. 某固定资产使用年限为 5 年，在采用年数总和法计提折旧的情况下，第一年的年折旧率为（　　）。

A. 20%　　B. 33%　　C. 40%　　D. 50%

7. 某固定资产原值为 250 000 元，预计净残值为 6 000 元，预计可以使用 8 年，按照双倍余额递减法计算，第二年应提取折旧（　　）元。

A. 46 875　　B. 45 750　　C. 61 000　　D. 30 500

8. 成本控制标准的制定所针对的费用指标是（ ）。

A. 成本费用 B. 生产费用 C. 可控费用 D. 不可控费用

9. 在成本控制中，能够称得上过程控制的是（ ）。

A. 事前控制 B. 反馈控制 C. 人为控制 D. 事中控制

10. 企业对材料的控制主要以（ ）控制为主。

A. 材料价格 B. 材料消耗量

C. 材料采购费用 D. 材料利用情况

11. 因为它的要求太高，不能作为考核依据的标准成本是（ ）。

A. 理想标准成本 B. 正常标准成本

C. 现行标准成本 D. 基本标准成本

12. 可以调动职工积极性，在标准成本系统中广泛应用的标准成本是（ ）。

A. 理想标准成本 B. 正常标准成本

C. 现行标准成本 D. 基本标准成本

13. 可以用于直接评价工作效率和成本控制有效性的标准成本是（ ）。

A. 理想标准成本 B. 正常标准成本

C. 现行标准成本 D. 基本标准成本

14. 实际成本大于标准成本的差异称为（ ）。

A. 绝对差异 B. 相对差异 C. 有利差异 D. 不利差异

15. 实际成本小于标准成本的差异称为（ ）。

A. 绝对差异 B. 相对差异 C. 有利差异 D. 不利差异

16. 直接材料价格差异=（ ）。

A.（材料实际单价-材料标准单价）×材料实际消耗量

B.（材料实际单价-材料标准单价）×材料标准消耗量

C.（材料实际消耗量-材料标准消耗量）×材料实际单价

D.（材料实际消耗量-材料标准消耗量）×材料标准单价

17. 直接材料数量差异=（ ）。

A.（材料实际单价-材料标准单价）×材料实际消耗量

B.（材料实际单价-材料标准单价）×材料标准消耗量

C.（材料实际消耗量-材料标准消耗量）×材料实际单价

D.（材料实际消耗量-材料标准消耗量）×材料标准单价

二、多项选择题

1. 与“应付职工薪酬”贷方相对应的账户可能有（ ）。

A. 生产成本 B. 制造费用 C. 管理费用 D. 在建工程

2. 以下属于期间费用的是（ ）。

A. 制造费用 B. 财务费用 C. 管理费用 D. 销售费用

3. 如果企业将购入固定资产的 3 000 元，错误地记入了“管理费用”账户，其结果会导致（ ）。

A. 费用多计 3 000 元 B. 净收益多计 3 000 元

C. 净收益少计 3 000 元 D. 资产少计 3 000 元

4．影响固定资产折旧的因素主要有（　　）。
A．固定资产原价　　B．预计净残值
C．固定资产折旧方法　　D．固定资产的使用寿命

5．固定资产加速折旧方法包括（　　）。
A．年数总和法　　B．平均年限法
C．双倍余额递减法　　D．工作量法

6．成本控制的基本程序包括（　　）。
A．归口分级管理　　B．制定标准成本
C．成本事前控制　　D．成本事中控制
E．成本事后控制

7．成本控制中的归口分级管理是指将成本目标落实到（　　）。
A．部门　　B．车间　　C．班组　　D．个人
E．领导层

8．对工资的控制主要从（　　）方面入手。
A．工时利用　　B．劳动生产率
C．生产能力利用　　D．工资基金监督
E．工作效率的提高

9．对制造费用的控制主要从（　　）方面入手。
A．工时利用　　B．劳动生产率
C．生产能力利用　　D．工资基金监督
E．工作效率的提高

10．一份完整的成本控制报告应包括（　　）。
A．标准消耗量　　B．实际消耗量
C．预算　　D．差异
E．历史水平

11．标准成本系统可分为（　　）。
A．用量差异系统　　B．标准成本控制系统
C．价格差异系统　　D．标准成本会计核算系统
E．效率差异系统

12．标准成本体系中的价格标准包括（　　）。
A．原材料价格　　B．小时工资率
C．单位产品工资　　D．单位产品材料
E．小时制造费用分配率

13．直接材料的价格标准包括（　　）。
A．发票价格　　B．运费
C．检验费　　D．允许损耗量
E．装卸费

14．标准成本差异一般分为（　　）。
A．数量差异　　B．价格差异

C. 品种差异　　D. 结构差异
E. 工时差异

15. 固定制造费用标准成本差异一般分为（ ）。
A. 耗费差异　　B. 生产能力利用差异
C. 效率差异　　D. 数量差异
E. 价格差异

三、判断题

1. 制造费用的分配方法，除以生产工时为标准外，还可以生产工人工资等为标准。（ ）

2. 为管理和组织本单位的生产经营活动所花费的支出、支付的广告费用等属于企业的管理费用。（ ）

3. 企业支付给职工的工资和职工福利应当计入生产成本的“直接人工”成本项目。（ ）

4. 多提应计提的银行借款利息，会使本期利润减少。（ ）

5. 间接费用是与生产经营活动没有直接关系，或关系不密切的费用。（ ）

6. 固定资产计提折旧的会计分录，应借记“制造费用”和“管理费用”，贷记“固定资产”。（ ）

7. “累计折旧”账户是费用类账户。（ ）

8. 期间费用是指不能直接归属于某个特定产品成本的费用，如制造费用、管理费用和财务费用。（ ）

9. 企业生产车间发生的固定资产修理费用应记入“固定资产”账户。（ ）

10. 企业固定资产折旧，一般应根据月末应计提折旧的固定资产账面原值和月折旧率，按月计算提取。当月增加的固定资产，当月计提折旧；当月减少的固定资产，当月不计提折旧。（ ）

11. 控制的事前与事后是相对而言的，本期的事后控制，也就是下期的事前控制。（ ）

12. 成本奖惩考核制度要求对于中层领导和基层，都应以物质奖惩为主。（ ）

13. 标准成本制度与实际成本制度的主要区别是对直接材料和直接人工的计算方法不同。（ ）

14. 对于标准成本与实际成本比较所产生的差异，都应采取相应措施加以改进。（ ）

15. 标准数量乘以数量差异所得到的差异称为纯数量差异。（ ）

16. 直接工资效率差异等于实际工时与标准工时的差额，乘以标准工资率。（ ）

17. 变动制造费用的效率一般是用劳动工时来表示的。（ ）

18. 在标准成本核算中，对以标准成本计算的总成本进行核算时，应记入“生产成本”账户。（ ）

19. 在成本控制方法中，标准成本控制是唯一的控制方法。（ ）

20. 成本控制的主要环节是过程控制。 （ ）

四、业务题

（一）甲企业 2014 年 5 月发生以下经济业务。

（1）本月材料耗用汇总如表 C-1 所示。

表 C-1 耗用材料费用分配表 单位：元

	A 材料	B 材料	合 计
甲产品耗用	60 000		60 000
乙产品耗用	25 000	50 000	75 000
车间一般耗用	8 000	300	8 300
公司管理部门耗用	2 000		2 000
合计	95 000	50 300	145 300

（2）开出转账支票支付广告费 20 000 元。

（3）开出现金支票 1 800 元购买办公用品，其中生产车间用 800 元，管理部门用 1 000 元。

（4）本月工资汇总计算如下。

本月生产总工时 25 000 小时，其中，甲产品 15 000 工时，乙产品 10 000 工时。按生产工时比例分配基本生产工人工资。

本月工资支出如表 C-2 所示。

表 C-2 工资费用结算表

部 门	金 额
产品生产工人工资	80 000 元
车间管理人员工资	9 000 元
销售人员工资	6 000 元
公司行政管理人员工资	28 000 元
合 计	123 000 元

（5）开出现金支票提取现金 123 000 元，以备发放工资。

（6）根据工资总额的 14%计提应付职工福利。

（7）为职工王丽报销差旅费 300 元，以现金支付。

（8）计提本月固定资产折旧 40 000 元，其中车间生产设备折旧 25 000 元，管理部门厂房等折旧 15 000 元。

（9）以银行存款支付水电费 15 000 元，其中生产车间耗用 10 000 元，管理部门耗用 5 000 元。

（10）生产车间修理机器领用 A 材料 8 140 元。

（11）将本月制造费用转入甲、乙两种产品成本，分配标准为生产工时。

（12）甲乙两种产品全部完工并验收入库，结转完工产品成本，并计算产品单位成本。甲产品产量为 400 件，乙产品产量为 500 件。

要求：根据上述资料编制会计分录，并编制产品生产成本汇总表。

（二）某企业有设备一台，账面价值850 000元，预计使用年限为5年，预计净残值率为3%，预计总工作量为8 500小时（第一年2 200小时，第二年1 900小时，第三年1 700，第四年1 500小时，第五年1 200小时）。要求：分别采用年限平均法、工作量法、双倍余额递减法和年数总和法计算固定资产预计使用年限内的折旧额。

阶段综合模拟实训

实训项目一　企业生产过程的成本构成、核算和数据汇总

1. 目的

初步掌握加工制造企业生产过程的成本构成、核算和数据汇总。

2. 资料

中华工厂2020年7月份的有关资料如下。

（1）本月仓库发出材料用于产品生产和管理一般耗用，各部门耗用情况如表C-3所示。

表C-3　**材料耗用汇总表**　单位：元

用途	甲材料	乙材料	丙材料	合计
制造产品耗用	56 700	59 400	6 500	122 600
A产品	31 500	33 000	6 500	71 000
B产品	25 200	26 400		51 600
生产车间一般耗用	1 200		440	1 640
企业管理部门一般耗用			360	360
合计	57 900	59 400	7 300	124 600

（2）结算本月应付职工工资104 000元，按其用途归集如表C-4所示。

表C-4　**工资费用结算表**　单位：元

部门	工资额
生产工人工资	80 000
其中：A产品工人工资	35 000
B产品工人工资	45 000
生产车间管理人员工资	8 000
企业管理人员工资	12 000
福利人员工资	1 200
基建工程人员工资	2 800
合计	104 000

（3）根据职工工资总额的14%计提职工福利费。

（4）银行转来本月水电费账单共计6 800元，其中生产车间负担4 000元，其余由企业管理部门负担。

（5）从银行提取现金104 000元，并于当日发放职工工资。

（6）开出转账支票预付下半年财产保险费6 000元。

（7）计提本月固定资产折旧共计4 800元，其中车间使用固定资产折旧2 700元，

管理部门固定资产折旧 2 100 元。

（8）按计划预提应由本月份车间负担的修理费 300 元。

（9）车间报销办公费及其他零星开支 320 元，原借款 500 元，余款以现金退回。

（10）摊销本月财产保险费、报纸杂志费共计 1 600 元，其中车间承担 550 元，其余由企业管理部门承担。

（11）预提本月短期借款利息 900 元。

（12）用现金 560 元支付企业业务招待费。

（13）将制造费用总额按生产工人工资的比例分配结转入“生产成本”账户。

（14）结转本月完工产品实际生产成本。本月 A 产品完工 100 件，B 产品完工 200 件（假设 A、B 产品期初均无余额）。

3. 要求

（1）根据上述资料编制会计分录；

（2）根据会计分录登记相关总分类账和“生产成本”明细分类账；

（3）编制“产品生产成本计算表”。

实训项目二　标准成本的计算、标准成本差异的计算及其账务处理

1. 目的

掌握标准成本的计算、标准成本差异的计算及其账务处理。

2. 资料

某企业生产甲产品，本月预计生产 200 件，实际生产 180 件，本月投产，全部完工，并于本月份销售 160 件，每件售价 250 元。甲产品的标准成本资料如下。单位产品耗用 A 材料 9 千克，每千克单价 3 元；耗用 B 材料 15 千克，每千克标准单价 5 元。单位产品耗用标准工时 100 小时，标准小时工资率为 0.20 元，标准小时变动制造费用率为 0.15 元，标准小时固定制造费用率为 0.30 元。

本月发生的其他有关业务资料如下。

（1）本月份实际耗用 A 材料 2 000 千克，每千克 2.80 元，B 材料 3 000 千克，每千克 5.30 元；

（2）本月份实际生产工人工资总额为 2 880 元，生产工时为 16 000 小时；

（3）本月份实际变动制造费用为 2 240 元，固定制造费用为 5 600 元。

3. 要求

根据上述资料，计算标准成本及其差异，并进行相应的账务处理。

Accounting Basis and Practice

模块 四

销售过程成本费用核算与利润分析

※案例导入

应收账款对利润的吞噬

某汽车制造企业2013年的年报迟迟没有公布。2014年4月13日，该企业先是发布了业绩预亏公告，公告该企业2013年度业绩将出现巨额亏损。随后，该公司又公布了经营业绩预亏的补充公告，公告中解释，造成巨额亏损是由于公司变更会计政策，计提坏账准备产生的。企业在公布了预亏公告及补充公告之后，直到4月底才公布了2013年年度报告。

在该企业迟缓公布年报的背后，自然是一份令人不满意的答卷。该企业2013年年度报告显示：主营业务收入为64 846.90万元，同比减少18%；净利润为-82 503.87万元，同比减少420%；调整后的每股净资产为1.252元，同比减少27%；股东权益为155 085.29万元，同比减少34%；每股收益为-0.7551元，净资产收益率为-53.2%。上述指标均有大幅度的下滑。

造成企业巨额亏损的主要原因是，在公司的资产构成中，充斥着大量的应收账款。截至报告期末，该公司的应收账款高达19.87亿元，其中5年期以上的应收账款达7.88亿元，占应收账款总额的39.6%。按账龄分析法该企业需要计提的坏账准备金高达9.47亿元，占应收账款总额的47.6%。正是巨额的坏账，导致企业的巨额亏损，这说明公司在资产运作上存在很多问题。

思考题

（1）该企业的应收账款方面可能出现了什么问题？

（2）企业应从哪几个方面加强应收账款的管理？

第八章

销售过程的成本费用核算

【学习目标】

通过本章学习，理解销售过程中商品销售收入的确认、货款的回收、已售商品成本的结转、销售费用的归集以及销售税金的计算等基本经济业务，了解销售过程中涉及的基本账户，掌握基本经济业务的核算；正确理解应收账款的成本和应收账款管理目标，了解信用政策对企业收益和成本的影响，掌握信用政策的决策。

【重点难点】

重点：销售过程基本经济业务核算；应收账款的信用政策决策。

难点：销售过程基本账户设置；销售过程基本经济业务核算；应收账款的信用政策决策。

【技能点】

通过本章的学习，会对销售过程的经济业务进行基本的会计处理，会对应收账款信用政策进行选择，能够对应收账款进行日常管理。

【学习内容】

从本章可以学到：主营业务收入与主营业务成本等基本账户的结构、应收账款成本与管理目标、信用政策、信用期间、现金折扣政策等基本知识点和销售过程基本经济业务的核算、信用政策的选择等基本技能。

销售过程是产品进入流通阶段，也是企业的生产耗费通过市场取得补偿，并实现利润的阶段。企业通过产品的销售收入获取货币资金，以保证企业再生产的顺利进行。在销售过程中，工业企业的产品资金转化货币资金，从而完成一次资金的周转，并应该有所增值。

在销售过程中，企业将商品销售出去，并按照销售价格收取价款，确认销售收入，计算已售商品生产成本，支付各种费用，如运输费、包装费、广告费等，使企业的成本和费用从销售收入中得到补偿。此外，企业还需要按照国家税法规定缴纳销售税金。最后，确定产品的销售利润。

在这个过程中，将会形成应收账款，企业要认真制定信用政策，加强应收账款的管理，才能使企业获取更多的收益。

第一节　销售过程核算

一、销售过程的主要业务活动

销售过程中，企业主要有以下业务活动。

（一）接受客户订单并开具销售单

只有经过授权批准的客户订单才能被接受。销售部门根据批准的客户订单开具一式多联的销售单，销售单需列示客户所订商品的名称、规格、数量以及其他与客户订单有关的资料。

（二）审批商业信用

对于需要赊销的销售单，需由信用部门进行审核批准，否则不能赊销。

（三）按销售单供货

当仓库保管人员在收到经批准的销售单后，严格按照销售单上所列货物的种类、规格和数量供货。

（四）按销货单装运货物

装运部门的人员从仓库提出货物后，应对有关资料进行核对，核对无误后填写发运凭证并装运货物。

（五）开具销售发票

货物发出后，在订单、销售单、发货单、提货单等核对无误的前提下，由开单部门或人员开具一式多联的销售发票。

（六）记录销售

记录销售就是编制记账凭证，登记明细账和日记账的过程。财会部门记录销售，应对已收到货款的记录收款，对批准赊销的记录应收账款。

（七）办理和记录现金、银行存款收入

这项功能涉及的是有关货款收回，现金、银行存款的记录以及应收账款的减少等活动。处理货币资金收入时最重要的是保证全部货币资金都必须如数、及时地记入现金、银行存款日记账或应收账款明细账，并如数、及时地将现金存入银行。在这方面，

汇款通知单起着很重要的作用。

（八）办理和记录销售退回、销售折扣与折让

发生销售退回、销售折扣与折让时，必须经授权批准并确保与办理此事有关的部门和职员各负其责，分别控制实物流和会计处理。严格使用贷项通知单无疑会起到关键的作用。

（九）注销坏账与提取坏账准备

对坏账，正确的处理方法是获取货款无法收回的确凿证据，经适当审批后及时做会计调整。坏账准备提取的数额必须能够抵补企业以后无法收回的本期销货款。

二、销售过程的主要账户设置

为了核算和监督企业销售业务中各项收支内容，确定商品销售利润和亏损，应设置和运用“主营业务收入”“主营业务成本”“应交税费——应交增值税”“主营业务税金及附加”“销售费用”“应收账款”“应收票据”“预收账款”等主要账户。

（一）“主营业务收入”账户

该账户属于损益类账户，用来核算企业销售产品或提供工业性劳务所实现的销售收入。该账户的贷方登记企业已实现的主营业务收入；借方登记由于销货退回，或发生销售折让时应抵减的以前实现的主营业务收入，以及期末转至“本年利润”账户贷方的主营业务收入；该账户期末无余额。为了具体反映每种产品的销售收入详细情况，“主营业务收入”账户应按销售产品的名称设置明细账，进行明细核算。“主营业务收入”账户的基本结构如图 8-1 所示。

主营业务收入

借方	贷方
销售退回、销售折让应冲减的主营业务收入 期末转入“本年利润”账户的主营业务收入	本期实现的主营业务收入

图 8-1　“主营业务收入”账户结构图

（二）“主营业务成本”账户

该账户属于损益类账户，用来核算企业已实现销售的产品实际成本和工业性劳务的成本。该账户的借方登记结转企业已售产品或工业性劳务的销售成本；贷方登记期末转入“本年利润”账户借方的销售成本；该账户期末无余额。为了具体反映每种产品的销售成本详细情况，“主营业务成本”账户应按销售产品的名称设置明细账，进行明细核算。“主营业务成本”账户的基本结构如图 8-2 所示。

主营业务成本

借方	贷方
结转已售产品或实现工业性劳务的销售成本	期末转入“本年利润”账户的销售成本

图 8-2　“主营业务成本”账户结构图

（三）“应交税费——应交增值税”账户

该账户属于负债类账户，用来核算企业应交增值税。该账户的借方登记企业采购

材料时向供应单位支付的进项税额，贷方登记企业销售产品时应该向购买方收取的销项税额。期末借方余额，反映企业多缴或尚未抵扣的增值税；贷方余额，反映企业尚未缴纳的增值税。“应交税费——应交增值税”账户的基本结构如图 8-3 所示。

应交税费——应交增值税

借方	贷方
采购材料支付的进项税额	销售产品收取的增值税
余额：多缴或尚未抵扣的增值税	余额：尚未缴纳的增值税

图 8-3 “应交税费——应交增值税”账户结构图

（四）“营业税金及附加”账户

该账户属于损益类账户，用来核算企业由于销售产品、提供工业性劳务等负担的销售税金及附加。营业税金及附加包括除增值税以外的消费税、营业税、城市维护建设税、资源税、土地增值税和教育费附加等。该账户的借方登记按规定税率计算应负担的各种税金及附加；贷方登记期末转入“本年利润”账户借方的数额；该账户期末无余额。为了具体反映营业税金的详细情况，“营业税金及附加”账户应按产品的名称或类别设置明细账，进行明细核算。“营业税金及附加”账户的基本结构如图 8-4 所示。

营业税金及附加

借方	贷方
按规定税率计算应负担的各种税金及附加	期末转入“本年利润”账户的税金及附加

图 8-4 “营业税金及附加”账户结构图

（五）“销售费用”账户

该账户属于损益类账户，用来核算企业在产品销售过程中所发生的各种费用。销售费用包括产品运输费、装卸费、包装费、保险费、广告费、展览费，以及为销售本企业产品而专设的销售机构的职工工资、福利费、业务费等经营费用。该账户的借方登记本期发生的各种销售费用；贷方登记期末转入“本年利润”账户借方的销售费用；该账户期末无余额。该账户应按费用项目设置明细账，进行明细核算。“销售费用”账户的基本结构如图 8-5 所示。

费用

借方	贷方
本期发生的各项销售费用	期末转入“本年利润”账户的销售费用

图 8-5 “销售费用”账户结构图

（六）“应收账款”账户

该账户属于资产类账户，用来核算企业因销售产品、材料，提供劳务等业务而应向购货单位或接受劳务的单位收取的货款和代垫运杂费等。该账户的借方登记已实现销售而尚未收回的货款以及为购买单位垫付的运杂费；贷方登记收回的货款和代垫运杂费，或债务人以其他资产抵付的应收款项等；该账户的余额在借方，表示期末尚未收回的货款或代垫运杂费。为了分别反映企业与各购货单位的结算情况，“应收账款”账户应按购货单位的名称设置明细账，进行明细核算。“应收账款”账户的基本结构如

图 8-6 所示。

应收账款

借方	贷方
发生应收款项	收回的应收款项 债务人以其他资产抵付的应收款项
余额：尚未收回的应收账款	

图 8-6 “应收账款”账户结构图

（七）“预收账款”账户

该账户属于负债类账户，用来核算企业按照合同规定向购货单位预收货款及其结算情况。当企业按合同规定向购货单位预收货款时，尽管已经取得了货币性资产，但是，产品的销售并未实现，不能作为产品的销售收入。由于预收了购货单位的款项，企业就应承担到期为其提供产品的义务，所以，预收账款是企业的一种负债。该账户的贷方登记企业按合同预收的货款；借方登记企业用产品或劳务抵偿预收的货款，以及退回购货单位多余的预付款；该账户的余额在贷方，表示期末尚未用产品或劳务偿付的预收账款。为了分别反映企业与各购货单位的债务清偿情况，“预收账款”账户应按购货单位的名称设置明细账，进行明细核算。“预收账款”账户的基本结构如图 8-7 所示。

预收账款

借方	贷方
用产品或劳务偿付的预收账款	发生的预收账款
	余额：尚未偿付的预收账款

图 8-7 “预收账款”账户结构图

（八）“应收票据”账户

该账户属于资产类账户，用来核算企业因销售产品或提供劳务等收到的各种商业汇票。该账户的借方登记企业收到的商业汇票的票面金额；贷方登记票据到期企业收回票面金额或提前贴现以及发生转让的应收票据数额；该账户的余额在借方，表示期末企业持有的应收票据。“应收票据”账户的基本结构如图 8-8 所示。

应收票据

借方	贷方
企业收到的应收票据的数额	本期收回的应收票据数额
余额：期末尚未收回的应收票据数额	

图 8-8 “应收票据”账户结构图

三、销售过程的主要账务处理

以新渝企业 2020 年 12 月份发生的经济业务为例，说明工业企业销售业务的会计核算情况。

【例 8-1】 向市长江公司销售 A 产品 50 件，单价 800 元，货款为 40 000 元，增值税专用发票上注明税额为 5 200 元；销售 B 产品 40 件，每件售价 1 100 元，货款计

44 000元，增值税专用发票注明增值税税额为5 720元。款项均已收到并存入银行，产品已发出。

这笔经济业务的发生，一方面使企业的银行存款增加94 920元（货款84 000元和应交增值税10 920元），应记入“银行存款”账户的借方。另一方面，由于销售实现，增加企业的销售收入，应记入“主营业务收入”账户的贷方；同时企业增加的销项税额，增加了企业的应交税费，应记入“应交税费——应交增值税”账户的贷方。所以，这笔经济业务的会计分录编制如下。

借：银行存款	94 920	
贷：主营业务收入——A产品		40 000
——B产品		44 000
应交税费——应交增值税（销项税额）		10 920

【例8-2】 按合同规定，向购货单位渝通公司预收购货款40 000元，存入银行。

这笔经济业务的发生，一方面使企业的银行存款增加40 000元，应记入“银行存款”账户的借方。另一方面，虽然企业已收取款项，但销售并未成立，不能确认企业的主营业务收入增加，企业应承担到期交付产品的义务。所以，企业预收货款的增加，表明企业负债增加，应记入“预收账款”账户的贷方。这笔经济业务的会计分录编制如下。

借：银行存款	40 000	
贷：预收账款——渝通公司		40 000

【例8-3】 销售A产品60件，单价800元，货款为48 000元，增值税专用发票上注明税额为6 240元。收到购货方光明工厂签发并承兑的商业汇票一张，票面金额为54 240元，期限为3个月。

这笔经济业务的发生，一方面企业收到由光明工厂签发并承兑的商业汇票，形成企业的债权，即应收票据增加，应记入“应收票据”账户的借方。另一方面，由于销售实现，增加企业的销售收入，应记入“主营业务收入”账户的贷方；同时企业增加的销项税额，增加了企业的应交税费，应记入“应交税费——应交增值税”账户的贷方。所以，这笔经济业务的会计分录编制如下。

借：应收票据——光明工厂	54 240	
贷：主营业务收入——A产品		48 000
应交税费——应交增值税（销项税额）		6 240

【例8-4】 向新生工厂销售A产品80件，单价800元，货款为64 000元，增值税专用发票上注明税额为8 320元，以银行存款1 200元支付代垫运杂费。货款、税金及代垫费用均尚未收到。

这笔经济业务的发生，一方面企业销售A产品的货款和为新生工厂代垫运杂费均未收到，形成企业的债权，即应收账款增加，应记入“应收账款”账户的借方。另一方面，尽管企业没有收回货款，但已取得了收回货款的权利，A产品的销售已实现，增加企业的销售收入，应记入“主营业务收入”账户的贷方；同时企业增加的销项税额，应记入“应交税费——应交增值税”账户的贷方；以银行存款为购货单位代垫的运杂费，应记入“银行存款”账户的贷方。所以，这笔经济业务的会计分录编制如下。

借：应收账款——新生工厂　　73 520

　贷：主营业务收入——A 产品　　64 000

　　应交税费——应交增值税（销项税额）　　8 320

　　银行存款　　1 200

【例 8-5】 按合同向渝通公司发出 B 产品 30 件，单价 1 100 元，货款为 33 000 元，增值税专用发票上注明税额为 4 290 元。价款以原预收款抵付，同时开出转账支票支付多收取的货款。

这笔经济业务的发生，一方面企业用原收取的货款抵付价税款并退回多余款项后，企业的负债减少，即预收账款减少 40 000 元，应记入“预收账款”账户的借方。另一方面，由于销售实现，增加企业的销售收入 33 000 元，应记入“主营业务收入”账户的贷方；同时企业增加的销项税额 5 610 元，应记入“应交税费——应交增值税”账户的贷方；以银行存款支付多余预收款后，企业的银行存款减少 2 710（40 000-33 000-4 290）元，应记入“银行存款”账户的贷方。这笔经济业务的会计分录编制如下。

借：预收账款——渝通公司　　40 000

　贷：主营业务收入——A 产品　　33 000

　　应交税费——应交增值税　　4 290

　　银行存款　　2 710

【例 8-6】 以现金支付销售产品而发生的包装费和装卸费共 240 元。

因销售产品而发生的包装费和装卸费，属于企业的销售费用。所以，这笔经济业务的发生，一方面使企业的销售费用增加 240 元，应记入“销售费用”账户的借方；另一方面，由于以现金支付，现金减少 240 元，应记入“现金”账户的贷方。这笔经济业务的会计分录编制如下。

借：销售费用　　240

　贷：库存现金　　240

【例 8-7】 收取包装物押金 1 170 元，存入银行。

销售产品收取的包装物押金，在对方单位退还包装物时应退还其押金，则收取的押金属于企业的负债，应记入“其他应付款”账户的贷方；同时企业银行存款增加，应记入“银行存款”账户的借方。所以，这笔经济业务的会计分录编制如下。

借：银行存款　　1170

　贷：其他应付款　　1170

【例 8-8】 B 产品为应税消费品，按销售收入的 10%计算已销 B 产品的应纳消费税税额。

涉及 B 产品销售的业务有两项，即例 8-1 和例 8-5，共确定销售 B 产品的销售收入为 77 000 元，所以计算本月应纳消费税税额为

$$应纳消费税额=77\ 000 \times 10\% =7\ 700（元）$$

计算出企业应交的消费税，使企业负担的营业税金及附加增加，应记入“营业税金及附加”账户的借方；同时，应交消费税增加，应记入“应交税费——应交消费税”

账户的贷方。这笔业务的会计分录编制如下。

借：税金及附加　　7 700

　贷：应交税费——应交消费税　　7 700

【例 8-9】 摊销应由本月负担的产品广告费 1 000 元。

产品广告费是企业为了扩大产品销售而发生的开支，属于企业的销售费用。所以这笔经济业务的发生，一方面增加当期销售费用 1 000 元，应记入“销售费用”账户的借方；另一方面是待摊费用的摊销，即待摊费用减少，应记入“其他应收款”账户的贷方。则会计分录编制如下。

借：销售费用　　1 000

　贷：其他应收款　　1 000

【例 8-10】 结转已售 A 产品 190 件、B 产品 70 件的实际生产成本。

由于假设 A、B 产品本月均无期初余额，要计算本月销售产品的实际成本，就直接用本月 A、B 产品的生产成本资料，即 A 产品单位成本为 415.65 元，B 产品单位成本为 674.57 元。由此计算的本月销售产品的实际生产成本，如表 8-1 所示。

表 8-1　　产品销售成本计算表　　单位：元

产品种类	本月已售产品数量	单位生产成本	总成本
A 产品	190 件	415.65	78 973.50
B 产品	70 件	674.57	47 219.90
合　计	—	—	126 193.40

结转已售产品的生产成本，一方面使企业销售成本增加，应记入“主营业务成本”账户的借方；另一方面使企业的库存商品减少，应记入“库存商品”账户的贷方。则会计分录编制如下。

借：主营业务成本——A 产品　　78 973.50

　　　　　　　　——B 产品　　47 219.90

　贷：库存商品——A 产品　　78 973.50

　　　　　　　——B 产品　　47 219.90

如图 8-9～图 8-21 所示，将第 1～10 笔经济业务的会计分录过入总分类账（设 T 形账户），可以观察各账户间的勾稽关系。

银行存款

借方		贷方	
(1)	98 280	(4)	1 200
(2)	40 000	(5)	1 390
(7)	1 170		

图 8-9　“银行存款”账户

应交税费

借方		贷方	
		(1)	10 920
		(3)	6 240
		(4)	8 320
		(5)	4 290
		(8)	7 700

图 8-10　“应交税费”账户

主营业务收入

借方	贷方
	(1)　84 000
	(3)　48 000
	(4)　64 000
	(5)　33 000

图 8-11　“主营业务收入”账户

销售费用

借方	贷方
(6)　240	
(9)　1 000	

图 8-12　“销售费用”账户

预收账款

借方	贷方
(5)　40 000	(2)　40 000

图 8-13　“预收账款”账户

应收票据

借方	贷方
(3)　56 160	

图 8-14　“应收票据”账户

应收账款

借方	贷方
(4)　76 080	

图 8-15　“应收账款”账户

库存现金

借方	贷方
	(6)　240

图 8-16　“库存现金”账户

其他应付款

借方	贷方
	(7)　1 170

图 8-17　“其他应收款”账户

税金及附加

借方	贷方
(8)　7 700	

图 8-18　“营业税金及附加”账户

其他应收款

借方	贷方
	(9)　1 000

图 8-19　“其他应收款”账户

主营业务成本

借方	贷方
(10)　126 193.40	

图 8-20　“主营业务成本”账户

库存商品

借方	贷方
	(10)　126 193.40

图 8-21　“库存商品”账户

第二节　应收账款的管理

在前面销售过程的经济业务核算中，我们知道了企业在赊销中会形成应收账款，在那里，应收账款是因销售商品而形成的债权，这只是狭义的应收账款。广义的应收账款是指企业因赊销产品、提供劳务以及其他原因，应向购货单位或接受劳务单位及其他单位收取的款项，包括应收销货款、其他应收款、应收票据等。应收账款是企业一项资金投放，这种投放一方面会为企业带来收益，但同时也会增加成本。因此，每个企业都应该加强对应收账款的管理，以较小的代价获得较大的收益。

一、应收账款成本与管理目标

应收账款在生产经营过程中的功能主要有以下两个方面。一是增加销售，扩大市场占有率。在市场激烈竞争的压力下，企业为了在竞争中处于有利地位，除了提供优质商品、优惠价格和优良的售后服务外，往往还采取赊销的手段，以增加销售获得利润。由于赊销和分期收款期间等于向顾客提供了一笔无息贷款，这与现销相比，显然更具吸引力。二是减少存货，提高资金利用效率。采用赊销与分期收款方式销售，能促进销售，这无疑减少了企业的存货，提高了资金运用效率。特别是对季节性生产的企业来讲，在销售淡季一般都会采用较为优惠的信用条件进行销售。

然而赊销也有不利的一面，因为赊销必然要发生信用成本。由于受多种因素的影响，部分赊销货款可能不会及时收回，必然会增加收账费用和坏账损失。同时，企业增加应收账款，也会增加资金占用的机会成本，使企业的盈利下降。

（一）应收账款成本

企业的应收账款会发生各种成本，主要包括机会成本、管理成本和坏账成本。

（1）机会成本。企业的资金如不占用在应收账款上，可用于其他投资或存入银行而获取收益。这种因投放于应收账款而放弃的其他收益就是机会成本。确定该机会成本有三个因素，即应收账款数额、企业进行其他投资的收益率及结算时间。机会成本与这三种因素呈正向关系，即应收账款数额越大，投资收益率越高，结算时间越长，机会成本就越大。机会成本的计算公式如下：

$$机会成本=销售额/360\times 平均收现期\times 变动成本率\times 资本成本率$$

式中，

销售额/360——日销售额；

平均收现期——收回应收账款平均所花的时间；

变动成本率——变动成本占销售收入的比重；

资本成本率——可以参考银行利息率。

（2）管理成本。应收账款的管理成本是指企业对应收账款进行管理而发生的费用。它主要有调查客户信用情况的费用、收集各种信息的费用和逾期催收账款的费用。企业的应收账款越多，那么投入调查客户信用、收集信息和催收账款的人力、物力和财力也就越多，从而其管理成本也就越大。

（3）坏账成本。应收账款因不能收回而发生的损失，就是坏账成本。发生坏账的原因主要是客户破产、解散、财务状况恶化或拖欠时间较长等。一般来说应收账款数额越大，拖欠时间越长，发生坏账的可能性就越大。

（二）应收账款的管理目标

由于应收账款一方面可以扩大销售增加企业收益，另一方面会产生成本，即收益与风险并存，因此要求企业在制定应收账款信用政策时，要在这种政策所增加的收益与所增加的成本之间做出权衡，只有当应收账款增加的收益超过所增加的成本时，才应实施赊销。应收账款的管理目标是，在发挥应收账款扩大销售，加强竞争力作用的同时，努力降低机会成本，减少坏账损失及管理成本，提高应收账款的效益，在提高收益和降低相关成本之间寻找最佳结合点。

二、信用政策的确定

信用政策是指企业为了对应收账款投资进行规划与控制而确立的基本原则与行为规范。它是加强应收账款管理，提高应收账款投资效益的重要前提。信用政策主要包括信用标准、信用期间和现金折扣政策等。

（一）信用标准

信用标准是客户获得企业商业信用所必备的最低条件，通常以预期的坏账损失率表示。

1. 信用标准的影响因素

企业在信用标准的确定上，面临着两难的选择。即标准过低，销售扩大但风险加大；标准过严过高，则销售萎缩，风险减小。有效的途径是，企业在制定或选择信用标准时必须考虑三个基本因素。

（1）同行业竞争对手的情况。面对竞争对手，企业首先考虑的是如何在竞争中处于优势地位，保持并不断扩大市场占有率。如果企业的竞争对手实力很强，企业欲取得或保持优势地位，就需要采取较低（相对于竞争对手）的信用标准；反之，其信用标准可以相应严格一些。

（2）企业承受违约风险的能力。当企业承受违约风险能力较强时，可以选择较宽松的信用标准，以争取更多客户，扩大市场份额；反之，当企业承受违约风险能力较弱时，应选择较严格的信用标准，采取稳健经营策略。

（3）客户的资信程度。企业在制定信用标准时，必须对客户的资信程度进行调查、分析，然后在此基础上，判断客户的信用等级并决定是否给予客户信用优惠。客户资信程度的高低通常决定于六个方面，即客户的信用品质、偿付能力、资本、抵押品、条件、持续性等，简称“6C”系统。

第一，信用品质。信用品质，即客户履约或赖账的可能性，这是决定是否给予客户信用的首要因素。企业必须设法了解客户过去的付款记录，看其是否有按期如数付款的一贯做法，以及与其他供货企业的关系是否良好。

第二，偿付能力。顾客的偿债能力取决于流动资产的数量和质量以及与流动负债的比例。一般情况是，企业流动资产越多，其转换为现金支付债务的能力越强。同时，还要注意分析流动资产的质量，看是否有存货过多、过时或质量下降等影响其变现能力和支付能力的情况。

第三，资本。资本指客户拥有所有者权益的多少，也就是客户净资产的多少，据以评价客户的财务实力和财务状况，是客户偿付债务的最终保证。

第四，抵押品。抵押品指客户为获得商业信用提供的可作为资信安全保证的资产。企业在不了解客户品质的情况下，可以凭客户提供的抵押品给予其商业信用。能够作为信用担保的抵押物必须为客户实际所有，并具有较大变现能力的财产。

第五，条件。条件是指可能影响顾客付款能力的经济环境，如万一出现经济不景气，会对顾客的付款产生什么影响，顾客会如何做等。

第六，持续性。持续性即企业经营政策的连续性与稳定性。好的企业，其经营都是相对稳定的。

对顾客信用标准条件评定的途径主要有两个：一是大型企业设立的专门调查和评估客户信用程度的部门；二是社会上专设的信用资信评估机构的有偿提供。

2. 信用标准的确定

企业通常以预期坏账损失率来确定信用标准。倘若企业的信用标准定得高，只对信誉好、预期坏账损失率低的客户赊销商品，将会减少坏账损失成本、机会成本和管理成本，但也会失去一部分信誉差的客户的销售收入，以及这部分销售收入所带来的销售利润；倘若放宽信用标准，虽然可以增加销售收入和销售利润，但同时也相应地增加了坏账损失成本、机会成本和管理成本。因此，企业应根据生产经营的具体情况来确定信用标准，以达到收益最大化的目的。

（二）信用期间

信用期间是企业允许顾客从购货到付款之间的时间，或者说是企业给予顾客的延期付款时间。例如，若某企业允许顾客在购货后50天内付款，则信用期为50天。信用期间过短，不足以吸引顾客，在竞争激烈的情况下会使销售额下降；信用期间过长，对销售额增加固然有利，但只顾及销售额增长而盲目放宽信用期，所得的收益有时会被增长的费用抵消，甚至造成利润减少。因此，企业必须慎重研究，确定出恰当的信用期间。

信用期间的确定，主要是分析改变现行信用期间对收入和成本的影响。延长信用期间，会使销售额增加，产生有利影响；与此同时，应收款账、收账费用和坏账损失增加，会产生不利影响。当前者大于后者时，可以延长信用期，否则不宜延长。如果缩短信用期，情况与此相反。

【例 8-11】 某公司现在采用30天按发票金额付款的信用政策，拟将信用期放宽至60天，仍按发票金额付款，即不给现金折扣，该公司投资的最底报酬率为15%，其他有关资料见表8-2。

表 8-2 信用政策表

项　目	30天信用期	60天信用期
销售量（件）	100 000	120 000
销售额（元）（单价5元）	500 000	600 000
销售成本（元）		
变动成本（元）（单位变动成本4元）	400 000	480 000
固定成本（元）	50 000	50 000
毛利（元）	50 000	70 000
可能发生的收账费用（元）	3 000	4 000
可能发生的坏账损失（元）	5 000	9 000

在分析时，先计算放宽信用期得到的收益，然后计算增加的成本，最后根据两者比较的结果做出判断。

第一，收益的增加。

收益的增加=销售量的增加×单位边际贡献=（120 000−100 000）×（5−4）=20 000（元）

第二，应收账款占用资金的应计利息（也就是机会成本）增加。

应收账款应计利息（机会成本）=销售额/360×平均收现期×变动成本率×资本成本率

30天信用期应计利息=500 000/360×30×4/5×15%=5 000（元）

60天信用期应计利息=600 000/360×60×4/5×15%=12 000（元）

改变信用政策后应计利息的增加=12 000−5 000=7 000（元）

第三，收账费用和坏账损失的增加。

收账费用增加=4 000−3 000=1 000（元）

坏账损失增加=9 000−5 000=4 000（元）

第四，改变信用期的税前损益。

增加的损益=增加的收益−增加的成本=20 000−（7 000+1 000+4 000）=8 000（元）

由于收益的增加大于成本的增加，故应采用60天的信用期。

（三）现金折扣政策

现金折扣是指顾客在企业规定的折扣期限内付款所享受的货款金额方面的优惠。现金折扣的通常表达方法为“折扣率/折扣期限”。如“2/20，N/40”表示20天内付款可享受2%的价格优惠，如在20天后付款无现金折扣，最后付款期限为40天，超过40天的，属于失信。在此，40天为信用期，20天为折扣期，2%为现金折扣率。

现金折扣是企业为了提前收回货款所付出的代价，又称为折扣成本。折扣成本的计算方法是

折扣成本=赊销金额×现金折扣率

需要说明的是，容易与现金折扣相混淆的概念是商业折扣。商业折扣也叫价格折扣，是企业为了鼓励客户多买而给予的价格优惠，每次购买的数额越多，价格也就越便宜。在这种情况下，销售企业的销售收入是按商业折扣后的价格计算的，因此不存在调整销售收入的问题。而现金折扣的主要目的则是为了刺激客户尽快付款，因此，当客户接受了现金折扣优惠时，就会影响企业原来计算的销售收入额，即企业销售收入净额等于账面销售收入剔除现金折扣额。

因为现金折扣是与信用期间是结合使用的，所以确定现金折扣程度的方法和程序与前述确定信用期间的方法与程序是一致的，只不过要把所提供的延期付款时间和折扣综合起来，看各方案带来的成本变化，最终确定最佳方案。

【例8-12】 沿用例8-11的资料。假定该公司在放宽信用期间的同时，为了吸引顾客尽早付款，提出了（0.8/30，N/60）的现金折扣条件，估计会有一半的顾客享受现金折扣优惠。做出是否改变信用政策的决策。

第一，收益的增加。

收益的增加=销售量的增加×单位边际贡献=（120 000−100 000）×（5−4）=20 000（元）

第二，应收账款占用资金的应计利息（也就是机会成本）增加。

应收账款应计利息（机会成本）=销售额/360×平均收现期×变动成本率×资本成本率

30天信用期应计利息=500 000/360×30×4/5×15%=5 000（元）

60天信用期且提供现金折扣政策的平均收账期=折扣期×享受折扣顾客的比例+信用期×未享受折扣顾客的比例=30×50%+60×50%=45（天）

60天信用期且提供现金折扣政策的应计利息=600 000/360×45×4/5×15%=9 000（元）

改变信用政策后应计利息的增加=9 000−5 000=4 000（元）

第三，收账费用和坏账损失的增加。

收账费用增加=4 000−3 000=1 000（元）

坏账损失增加=9 000−5 000=4 000（元）

第四，估计现金折扣成本。

现金折扣成本=销售额×现金折扣率×享受折扣顾客的比重

=600 000×0.8%×50%=2 400（元）

第五，改变信用期并提供现金折扣后的税前损益。

增加的损益=增加的收益-增加的成本=20 000-（4 000+1 000+4 000

+2 400）=8 600（元）

由于收益的增加大于成本的增加，故应采用 60 天的信用期且提供现金折扣的信用政策。

三、应收账款的收账

应收账款发生后，企业应采取各种措施，尽量争取按期收回款项，否则会因拖欠时间过长而发生坏账，使企业蒙受损失。这些措施包括对应收账款回收情况的监督、对坏账损失的事先准备和制定适当的收账政策。

（一）应收账款回收情况的监督

监督应收账款的回收情况最有效的方法是账龄分析法。一般来讲客户账款拖欠时间越长，款项收回的可能性越小，形成坏账的可能性越大，对此企业应实施严密的监督，随时掌握回收情况。对于应收账款的日常监督，可以通过编制账龄分析表来进行。

【例 8-13】 某企业 2014 年 12 月 31 日，应收账款账龄结构如表 8-3 所示。

表 8-3 应收账款账龄结构表

应收账款账龄结构	账户数量（个）	金额（万元）	比重（%）
信用期内（设为 6 个月）	50	4 500	56.25
超过信用期限 1 个月内	40	1 500	18.75
超过信用期限 2 个月内	20	600	7.5
超过信用期限 3 个月内	10	100	1.25
超过信用期限 4 个月内	15	250	3.125
超过信用期限 5 个月内	25	250	3.125
超过信用期限 6 个月内	10	200	2.5
超过信用期限 6 个月上	30	600	7.5
总　计	200	8 000	100

账龄结构给企业财务管理人员提供了应收账款占用状况的详细资料。从表 8-3 可以看出，该企业应收账款余额中，有 4 500 万尚在信用期内，仅占全部应收账款的 56.25%；过期数额 3 500 万元，占全部应收账款的比重高达 43.75%。其中逾期 1，2，3，4，5，6 个月内的分别为 18.75%、7.5%、1.25%、3.125%、3.125%、2.5%，另有 7.5%的应收账款已经逾期半年以上。此时，企业对逾期账款应予以足够重视，查明具体属于哪些客户，这些客户是否经常发生拖欠情况，查明原因。一般而言，账款的逾期时间越短，收回的可能性越大，亦即坏账损失的程度相对越小；反之，收账的难度及坏账损失的可能性也就越大。因此，对不同拖欠时间的账款及不同信用品质的客户，企业应采取不同的收账方法，制定出经济可行的收账政策、催讨方案；对可能发生的坏账损失，需提前做出准备，充分估计这一因素对企业损益的影响。

（二）收账政策的制定

收账政策是指企业对客户违反信用条件拖欠应收账款所采取的收账策略与措施。目前企业所采取的收账政策主要有以下几种。

（1）信函、电信催收。当顾客拖欠账款时，应首先以信函、电话、电报、传真、电子信件等方式向债务人催收货款。这是最为经济、便捷的收账策略，也是企业目前广泛使用的收账策略。

（2）派专门收款员催收。对于拖欠时间较长，信函、电信催收无效的账款，可以派出专门收款员上门催收。这种收款策略的好处是能够与债务人当面沟通和协商，能使部分拖欠时间较长、有拒付倾向的债务得以解决；缺点是收账成本较之信函、电信催收策略高。

（3）委托代理机构催收。这种收账策略的好处是企业将烦琐的催账业务委托给收账代理机构，管理者从催账的事务工作中解脱出来，集中精力致力于企业的生产和经营问题；同时由于收账代理机构有专门从事收账的经验，使许多大宗无法收回的账款得以解决。这种收账策略的缺点是委托手续费用较高，往往高达应收账款的50%，所以这一途径对许多企业，尤其是资财弱小、经济效益不佳的中小企业很难采用。

（4）法律程序催收。对于无法收回的货款企业在掌握充足证据的情况下，可以向法院提起诉讼，用法律的武器维护企业的权益。法律程序催收策略的优点是法院的裁决具有强制性，缺点是企业要付出较高的律师费、诉讼费等费用。另外，法院判决的执行也常常遇到债务人的阻挠，除非判决债务人破产清算，否则效果也往往不甚理想。所以，通过法院强行收回账款一般是企业不得已而为之的最后的办法。

因此，企业在组织账款催收时，必须权衡催账费用与预期的催账收益的关系。一般而言，在一定限度内，催账费用花费越多，措施越加得力，坏账损失也就越小，即催账效益越加明显。但二者并不一定呈线性关系。因为收账部门最初支付的收账费用，只是提醒催促对方付款，它会相应地缩短平均收款期，减少应收账款占用的资金，但与坏账损失成本的降低关系不大；随着收账费用的逐渐增加，平均收款期会继续缩短，应收账款占用的资金会继续减少，坏账损失成本就会随之降低；当收账费用达到一定限度后，再追加收账费用，对进一步减少坏账损失成本的影响将变得相当微弱。因此，企业在制定收账政策时，需要在增加收账费用与减少应收账款占用的资金而降低的机会成本和减少坏账损失成本之间进行权衡。

本章小结

销售过程中主要经济业务涉及商品销售收入的确认、结转已售商品的成本、发生销售费用及营业税金等。为此，需要设置主营业务收入、应收账款、主营业务成本、营业税金及附加、销售费用等账户来进行核算。在销售过程中形成的应收账款是企业重要的流动资产。应收账款一方面可以增加销售量从而增加企业的利润，另一方面应收账款投放会产生机会成本、管理成本和坏账成本。为此，应收账款管理的目标是以较低的成本获取较大的收益。

第九章

本量利分析

【学习目标】

通过本章学习，理解成本按性态如何分类，掌握固定成本和变动成本的含义及其特征；正确理解本量利的基本关系，理解边际贡献、边际贡献率的含义，掌握本量利关系中的损益方程式、边际贡献方程式和边际贡献率方程式；正确理解盈亏临界分析，掌握盈亏临界点销售量和销售额的计算和分析。

【重点难点】

重点：变动成本、固定成本的含义及其特征；边际贡献、边际贡献率的含义及计算；盈亏临界分析。

难点：变动成本、固定成本的含义及其特征；边际贡献、边际贡献率的含义及计算；多品种的盈亏临界分析。

【技能点】

通过本章的学习，会进行本量利分析，会进行单一品种和多品种的盈亏临界分析。

【学习内容】

从本章可以学到变动成本、固定成本、本量利关系、边际贡献、边际贡献率、加权边际贡献率、盈亏临界点、盈亏临界点作业率等知识点，和本量利关系的三种表达式运用以及盈亏临界分析等基本方法。

利润规划是指为实现目标利润而综合调整其经营活动的规模和水平，它是企业编制期间预算的基础。利润规划要把企业继续存在和发展及实现目标利润所需要的资金、可能取得的收益，以及未来要发生的成本和费用这三者紧密联系起来。利润规划之所以总是强调成本、数量、利润分析，也正是这个原因。

第一节 本量利分析

一、本量利关系

促使人们研究本量利关系的动因，是传统的成本分类不能满足企业决策、计划和控制的要求。企业这些内部经营管理工作，通常以数量为起点，而以利润为目标。企业管理人员在决定生产和销售数量时，非常想知道它对企业利润的影响。但是，这中间隔着收入和成本，对于收入，他们很容易根据数量和单价来估计，而成本则不然。无论总成本还是单位成本，他们都感到难以把握。他们不能用单位成本和数量的乘积来估计总成本，因为数量变化以后，单位成本也会变化。管理人员需要一个模型。这个模型应当除了业务量和利润之外都是常数，使业务量和利润之间建立直接的函数关系。这样，他们可以利用这个模型，在业务量变动时估计其对利润的影响，或者在目标利润变动时计算出完成目标利润所需要的业务量水平。建立这样一个模型的主要障碍是成本和业务量之间的数量关系不清楚。为此，人们首先研究成本和业务量之间的关系，并确立了成本按性态的分类，然后在此基础上明确成本、数量和利润之间的相互关系。

本量利分析是成本、业务量、利润分析的简称，亦称 CVP 分析。这是在把成本分解为固定成本和变动成本的基础上，研究企业在一定期间内的成本、业务量和利润三者之间的数量关系，从而进行规划、控制的一种会计分析方法。

二、成本性态

成本性态也称成本习性，是指成本总额和业务量之间的依存关系。在对这种依存关系的分析中，成本通常指一定时期的成本总额；而业务量则是特定分析领域的成本动因数量。它可以是产出量，也可以是投入量，可以使用实物度量、时间度量、也可以使用货币度量，例如，产品产量、人工工时、销售额等。当业务量变化以后，各项成本有不同的性态，大体上可以分为三种，即变动成本、固定成本和混合成本。

（一）变动成本

变动成本是指在一定时期和一定业务量范围内，其成本总额的变动和业务量之间保持正比例关系的成本。在一定范围内，当业务量增加时，变动成本总额同比例地增加；反过来，当业务量下降时，变动成本总额也同比例地下降。但相应地，单位变动成本则保持不变。例如产品生产中的原材料成本。假设每生产一件甲产品需要原材料 20 千克，每千克原材料 40 元，则在一定的范围内，甲产品的单位原材料成本保持不变，为 800 元/件，而原材料成本总额和业务量之间保持正比例关系，即该产品的原材料成本总额=800×产量，所以，这项原材料成本是变动成本。

变动成本总额与单位变动成本的习性模型如图 9-1 和图 9-2 所示。

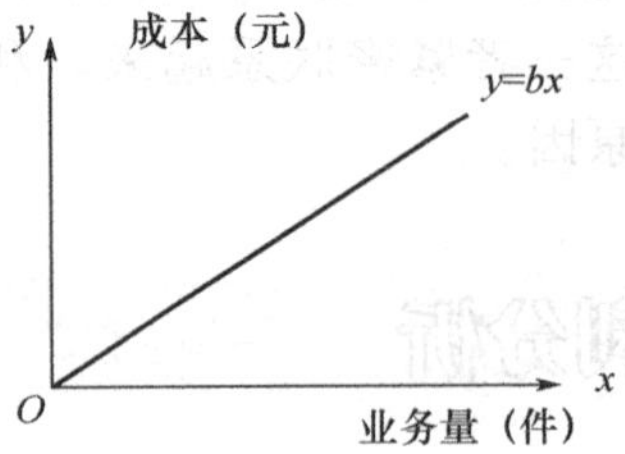

图 9-1　变动成本总额性态模型

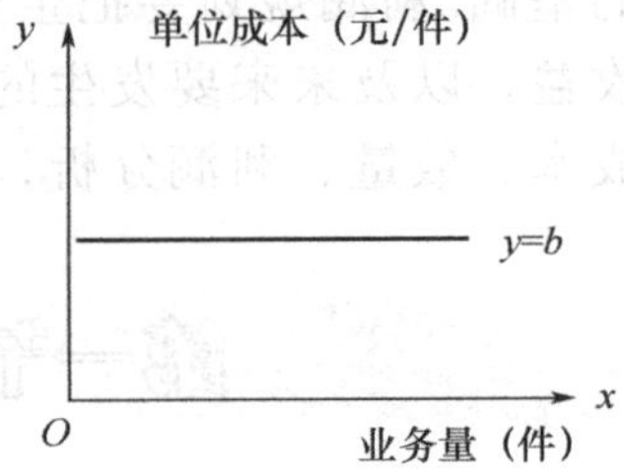

图 9-2　单位变动成本性态模型

一般地，企业的直接材料、计件工资制度下的直接人工、按销售总额计提的推销人员工资等费用都属于变动成本。

（二）固定成本

固定成本是指在一定时期和一定业务量范围内，其成本总额不受业务量增减变动的影响而保持固定不变的成本。在一定范围内，固定成本总额不随业务量的变动而变动，保持固定不变；相应地，单位产品所负担的固定成本就会随业务量的变动而反方向地变动。例如，按直线法计提的生产设备的折旧。假定某企业一台生产设备的原值为 10 万元，使用年限为 10 年，每年折旧额为 10 000 元。在一定范围内，该项折旧费保持每年 10 000 元的总额不变。若产品年产量为 100 件，则每件产品应负担的折旧费为 100 元；若产品年产量为 120 件，则每件产品应负担的折旧费为 83 元。因此，单位产品所负担的折旧费与产量呈反比例地变动。这项生产设备的折旧额即是固定成本。

固定成本总额与单位固定成本的性态模型如图 9-3 和图 9-4 所示。

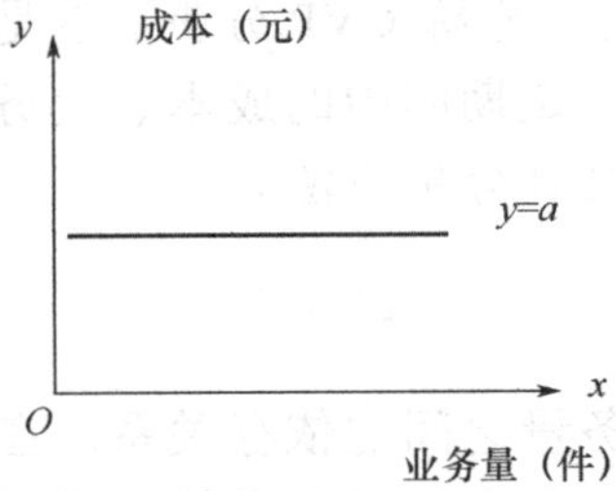

图 9-3　固定成本总额性态模型

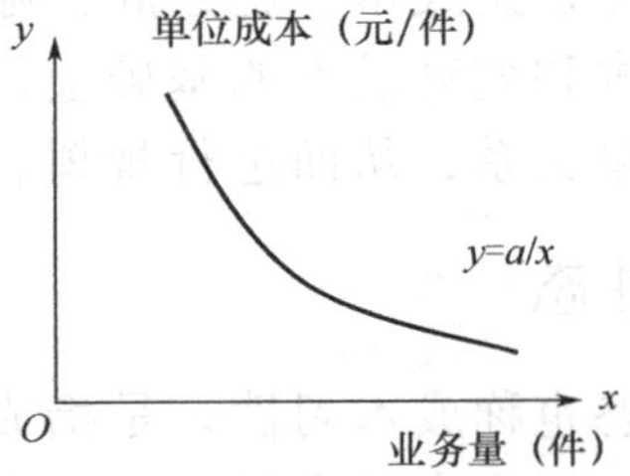

图 9-4　单位固定成本性态模型

一般来说，按直线法计提的折旧费、计时工资、房屋设备的租金、保险费、广告费等都属于固定成本。

需要注意的是，固定成本并非固定不变的成本，这里“固定”的含义只是说明固定成本总额和业务量变动之间没有必需的联系，不会随业务量的变动而变动。超出一定时间、一定范围，固定成本总额也会发生改变。为有利于成本控制，固定成本还可以进一步分类为酌量性固定成本和约束性固定成本。

（三）固定成本和变动成本的相关范围及其成本模式

固定成本发生额不受业务量增加变化影响是有一定条件的，即限定在“一定时期的业务量范围内”。超出条件，其发生额将发生变化，这个范围称为“相关范围”。比如，一个制造企业最大生产能量为 50 000 件，固定成本为 1 000 000 元，如超过 50 000

件，则需增置设备，固定成本支出增加。这种固定成本总额受一定条件所制约的“相关范围”限制，如图 9-5 所示。

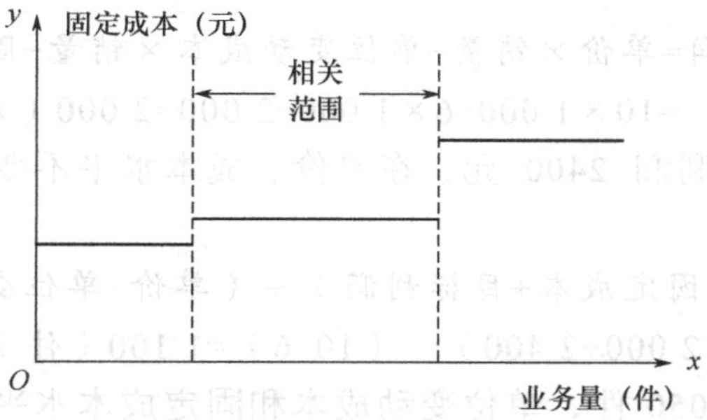

图 9-5　固定成本相关范围

（四）混合成本及其分解

变动成本和固定成本是现实经济生活中两种极端的形式，实际上，大多数成本是处于两者之间的混合体。这类成本的特性介于变动成本和固定成本之间，当业务量发生变动时，其成本总额也发生变动，但和业务量之间不呈正比例。这即为混合成本。混合成本可以按照一定方法进行分解，最终分解为变动成本和固定成本两部分。因此，企业总成本最终可以分为变动成本和固定成本两大类。

从财务管理角度考虑，把企业的全部成本分为变动成本和固定成本两大类，则有

产品成本总额=固定成本总额 + 变动成本总额

=固定成本总额+（单位变动成本 × 业务量）

设产品总成本为 y，固定成本总额为 a，单位变动成本为 b，业务量为 x，则上述产品总成本的公式可改为

$$y=a+bx$$

三、本量利关系式

将成本总额按其与业务量的关系分解成固定成本和变动成本后，再将收入和利润综合考虑，就能得出成本、业务量与利润间的关系。本量利关系的数学表达式主要有三种形式。

（一）损益方程式（也称基本关系式）

损益方程式计算公式为

利润=销售收入−总成本

=单位销售价格 × 销量−单位变动成本 × 销量−固定成本额

=（单位销售价格−单位变动成本）× 销量−固定成本额

设产品总成本为 y，固定成本总额为 a，单位变动成本为 b，业务量为 x，单价为 p，利润为 E，则本量利的基本表达式可以表示为

$$E=px-(a+bx)=(p-b)x-a$$

上述公式中，有五个变量，即利润、销售量、单位销售价格、单位变动成本和固定成本，已知其中的四个变量，就可以求出另一个未知量。

【例 9-1】 某企业每月固定成本为 2 000 元，生产一种产品，单价 10 元，单位变动成本为 6 元，本月计划销售 1 000 件，则根据上述本量利关系式可以计算出该企业预期利润为

预期利润=单价×销量−单位变动成本×销量−固定成本

=10×1 000−6×1 000−2 000=2 000（元）

若企业拟实现目标利润 2400 元，在单价、成本水平不变的情况下，企业应达到的销售量为

销售量=（固定成本+目标利润）÷（单价−单位变动成本）

=（2 000+2 400）÷（10−6）=1 100（件）

若企业计划销售 1 050 件，单位变动成本和固定成本水平不变，欲实现目标利润 3 250 元，则应达到的单价水平为

单价=（固定成本+目标利润）÷销售量+单位变动成本

=（2 000+3 250）÷1 050+6=11（元）

若企业固定成本、单价水平不变，计划销售 1 050 件，欲实现目标利润 1 570 元，则单位变动成本应控制的水平为

单位变动成本=单价−（固定成本+目标利润）÷销售量

=10−（2 000+1 570）÷1 050=6.6（元/件）

若企业单位变动成本为 6.6 元，单价为 10 元，计划销售 1 050 件，欲实现目标利润 1 800 元，则固定成本应控制的水平为

固定成本=单价×销量−单位变动成本×销量−目标利润

=10×1 050−6.6×1 050−1 800=1 770（元）

（二）边际贡献方程式

边际贡献是本量利分析中十分重要的概念，又叫贡献毛益。它是销售收入超过其变动成本的金额，边际贡献分为单位边际贡献和总边际贡献。其计算公式为

单位边际贡献（Cm）=销售单价−单位变动成本=$p-b$

边际贡献（Tm）=销售收入−总变动成本=$px-bx=(p-b)x$

=单位边际贡献×销量=$Cm\cdot x$

【例 9-2】 某企业只生产一种产品，单价为 6 元，单位变动成本为 3 元，销量为 600 件，则

单位边际贡献（Cm）=销售单价−单位变动成本=$p-b=6-3=3$（元）

边际贡献（Tm）=单位边际贡献×销量=$Cm\cdot x=3\times600=1\ 800$（元）

由于创造了“边际贡献”概念，我们可以将本量利损益方程式改写为新的形式，即

利润=销售收入−总成本

=销售收入−总变动成本−固定成本额

=边际贡献−固定成本额=$Tm-a$

=单位边际贡献×销量−固定成本额=$Cm\cdot x-a$

从上式可见，边际贡献首先要补偿固定成本总额。如果补偿固定成本后还有剩余，才能为企业提供利润；如果边际贡献不足以补偿固定成本总额，那么企业就发生亏损。

例 9-2 中，如果企业的固定成本为 1 500 元，则边际贡献 1 800 元补偿固定成本 1 500 元后还剩 300 元即为企业的利润。如果企业固定成本为 2 000 元，则边际贡献 1 800 元不足以补偿固定成本，尚未补偿完的 200 元即为企业的亏损。

（三）边际贡献率方程式

边际贡献率是指边际贡献在销售收入中所占的比重。其公式为

边际贡献率（Rm）=边际贡献/销售收入×100%=单位边际贡献/单价×100%

与此相对应的是变动成本率，变动成本率是指变动成本占销售收入的比重。其公式为

变动成本率（Rb）=变动成本/销售收入×100%=单位变动成本/单价×100%

【例 9-3】 沿用例 9-2 资料。

边际贡献率（Rm）=3/6×100%=50%，变动成本率=3/6×100%=50%。

边际贡献率（Rm）+变动成本率（Rb）=1

根据边际贡献方程式，本量利关系式又可以改写为

利润=边际贡献−固定成本额

=销售收入×边际贡献率−固定成本额=$px \cdot Rm - a$

损益方程式和边际贡献方程式只能用于企业生产单一产品的本量利分析，而边际贡献率方程式既可以用于单一产品的本量利分析，也可用于多品种本量利分析。由于多种产品的销售收入可以直接相加，所以，问题的关键是要计算出多种产品的加权平均边际贡献率。

加权平均边际贡献率=Σ各种产品的边际贡献/Σ各种产品的销售收入×100%

=Σ各种产品边际贡献率×各种产品占总销售的比重

【例 9-4】 某企业生产甲、乙、丙三种产品，固定成本为 2 000 元，有关资料见表 9-1，请计算其预期利润。

表 9-1　　销售和成本计划资料

产品	单价（元/件）	单位变动成本（元/件）	单位边际贡献（元/件）	销量（件）
甲	10	8	2	100
乙	9	6	3	300
丙	8	4	4	500

根据表 9-1 资料计算如下。

加权平均边际贡献率=Σ各种产品的边际贡献/Σ各种产品的销售收入×100%

=（2×100+3×300+4×500）/（10×100+9×300+8×500）×100%

=40.26%

或者，

加权平均边际贡献率=Σ各种产品边际贡献率×各种产品占总销售的比重，相关计算见表 9-2。

加权平均边际贡献率=20%×12.99%+33.33%×35.06%+50%×51.95%=40.26%

利润=销售收入×边际贡献率−固定成本额=7 700×40.26%−2 000=1 100（元）

表 9-2　　　　加权平均边际贡献率计算表

产品	单价（元/件）	单位变动成本（元/件）	单位边际贡献（元/件）	边际贡献率	销量（件）	销售收入（元）	占销售的比重
甲	10	8	2	20%	100	1 000	12.99%
乙	9	6	3	33. 33%	300	2 700	35.06%
丙	8	4	4	50%	500	4 000	51.95%
合计						7 700	100%

第二节　盈亏临界分析

一、盈亏临界分析

盈亏临界分析是本量利分析的一项基本内容，亦称损益平衡分析或保本分析。它主要研究如何确定盈亏临界点、有关因素变动对盈亏临界点的影响等问题，可以为决策者提供在何种业务量下企业将盈利，在何种业务量下会出现亏损等信息。

盈亏临界点是指当产品的销售量达到某一点时，其总收入等于总成本，边际贡献正好抵偿全部固定成本，利润为零，企业处于不盈不亏的状态。这种特殊的状态就称为盈亏临界状态，使企业达到盈亏临界状态的销售量或销售额之点即盈亏临界点，亦称保本点、损益平衡点。只有业务量超过盈亏平衡点才会盈利，如果业务量低于盈亏平衡点，则为亏损。盈亏临界点主要有两种表现形式，即盈亏临界点销售量（简称保本量）和盈亏临界点销售额（简称保本额），前者以实物表示，后者以货币价值量单位表示。

（一）盈亏临界点销售量

单一品种的盈亏临界点的计算比较简单。由于利润的计算公式为

利润=（单位销售价格-单位变动成本）×销量-固定成本额

$$E=(p-b)x-a$$

令利润 E=0，此时的销量即为盈亏临界点销售量，即

盈亏临界点销售量=固定成本/（单价-单位变动成本）

=固定成本/单位边际贡献

$$x_0=a/(p-b)$$

【例 9-5】 某公司只产销 A 产品，全年产销量为 10 000 件，单位变动成本为 1 800 元，固定成本总额为 6 000 000 元，每件售价为 3 000 元，则盈亏临界点销售量为

$$x_0=a/(p-b)=6\,000\,000/(3\,000-1\,800)=5\,000\text{（件）}$$

（二）盈亏临界点销售额

单一产品企业在现代经济中只占少数，大部分企业产销多种产品。企业在生产销售多种产品的情况下，其盈亏临界点分析就不能用实物量表现，而只能用货币价值量表现。因为不同品种的销售量无法直接相加，因而也就无法直接应用以单一品种为基础的盈亏临界点销售量公式计算企业综合的盈亏临界点。因此，多品种盈亏临界点要用销售额来表示。根据本量利分析中的边际贡献率方程式可知：

利润=销售收入×边际贡献率−固定成本额=$Rm \cdot px-a$

令利润 E=0，即可得到

盈亏临界点销售额（y_0）=固定成本/边际贡献率=a/Rm

根据【例 9-5】的资料，计算得

边际贡献率=（3 000−1 800）/3 000=40%

盈亏临界点销售额（y_0）=6 000 000/40%=15 000 000（元）

根据【例 9-4】资料，计算得

盈亏临界点销售额=2 000/40.26%=4 968（元）

甲产品盈亏临界点销售额=4 968×12.99%=645（元）

甲产品盈亏临界点销售量=销售额/单价=645/10=65（件）

乙产品盈亏临界点销售额=4 968×35.06%=1 742（元）

乙产品盈亏临界点销售量=1 742/9=194（件）

丙产品盈亏临界点销售额=4 968×51.95%=2 581（元）

丙产品盈亏临界点销售量=2 581/8=323（件）

二、盈亏临界点作业率

盈亏临界点作业率是指盈亏临界点销售量占企业正常销售量的比重。所谓正常销售量，只指在正常市场和正常开工情况下企业的销售数量，也可以用销售金额来表示。

盈亏临界点作业率的计算公式如下：

盈亏临界点作业率=盈亏临界点销售量/正常销售量×100%

这个比率表明企业保本的业务量在正常业务量中所占的比重。由于多数企业生产经营能力是按正常销售量来规划的，生产经营能力与正常销售量基本相同，盈亏临界点作业率也可以表示保本状态下生产经营能力的利用程度。

【例 9-6】 某企业正常销售量为 10 000 件，盈亏临界点销售量为 5 000 件，则

盈亏临界点作业率=5 000/10 000×100%=50%

计算表明，该企业的作业率必须达到正常作业的 50%以上才能取得盈利，否则就会发生亏损。

本章小结

成本按照性态最终可以分为变动成本和固定成本，在此基础上，对成本、业务量和利润三者之间的数量关系进行研究，可以进行盈亏临界分析，也可以进行利润规划和控制。通过本量利基本方程式、边际贡献方程式以及边际贡献率方程式，可以计算出盈亏临界点的销售量和销售额。

综合练习四

一、单项选择题

1. 下列账户中，年末结算后应无余额的是（　　）。

A. 应收账款　　B. 主营业务成本

C. 应收票据　　D. 应交税费

2．下列项目中不应该记入应收账款账户借方的是（　　）。

A．应收货款　　B．应收取的增值税

C．代垫的运杂费　　D．应收取的包装物押金

3．下列不属于销售费用的是（　　）。

A．广告费　　B．专设销售机构人员工资

C．销售中支付的消费税　　D．产品的展览费

4．企业用银行存款预付下一年度的广告费，正确的分录为（　　）。

A．借：其他应收款

　　贷：银行存款

B．借：销售费用

　　贷：银行存款

C．借：其他应付款

　　贷：银行存款

D．借：销售费用

　　贷：其他应收款

5．不应通过"营业税金及附加"账户核算的是（　　）。

A．营业税　　B．城市维护建设税

C．增值税　　D．消费税

6．某企业规定的信用条件为"5/10，2/20，*n*/30"，一客户从该企业购入原价为10 000元的原材料，并于第15天付款，该客户实际支付的货款是（　　）元。

A．9 500　　B．9 900

C．10 000　　D．9 800

7．企业以赊销方式卖给客户A产品100万元，为了使客户能够尽快付款，规定的信用条件是"10/10，5/30，*n*/60"，则下面描述正确的是（　　）。

A．信用条件中的10，30，60是信用期限

B．n表示折扣率，由买卖双方协商确定

C．客户只要在60天以内付款就能享受现金折扣优惠

D．客户只要在10天以内付款就能享受10%的现金折扣优惠

8．企业赊销政策的内容不包括（　　）。

A．确定信用期间　　B．确定信用标准

C．确定现金折扣政策　　D．确定收账方法

9．影响应收账款机会成本的主观因素是（　　）。

A．结算时间　　B．应收账款的数额

C．有价证券的利率或报酬率　　D．坏账损失率

10．企业通常以（　　）来确定信用标准。

A．客户偿还债务的能力　　B．经济状况

C．预期坏账损失率　　D．客户履约偿还债务的态度

11．如果产品的单价与单位变动成本上升的百分率相同，其他因素不变，则盈亏临界点销售量（　　）。

A. 不变　　B. 上升　　C. 下降　　D. 不确定

12. 已知企业年目标利润为 2 500 万元，产品单价为 1 000 元，变动成本率为 40%，产品固定成本为 700 万元，则要达到目标利润，企业应销售产品（　）件。

A. 80 000　　B. 53 334　　C. 41 667　　D. 62 550

13. 本量利分析的基础是（　）。

A. 盈亏临界点　　B. 目标利润

C. 成本性态分析　　D. 目标销售量

14. 下列公式中不正确的是（　）。

A. 利润=销售收入-变动成本-固定成本

B. 利润=边际贡献-固定成本

C. 利润=销售收入×边际贡献率-固定成本

D. 利润=销售收入×边际贡献-固定成本

15. 某企业盈亏临界点销售额为 16 000 元，正常开工的销售收入为 20 000 元，如果该公司要获得利润，盈亏临界点作业率至少应达到（　）。

A. 20%　　B. 80%　　C. 125%　　D. 150%

16. 边际贡献率与变动成本率二者之间的关系是（　）。

A. 变动成本率高，则边际贡献率高

B. 变动成本率高，则边际贡献率低

C. 变动成本率与边际贡献率二者没有关系

D. 变动成本率是边际贡献率的倒数

二、多项选择题

1. 下列各项中不能作为工业企业主营业务收入确认的有（　）。

A. 企业代收的增值税　　B. 企业代收的消费税

C. 企业代垫的运输费　　D. 销售商品的价款

2. 下列账户中，应于期末将余额结转到"本年利润"账户的有（　）。

A. 主营业务收入　　B. 主营业务成本

C. 营业税金及附加　　D. 销售费用

3. 信用政策由（　）等要素组成。

A. 信用标准　　B. 信用期间

C. 现金折扣政策　　D. 收账政策

4. 企业在制定或选择信用标准时必须考虑的三个基本因素是（　）。

A. 同行业竞争对手的情况　　B. 企业承担违约风险的能力

C. 客户的经济状况　　D. 客户的资信程度

5. 信用标准过高的可能结果包括（　）。

A. 扩大市场占有率　　B. 降低违约风险

C. 丧失很多销售机会　　D. 减少坏账费用

6. 企业资信情况通常取决于信用品质、偿付能力和（　）等方面。

A. 资本　　B. 抵押品

C. 条件　　D. 持续性

7. 与信用期限相关的表述中，正确的有（　　）。

A. 延长信用期限会扩大销售量

B. 延长信用期限会增加收账费用

C. 延长信用期限增加机会成本

D. 延长信用期限会减少坏账损失成本

8. 下列因素中，（　）呈上升趋势变化时，会导致保本点升高。

A. 销售量　　B. 单价

C. 单位变动成本　　D. 固定成本

9. 加权平均边际贡献率=（　　）。

A. Σ各种产品边际贡献率×各种产品的销售收入

B. Σ各种产品边际贡献率×各种产品销售收入占总销售的比重

C. 各种产品边际贡献之和/各种产品销售收入之和

D. 各种产品销售收入之和/各种产品边际贡献之和

10. 在其他条件不变的情况下，下列措施能导致利润上升的是（　　）。

A. 减少销售量　　B. 降低单位成本

C. 减少固定成本总额　　D. 提高销售单价

11. 下列指标中受销售量变动影响的指标是（　）。

A. 边际贡献率　　B. 盈亏临界点作业率

C. 边际贡献总额　　D. 单位边际贡献

三、判断题

1. 企业发生的销售折让，应记入“主营业务收入”账户的贷方。（　　）

2. 企业销售商品确认收入后，应将已售商品的生产成本从“库存商品”账户结转至“主营业务成本”账户。（　　）

3. 企业负担的增值税应记入“营业税金及附加”账户。（　　）

4. 销售费用属于损益类账户，期末无余额。（　　）

5. 预收账款是资产类账户，期末有借方余额。（　　）

6. 企业业务招待费属于销售费用。（　　）

7. 应收账款具有促进销售和减少存货的功能。（　　）

8. 企业应根据自身的承受能力来确定信用标准。（　　）

9. 企业在制定收账政策时，需要在增加收账费用和减少坏账损失之间进行权衡。（　　）

10. 边际贡献率小于0的企业，一定是亏损企业。（　　）

11. 企业如果只生产一种产品，盈亏临界点既可以用实物量表示，也可以用金额表示。（　　）

12. 若边际贡献等于固定成本，则企业处于保本状态。（　　）

13. 盈亏临界点作业率表明了企业在保本状态下企业生产能力的利用程度。（　　）

14. 在多品种情况下，若其他因素不变，只要提高边际贡献率较大的产品的比重，就可以降低整个企业的综合保本销售额。（　　）

四、计算分析题

(一)销售业务的核算

1. 目的

练习商品销售业务的核算。

2. 资料

中华工厂2014年7月的有关业务资料如下。

(1)向恒通公司销售A产品80件,单价为1 500元,货款为120 000元,应交增值税税额为15 600元。恒通公司开出并承兑商业汇票一张,金额为135 600元,期限为3个月。

(2)预收W公司购B产品货款40 000元,存入银行。

(3)以银行存款1 500元支付产品广告费。

(4)向长城公司销售A产品40件,单价为1 500元,货款为60 000元,增值税专用发票上注明税额为7 800元;销售B产品140件,每件售价1 000元,货款计140 000元,增值税专用发票注明增值税税额为18 200元。款项均已收到并存入银行,产品已发出。

(5)向明生工厂销售B产品80件,单价1 000元,货款为80 000元,增值税专用发票上注明税额为10 400元,以银行存款1 200元支付代垫运杂费。货款、税金及代垫费用均尚未收到。

(6)按合同向W公司发出B产品30件,单价1 000元,货款为30 000元,增值税专用发票上注明税额为3 900元。价款以原预收款抵付,同时开出转账支票支付多收取的货款。

(7)以现金支付销售产品而发生的包装费和装卸费用共180元。

(8)A产品为应税消费品,按销售收入的10%计算已销A产品的应纳消费税税额。

(9)结转本月已售A、B产品的实际生产成本。其中,A产品单位成本为1 200元,B产品单位成本为580元。

3. 要求

根据上述资料编制会计分录。

(二)应收账款管理

1. 资料

(1)南方发展公司2020年的经营情况和信用标准如表D-1所示。

表D-1 经营情况和信用标准

项目	数据
销售收入(元)	500 000元
变动成本率	60%
信用期	30天
预期坏账损失率	5%
机会成本(债券利率)	10%
收账费用	2 000元

（2）公司为了扩大销售，增加利润总额，采取了向客户放宽信用标准的策略，提出了新的信用方案。其资料如表 D-2 所示。

表 D-2　　新的信用方案

项　　目	数　　据
销售收入（元）	600 000 元
变动成本率	60%
信用期	60 天
现金折扣条件	（2/20，1/40，N/60）
预期坏账损失率	5%
机会成本（债券利率）	10%
收账费用	3 000 元

假设有 50%的客户选择在 20 天内付款，30%的客户选择在 20～40 天内付款。

2. 要求

根据资料，做出企业是否改变信用政策的决策。

（三）本量利分析

某企业生产销售一种产品，2019 年销售量为 10 000 件，每件售价 200 元，单位成本为 150 元，其中单位变动成本为 120 万元。该企业拟使 2020 年利润在 2013 年基础上增长 20%。

要求计算：

（1）2019 年的利润；

（2）2019 年盈亏临界点销售量以及盈亏临界点作业率；

（3）实现 2020 年利润目标的销售量。

阶段综合模拟实训

实训项目　本量利分析的具体运用

1. 目的

运用本量利分析原理做出企业是否继续生产亏损产品的决策，并总结亏损产品继续生产的条件。

2. 资料

某模具公司本年产销甲、乙、丙三种产品，有关资料如表 D-3 所示。

表 D-3　　产品销售和成本资料

项　　目	甲产品	乙产品	丙产品
产销量（件）	2 000	1 000	800
销售单价（元/件）	30	60	40
单位变动成本（元/件）	15	48	20
单位生产工时（小时/件）	4	12	5
固定成本总额（元）	30 000（按各产品工时比例分配）		

假定剩余生产能力无法转移（指当亏损产品停产后，闲置下来的生产能力无法被

用于其他方面，既不能转产其他产品，也不能将有关设备出租或出售），利用本量利分析的有关知识做出有关亏损产品是否停产的决策。

3. 要求

（1）计算甲、乙、丙三种产品各自应分摊的固定成本；

（2）计算甲、乙、丙三种产品各自的边际贡献；

（3）计算甲、乙、丙三种产品各自的利润（或亏损）；

（4）即使有亏损产品，三种产品都继续生产，计算企业总利润；

（5）如果亏损产品停止生产，固定成本总额如何分摊？

（6）亏损产品停止生产后，企业产生的总利润是多少？

（7）比较亏损产品继续生产和停止生产的企业总利润，做出是否继续生产亏损产品的决策，并进行简要的分析。

（8）试分析亏损产品继续生产的前提条件。

Accounting Basis and Practice

模块 五

投融资管理

※案例导入

钱能生钱

古时候，在丰饶富庶的江南小镇上有一个大户人家，主人姓钱，人们都称他为钱老爷，乃是当地首富。这钱老爷也是贫苦出身，以前在商号里给人做伙计，省吃俭用，攒了一点银子，就自己在街上做点小买卖。虽说是小买卖，可是生意很红火，每年也小有积蓄，但钱老爷从不乱花钱，而是把积蓄再投入买卖中，就这样没几年，钱老爷就已经是富甲一方的人物了。

俗话说，人无远虑，必有近忧。钱老爷虽说生意红红火火，可自己也已不再年轻了，眼看三个儿子一天天长大，也不知三个儿子这几年到底历练得如何，钱老爷决定考验一下。

这一天，钱老爷决定出门远游，他想趁这个机会，来看看三个儿子除了会干活以外，还会不会利用银子来赚取银子。于是他给三个儿子每人一笔银子谋生。

三年后钱老爷回来，大儿子说用父亲给的银子做木材生意赚了两倍，二儿子说用这些银子放利赚了一倍，三儿子说为防丢失将银子埋进了地里。

钱老爷对大儿子和二儿子的做法都很满意，分别安排他们去掌管各处的生意，而对三儿子则收回了原来给的银子，并让他继续锻炼。

问题

（1）父亲为什么对大儿子、二儿子称赞有加，对三儿子则是原银收回？

（2）从这个案例可以得到哪些启示？

第十章

货币时间价值与风险分析

【学习目标】

通过本章学习，正确理解货币时间价值的含义，掌握单利、复利的终值与现值、年金终值与现值的计算，重点掌握普通年金的终值与现值计算方法；了解风险的概念与种类，理解风险的衡量，掌握风险与报酬的关系。

【重点难点】

重点：单利、复利的终值与现值、年金终值与现值的计算；风险与报酬的关系。

难点：普通年金的终值与现值计算方法。

【技能点】

通过本章的学习，能够对简单的实务案例分析货币时间价值与风险价值。

【学习内容】

从本章可以学到，货币时间价值、单利、复利和年金的终值与现值、风险价值、风险衡量、风险与报酬的关系等财务管理的基本观念。

货币时间价值和投资的风险价值，是现代财务管理的两个基本概念，贯穿于企业的投资、融资和分配等财务管理的环节中。企业开展财务活动、处理财务关系、实现财务管理目标等，都必须建立货币时间价值和风险分析的观念。

第一节　货币时间价值

一、货币时间价值的概念

在商品经济时代经常会遇到这样的问题，今天的100元、5年后的150元、10年后的200元，以及20年后的300元，你选择哪一个？是选择今天的100元，落袋为安，还是选择数年后看似更多的金额？

要理性地回答这个问题，就必须正确地进行比较，即将不同时点的现金流量调整到同一时点。而调整到同一时点就需要用到货币时间价值这个概念。假定货币时间价值为5%，调整到同一时间点（今天）的现金流量为

今天的100元不变。

5年后的150元等于今天的117.53元。

10年后的200元等于今天的122.78元。

20年后的300元等于今天的113.07元。

通过比较，你可以很理性地选择10年后的200元，为自己带来最大的收益。

从上面的数字里，我们可以看出一定量的资金在不同时点上，具有不同价值，现在的一元钱和数年后的一元钱在经济价值上并不相等。例如，我们可以利用储蓄在数年后获得超过一元钱的数额。

所谓货币时间价值是指在不考虑风险因素和通货膨胀因素的前提下，货币经过一定时间的投资和再投资所增加的价值，也称为资金时间价值。货币资金的本质就是资本，资本有保值和增值的要求，在流转过程中完成保值增值的过程。这是一个非常重要且涉及众多理财活动的概念，如购买保险、资本预算、租赁还是购买固定资产决策、应收账款管理等。甚至有人将货币时间价值称为理财的“第一原则”。

货币时间价值代表着无风险和无通货膨胀条件下的社会平均资金利润率，是企业资金利润率的最低限度，也是使用资金的最低成本率。由于市场竞争，社会各部门投资的利润率趋于平均化。每个企业在选择投资项目时，至少要取得社会平均利润率，否则企业将投资于其他项目或其他行业。所以，货币时间价值成为评价投资方案的基本标准。因此，财务管理在资金的筹集、投入、使用和收回等各个环节都应考虑货币时间价值这一因素，以提高财务决策的质量。

在实务中，如果通货膨胀率很低，可以忽略不计，则可用政府债券利率来表现货币时间价值。政府债券以政府信用做担保，而且通常都可以自由流通，所以在通货膨胀率很低的情况下，政府债券的利率近似于纯利率，即货币时间价值。所以，购买政府债券是风险最低的投资行为。

货币时间价值可以用绝对数表示，也可以用相对数表示，即以利息额和利息率来表示。但在实际财务活动中，对这两种表示方法并不做严格的区分，通常以利息率表示。这里利息率是指在没有通货膨胀条件下的社会资金平均利润率。

二、货币时间价值的计算

王某正在考虑出售在A地的一块土地。昨天，有人提出以100 000万元购买。他正准备接受这一报价时，又有一人报价114 240元，但是一年后付款。两位买主都有购买诚意和支付能力，王某应该选择哪个报价呢？由于资金随着时间的延续而增值，现在的1元钱与将来的1元钱经济价值不相等，因此不同时点的资金收付不能直接进行。这就需要运用货币时间价值的计算知识了。

因为资金随着时间延续而增值的过程与利息的增值过程在数量上相似，所以在计算时广泛使用了计算利息的各种方法。计算利息的方法有单利和复利两种。同时，我们还将运用到终值和现值的概念。所谓终值，就是指一定量货币按规定利率计算的未来价值。由于终值由本金和利息两部分组成，因此也称本利和。所谓现值，就是指一定量未来的货币按规定利率折算的现在价值。由于终值与现值之间的差额就是货币的时间价值，因此在实际应用中，对货币时间价值的计算就转化为对终值和现值的计算。

（一）单利终值和现值的计算

在单利计算利息的方法下，只有本金在贷款期限中获得利息，不管时间多长，所生利息均不加入本金重复计算利息。

在单利条件下，利息的计算公式为 $I=P\times i\times n$

单利终值公式为 $F=P+I=P\times(1+i\times n)$

单利现值公式为 $P=F-I=F\div(1+i\times n)$

式中，I——利息；

P——现值；

i——利率；

n——计息期数；

F——终值。

从上面的公式中可以看出，终值和现值是一对与一定利率和一定期限相联系的相对概念。利率越高，时间越长，终值就越大，而现值则越小。因此，终值和现值之间存在着一定的函数关系。

【例10-1】 某企业持有一张带息票据，票面金额为1 000元，票面利率为6%，当前日期6月1日，到期日期为7月30日（共60天），则到期利息为

$$I=1\ 000\times6\%\times（60/360）=10（元）$$

注意，除非特别指明，在计算利息时给出的利率均为年利率。按天计息的情况下，一年按360天折算。

到期的本利和（终值）为 $F=P\times(1+i\times n)=1000\times（1+6\%\times60/360）=1\ 010$（元）

【例10-2】 假如上例中的企业因急需用款，凭该票据于7月1日到银行办理贴现，银行规定的贴现率为9%。则银行付给企业的金额为

$$P=F\div(1+i\times n)=1010\div[1+9\%\times（30/360]=1002.48（元）$$

单利计算方法由于每期所得利息不再计算利息，实际上是假定利息不再投入资金周转过程，这不符合资金运动规律，不能完全反映货币的时间价值。

（二）复利终值和现值的计算

资金按单利计算进行投资，利息没有进行再投资；而在复利情况下，利息也进行再投资了。本杰明·富兰克林说“钱可以生钱，钱生的钱又可以再生出更多的钱”，这是解释复利过程的一种生动形象的描述。

采用复利计算方法，上期的利息能够转入下期与本金合在一起计算利息，从而对资金使用期限的长短产生更大的影响，因此资金时间价值通常采用复利计算。

1. 复利终值的计算

复利终值是指一定量的本金按复利计算若干期后的本利和。例如，现在有资金1 000元，如果年贴现率为10%，则第一年至第三年，各年年末的复利终值如下：

1 000元1年后的终值=1 000×（1+10%）=1 100（元）

1 000元2年后的终值=1 000×（1+10%）×（1+10%）=1 210（元）

1 000元3年后的终值=1 000×（1+10%）×（1+10%）×（1+10%）=1 331（元）

因此，经过推理总结，复利终值的计算公式为

$$F=P\times(1+i)^n$$

式中，$(1+i)^n$ 称为复利终值系数，表示为（F/P，i，n）。在实际工作中，为了简化和加速复利的计算，可以查“复利终值系数表”。

【例10-3】 某企业向银行借入100 000元，期限4年，年利率为8%，复利计息，计算4年后应归还的本利和如下：

$$F=100\,000\times(1+8\%)^4=100\,000\times1.360\,5=136\,050\text{（元）}$$

2. 复利现值的计算

复利现值是指未来一定时间的特定资金按复利计算的现在价值，或者说是为了取得将来一定的本利和现在所需要的本金。

例如，如果年利率为10%，计算第一年至第三年各年年末的100元的现值如下：

$$1\text{年后的}1\,000\text{元的现值}=1\,000\times\frac{1}{(1+10\%)}=909.1\text{（元）}$$

$$2\text{年后的}1\,000\text{元的现值}=1\,000\times\frac{1}{(1+10\%)\times(1+10\%)}=826.4\text{（元）}$$

$$3\text{年后的}1\,000\text{元的现值}=1\,000\times\frac{1}{(1+10\%)\times(1+10\%)\times(1+10\%)}=751.3\text{（元）}$$

因此，经过推理总结，复利现值的计算公式如下：

$$P=F\times\frac{1}{(1+i)^n}=F\times(1+i)^{-n}$$

式中，$(1+i)^{-n}$ 称为复利现值系数，表示为（P/F，i，n），可查“复利现值系数表”。

【例10-4】 某项投资2年后可取得收入100 000元，年利率为10%，复利计息，计算其收入现值如下：

$$P=100\,000\times(1+10\%)^{-2}=100\,000\times0.826=82\,600\text{（元）}$$

复利终值与现值的关系：

（1）互为逆运算；

（2）复利终值系数与复利现值系数互为倒数。

在复利计算中，可以广泛地应用复利系数表，但这些表格是针对一些典型的整数利率与整数年限而制成的。当债务利率和债务期限不是整数时，终值的计算仍可利用该表，但必须辅之以内插法来确定终值，也可以用 Excel 等软件工具进行计算求得。

（三）年金的计算

年金是指等额、定期的系列收支，是一种比较特殊的现金收支形式。年金具有连续性和等额性特点。连续性要求在一定时间内间隔相等时间就要发生一次收支业务，中间不得中断，必须形成现金流系列。等额性要求每期收、付款项的金额必须相等。年金的形式多种多样，如等额分期收款、等额分期付款、保险费等，都属于年金的收付形式。

年金按其每次收付款项的时点不同，可分为普通年金、预付年金、递延年金和永续年金等。无论哪种年金，都是建立在复利基础之上的。利用前面的知识，我们知道了单笔资金的终值和现值的计算方法，年金的终值和现值计算可以利用复利计算方法累加计算得出。

1. 普通年金的计算

普通年金又称为后付年金。它是指在一定时期内每期期末收付等额款项的年金。这种年金在现实生活中最为常见，而且其他几种年金均可在这种年金的基础上推算出来。因此，应重点掌握普通年金的有关计算方法。

普通年金的收付可用图 10-1 来表示。图中横轴代表时间的延续，横线以上的数字为各期的顺序号，竖线箭头的位置代表支付的时点，下面的数字表示支付的金额。图 10-1 表示 3 期内每年年末收入 100 元的普通年金。

（1）普通年金终值的计算。

普通年金终值是指一定时期内每期期末等额收付系列款项的复利终值之和。它是每笔年金的本息终值的总和。按图 10-1 所示的数据，假定 i=5%，则第 3 期期末普通年金终值的计算如图 10-2 所示。

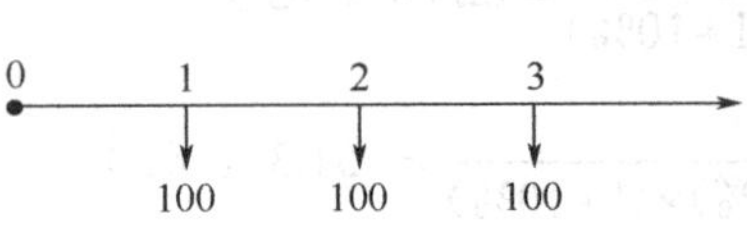

图 10-1　普通年金收付示意图

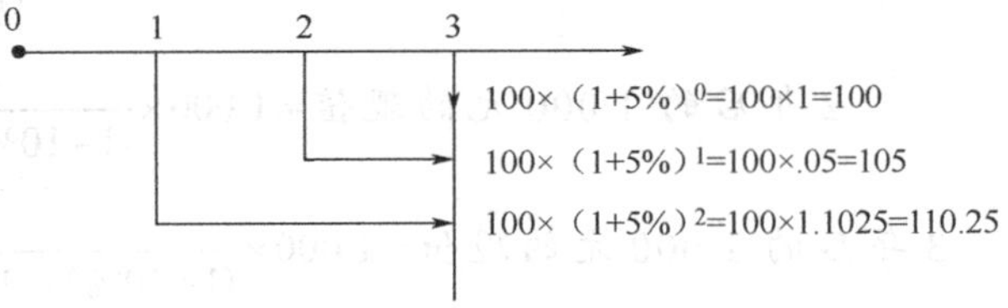

图 10-2　普通年金终值计算示意图

从图 10-2 可知，第 1 期末的 100 元，有 2 个计息期，其复利终值为 110.25 元；第 2 期末的 100 元，有 1 个计息期，其复利终值为 105 元；第 3 期期末的 100 元，没有利息，其终值仍为 100 元。将这 3 期的复利终值相加可得 315.25 元，即为整个普通年金终值。普通年金终值的计算公式是

$$F_A = A \times \frac{(1+i)^n - 1}{i}$$

式中，F_A——年金的终值；

A——年金；

i——利率；

n——期数。

式中，$\frac{(1+i)^n-1}{i}$叫普通年金终值系数，用符号（F/A，i，n）表示，该系数可通过查“年金终值系数表”获得。

【例 10-5】 王某在 4 年内每年年末向银行借款 10 000 元，年利率为 6%，第 4 年末还本付息。计算其第 4 年末应归还的本息如下：

$$F_A = 10\ 000 \times (F/A, 6\%, 4) = 10\ 000 \times 4.374\ 6 = 43\ 746\text{（元）}$$

查表得到（F/A，6%，4）=4.374 6

（2）普通年金现值的计算。

普通年金现值是指在一定时期内，每期期末等额收付系列款项的复利现值之和。它是每笔年金的本息现值的总和。按图 10-1 所示的数据，假定 i=5%，则第 1 期期初普通年金现值的计算如图 10-3 所示。

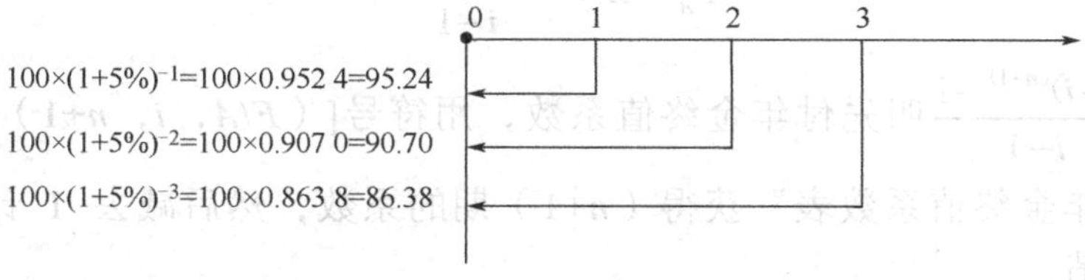

图 10-3　普通年金现值计算示意图

从图 10-3 可知，第 1 期期末的 100 元折现到第 1 期期初，有 1 个计息期，其复利现值为 95.24 元；第 2 期期末的 100 元折现到第 1 期期初，有 2 个计息期，其复利现值为 90.70 元；第 3 期期末的 100 元折现到第 1 期期初，有 3 个计息期，其复利现值为 86.38 元。将这 3 期的复利现值相加可得 272.32 元，即为整个普通年金现值。普通年金现值的计算公式是

$$P_A = A \times \frac{1-(1+i)^{-n}}{i}$$

式中，$\frac{1-(1+i)^{-n}}{i}$叫普通年金现值系数，用符号（P/A，i，n）表示，该系数可通过查“年金现值系数表”获得。

【例 10-6】 王某准备按揭买一套商品房，总计房款为 100 万元，如首付 20%，年利率为 8%，银行提供 20 年按揭贷款，则每年应付款多少?如果每月不计复利，每月付款额是多少？

购房总共需要贷款额=100×（1-20%）=80（万元）

查表得到（P/A，8%，20）=9.818

每年分期付款额=80/9.818=8.15（万元）

所以，每月付款额=8.15/12=0.68（万元）

2. 先付年金的计算

先付年金是指在一定时期内每期期初收付等额款项的年金，又称预付年金或即付

年金。先付年金的收付可用图 10-4 来表示。

（1）先付年金终值的计算。

先付年金终值是指一定时期内每期期初等额收付系列款项的复利终值之和。按图 10-4 所示的数据，假定 i=5%，则第 3 期期末先付年金终值的计算如图 10-5 所示。

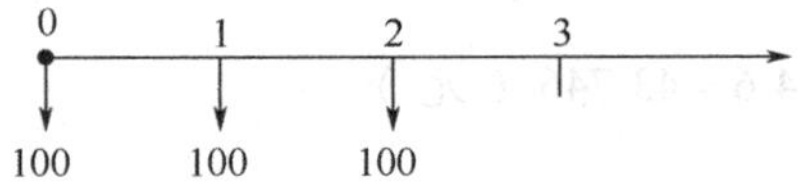

图 10-4　先付年金收付示意图

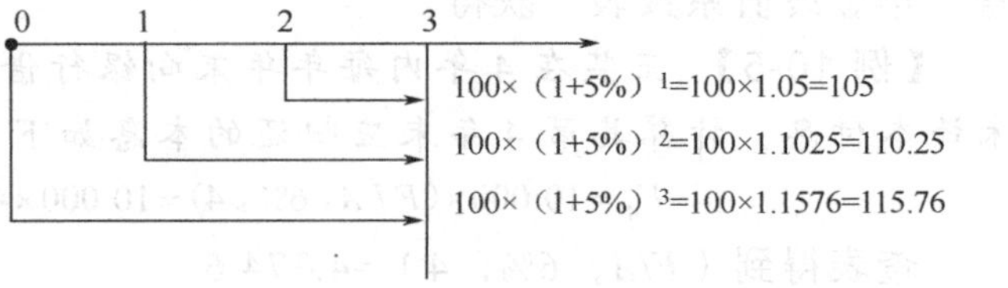

图 10-5　先付年金终值计算示意图

从图 10-5 可知，这 3 期的复利终值相加可得 331.01 元，即为整个先付年金终值。先付年金终值的计算公式是

$$F_A = A\times\frac{(1+i)^{(n+1)}-1}{i-1}$$

式中，$\frac{(1+i)^{(n+1)}-1}{i-1}$叫先付年金终值系数，用符号[（$F/A$，$i$，$n$+1）−1]表示，该系数可通过查“年金终值系数表”获得（n+1）期的系数，然后减去 1 计算得出先付年金的终值系数值。

【例 10-7】 王某决定连续 5 年于每年年初存入银行 100 000 元作为购房基金，银行存款利率为 5%，则在第 5 年末能一次取出的本利和为

$$F_A = 100\,000\times\left[(F/A,6\%,5+1)-1\right] = 100\,000\times(6.801\,9-1) = 580\,190\text{（元）}$$

查表得到（F/A，5%，6）=6.801 9

（2）先付年金现值的计算。

先付年金现值是指在一定时期内，每期期初等额收付系列款项的复利现值之和。按图 10-4 所示的数据，假定 i=5%，则第 1 期期初先付年金现值的计算如图 10-6 所示。

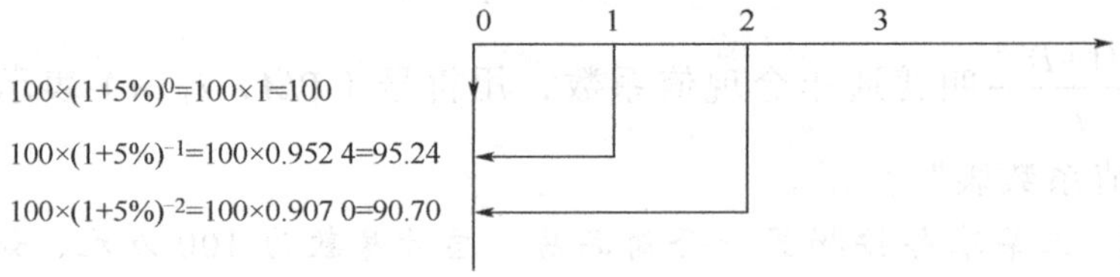

图 10-6　先付年金现值计算示意图

从图 10-7 可知，将这 3 期的复利现值相加可得 285.94 元，即为整个先付年金现值。先付年金现值的计算公式是

$$P_A = A\times\frac{1-(1+i)^{-(n-1)}}{i+1}$$

式中，$\frac{1-(1+i)^{-(n-1)}}{i+1}$叫先付年金现值系数，用符号[（$P/A$，$i$，$n$−1）+1]表示，该系

数可通过查“年金现值系数表”获得（$n-1$）期的值，然后加上 1 计算出对应的先付年金的现值系数值。

【例 10-8】 王某分期付款购买了一套商品房，每年年初支付 20 000 元，20 年还款期，银行贷款利率为 8%，该分期付款如果现在一次性支付，需要支付现金多少？

$$P_A = 20\,000\times[(P/A, 8\%, 20-1)+1] = 20\,000\times(9.603\,6+1) = 212\,072 \text{（元）}$$

查表得到（P/A，8%，19）=9.603 6

3. 递延年金的计算

递延年金是指在一定时期内，第一次收付款发生时间是在第二期或第二期以后的年金。凡不是从第一期开始的年金就是递延年金。递延年金的收付可用图 10-7 来表示。

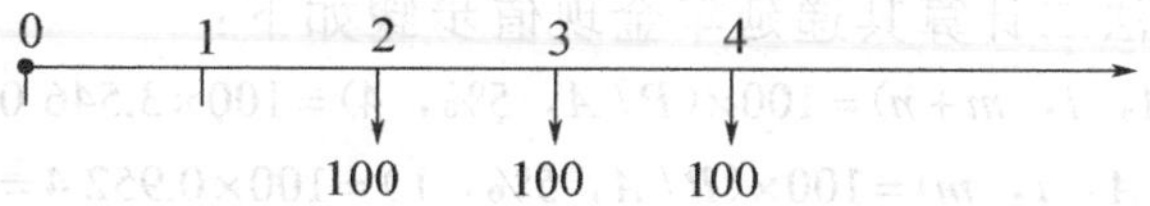

图 10-7　递延年金收付示意图

从图 10-7 可以看出，递延年金是普通年金的特殊形式，第 1 期没有发生收付款项。一般用 m 表示递延期数，图 10-7 中 m=1。从第 2 期开始连续 3 期发生等额的收付款项，n=3。

（1）递延年金终值的计算。

递延年金终值的计算方法与普通年金终值的计算方法相似，其终值大小与递延期限无关，即 $F_A=A\times(F/A, i, n)$。

【例 10-9】 某企业于年初投资一项目，产生的数据如图 10-7 所示，金额单位为万元，假定利率为 5%，要求计算投资项目年收益的终值。

$$F_A = 100\times(F/A, 5\%, 3) = 100\times3.152\,5 = 315.25 \text{（万元）}$$

查表得到（F/A，5%，3）=3.152 5

（2）递延年金现值的计算。

递延年金现值是自若干时期后开始每期款项的现值之和。其现值计算方法有两种。

方法一，把递延年金看作 n 期普通年金，计算出递延期末的现值，然后，将已计算出的现值折现到第一期期初，如图 10-8 所示。

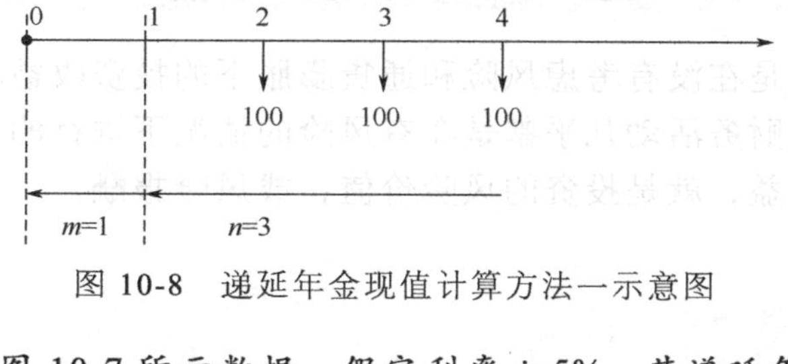

图 10-8　递延年金现值计算方法一示意图

【例 10-10】 如图 10-7 所示数据，假定利率 i=5%，其递延年金现值为多少？

第一步，计算 3 期的普通年金现值。

$$P_1 = A\times(P/A, i, n) = A\times(P/A, 5\%, 3) = 100\times2.7233 = 272.33 \text{（元）}$$

第二步，将已计算出的普通年金现值，折现到第一期期初。

$$P_0 = P_n \times (P/F, i, m) = P_1 \times (P/F, 5\%, 1) = 272.33 \times 0.952\,4 = 259.37 \text{（元）}$$

方法二，假定递延期中也进行支付，先求出（$m+n$）期的年金现值，然后，扣除实际并未支付的递延期（m）的年金现值，即可得出最终结果，如图 10-9 所示。

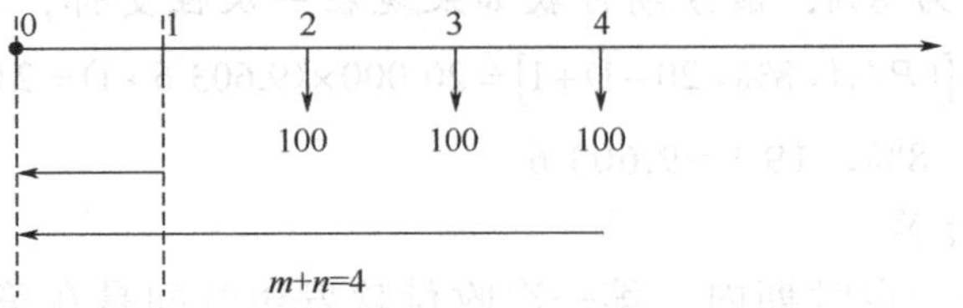

图 10-9　递延年金现值计算方法二示意图

按上例，采用方法二计算其递延年金现值步骤如下：

$$P_{(m+n)} = A \times (P/A, i, m+n) = 100 \times (P/A, 5\%, 4) = 100 \times 3.546\,0 = 354.60 \text{（元）}$$

$$P_{(m)} = A \times (P/A, i, m) = 100 \times (P/A, 5\%, 1) = 100 \times 0.952\,4 = 95.24 \text{（元）}$$

$$P_{(n)} = P_{(m+n)} - P_{(m)} = 354.60 - 95.24 = 259.36 \text{（元）}$$

4. 永续年金的计算

永续年金是指无限期等额收付的特殊年金，也称为永久年金，如优先股股利、金边债券（一种英国债券）等。它可视为普通年金的特殊形式，即期限趋于无穷的普通年金。因为它的持续期无限，所以没有终值，只有现值。其现值的公式可由普通年金现值公式推导得出：

$$P = A / i$$

【例 10-11】 某公司拟在某大学建立一项永久性的奖学金，计划每年颁发 100 000 元奖学金，若年利率为 5%，现在应存入多少钱？

$$P = A / i = 100\,000 / 5\% = 2\,000\,000 \text{（元）}$$

上述货币时间价值的计算，在财务管理实务中有着广泛的应用，如企业向银行申请贷款进行投资，对于债务的清偿可以运用货币时间价值原理选择还债方式。值得一提的是，对于实务中的不定期、非等额、不连续的收支情况，可以运用复利和年金的计算原理灵活计算求得。

第二节　风险分析

货币的时间价值是在没有考虑风险和通货膨胀下的投资收益率，它不涉及风险问题。实质上，企业的财务活动几乎都是在有风险的情况下进行的。投资者因承受风险而期望取得的额外收益，就是投资的风险价值，或风险报酬。

一、风险概述

（一）风险概念

风险广泛存在于财务活动当中，是客观存在的，并且对企业实现财务目标产生重要影响，无法回避和忽略。最容易理解的风险例子是投掷硬币，有 50%的概率获得正面。

实务中对风险和不确定性经常互换使用，但两者并不完全相同。我们用图 10-10

来明确以下概念。

- 确定性活动 ——→ 既定决策的未来结果是确定、可知的
- 不确定性活动
  - 风险型 ——→ 可以确定某一既定决策的一系列可能结果及其出现的概率。
  - 完全不确定型 ——→ 某一既定决策的可能出现的结果和相应的概率均不可知

图 10-10

风险是一个相对的概念，其大小随时间延续而变化，是“在一定时期内”的风险。对于一个投资项目，随着时间的推移，外部的各种影响因素逐渐地变成了事实，事件（财务活动）的不确定性随之减少，风险减少。当财务活动结束后，其结果已既成事实，也就不存在风险了。因此，风险总是“在一定时期内”的风险。

风险的两面性，就像“双刃剑”一样，既可能给投资人带来预期的收益，也可能带来预期的损失。一般来说，投资者对意外损失的关切比意外收益的关切要强烈得多。因此，研究投资风险时，侧重于分析如何降低风险带来的不利影响。

（二）风险的种类

从投资者角度来分析，风险可分为市场风险和公司特有风险。

1. 市场风险

市场风险是指对所有企业均产生影响的因素所引起的风险，例如战争、经济衰退、通货膨胀、财政政策和货币政策等。这类风险涉及市场中存在的所有投资对象，是投资者无法通过多元化投资来分散的，因此，又称为不可分散风险或系统风险。例如，2008 年由美国次贷危机引起的经济危机造成全球经济大幅度萎缩，这种风险便是市场风险，是任何投资者无法回避的，也是任何投资组合所不能分散的风险。

2. 公司特有风险

公司特有风险是指发生于个别公司的特有事件造成的风险，例如员工罢工、新产品开发失败、没有争取到重要的合同、诉讼失败等。这类事件是随机发生的，因而可以通过多元化投资来分散风险，即发生于一家公司的不利事件可以被其他公司的有利事件所抵消。这类风险因其具有可分散、可抵消性，所以称其为“可分散风险”或“非系统风险”。例如，某公司进行证券投资时，可以买几种不同行业的公司股票，其风险比买进单一股票的风险小。

从公司经营角度看，按风险形成的原因不同，可将公司特有风险进一步分为经营风险和财务风险两种。

（1）经营风险。经营风险是指生产经营的不确定性带来的风险，它是任何商业活动都具有的风险，也称为“商业风险”。经营风险主要来自以下几个方面：市场销售的波动、生产成本的变化、生产技术的不断改进以及其他对生产经营活动产生影响的各因素的变化。经营风险使得企业的营运报酬变得不确定。

（2）财务风险。财务风险是指因企业借款而增加的风险，是筹资决策带来的风险，故而也叫“筹资风险”。企业举债经营，全部资金中除自有资金外还有一部分借入资金，这会对自有资金的盈利能力造成影响；同时，借入资金需还本付息，一旦无力偿付到

期债务，企业便会陷入财务困境甚至破产。因此，对财务风险的管理，一方面要维持适度的负债水平，提高自有资金盈利能力；另一方面要注意防止过度举债而引起的财务风险的加大，避免企业陷入财务困境。

二、风险的衡量

风险的衡量，需要使用概率论和统计方法。假定决策的可能结果在期望值周围呈概率分布，投资者可以使用期望值和标准差等评估项目风险。

（一）概率分布

概率是表示随机事件发生的可能性大小。将经济活动可能产生的各种收益看作一个个随机事件，其出现或发生的可能性，就可用相应的概率描述。

概率分布是指一项活动可能出现的所有结果的概率集合。例如投掷硬币，可能出现两种结果，即正面或反面。这两种结果的可能性各占50%，这两个各占50%的概率作为一个整体，反映了投掷硬币这一活动可能出现结果的概率分布。

假定用 X 表示随机事件，X_i 表示随机事件的第 i 个结果，P_i 为出现该结果的相应概率，则概率必须符合下列两个要求：

（1）$0 \leqslant P_i \leqslant 1$

（2）$\sum_{i=1}^{n} P_i = 1$

【例 10-12】 某公司销售微车，全年计划销售 1 200 辆，但微车销售量与市场情况密切相关，市场调查后，该公司高层预测出市场情况与汽车销售量的关系，如表 10-1 所示。

表 10-1　　市场预测与汽车销售量概率分布

市场情况	年销售量 X_i（辆）	概率 P_i
需求很大	2 000	0.1
需求较大	1 600	0.2
需求一般	1 200	0.4
需求较差	800	0.2
需求很差	400	0.1

相应的概率分布如图 10-11 所示。

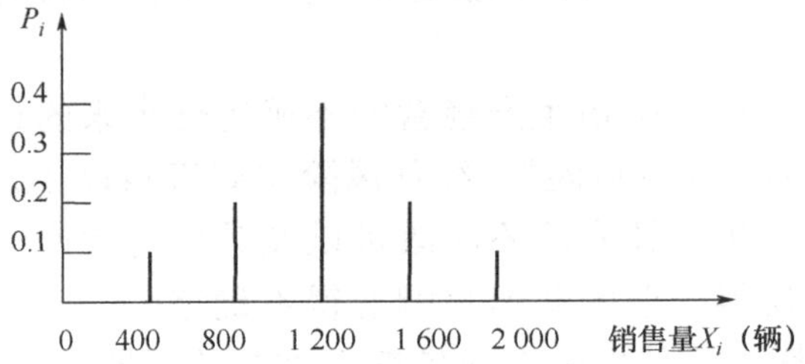

图 10-11　市场预测与汽车销售量概率分布

概率分布有两种类型。一种是不连续的概率分布，如图 10-11 所示，其特点是概率分布在各个特定的点上。另一种是连续的概率分布，其特点是概率分布在连续图像的两点之间的区间上，如图 10-12 所示。

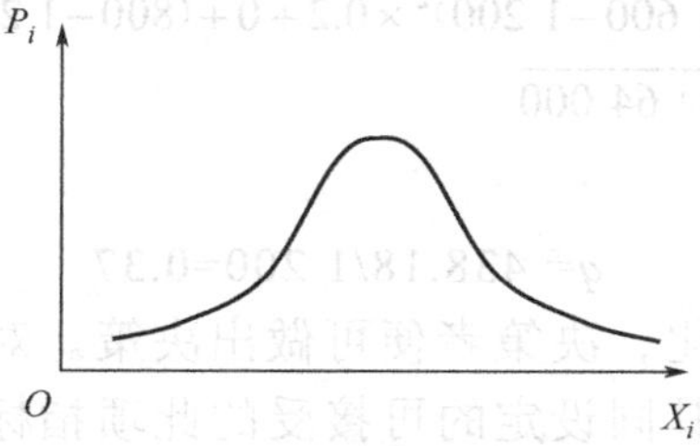

图 10-12　连续的概率分布图

（二）期望值

期望值（数学期望或均值），是一个概率分布中的所有可能结果，以各自相应的概率为权数计算的加权平均值。它反映随机变量取值的平均化，通常用符号 $\overline{E}$ 表示。其计算公式为

$$\overline{E}=\sum_{i=1}^{n}X_iP_i$$

【例 10-13】 以表 10-1 中有关数据为依据，计算汽车销售的预计销售量的期望值。

期望销售量为 $\overline{E}$=2 000×0.1+1 600×0.2+1 200×0.4+800×0.2+400×0.1
=200+320+480+160+40
=1 200（辆）

期望值体现的是预期收益的平均化，在各种不确定性因素影响下，它代表了投资者的合理预期。

（三）离散程度

期望值忽视了有关结果的离散程度（风险）的重要信息。最常用于表示随机变量离散程度的是标准差、标准离差率等指标。

标准差也叫均方差，是方差的平方根，反映随机变量与期望值之间的离散程度，通常用 σ 表示。其计算公式为

$$\sigma=\sqrt{\sum_{i=1}^{n}(X_i-\overline{E})^2\cdot P_i}$$

标准差以绝对数衡量决策方案的风险。在期望值相同的情况下，标准差越大，风险越大；反之，标准差越小，则风险越小。但对于期望值不同的决策方案，该指标数值没有直接可比性，因此，还必须进一步借助于标准离差率这个相对数指标。

标准离差率是标准差同期望值之比，通常用符号 q 来表示。其计算公式为

$$q=\frac{\sigma}{\overline{E}}$$

标准离差率是一个相对数指标，它以相对数反映决策方案的风险程度。标准离差率越大，风险越大；反之，标准离差率越小，风险越小。

【例 10-14】 利用表 10-1 中有关数据和例 10-13 的数据，计算汽车预计年销售量的标准差和标准离差率。

$$\sigma=\sqrt{(2\,000-1\,200)^2\times0.1+(1\,600-1\,200)^2\times0.2+0+(800-1\,200)^2\times0.2+(400-1\,200)^2\times0.1}$$
$$=\sqrt{64\,000+32\,000+32\,000+64\,000}$$
$$=438.18$$

$$q=438.18/1\,200=0.37$$

通过决策方案的风险量化，决策者便可做出决策。对于单个方案，决策者可根据其标准差（率）的大小，将其同设定的可接受的此项指标最高限值对比，看前者是否低于后者，然后做出取舍。对于多方案择优，决策者应选择低风险、高收益的方案，即选择标准差最低、期望收益最高的方案。然而，高收益往往伴随高风险，低收益方案其风险程度也较低，所以权衡期望收益与风险，还要视决策者对风险的偏好而定。风险规避者可能会选择低收益低风险的方案，而风险爱好者可能会选择高收益高风险的方案。

三、风险与报酬

风险与报酬的基本关系是风险越大，要求的报酬率越高。各投资项目的风险大小是不同的，在投资报酬率相同的情况下，投资者都会选择风险小的项目进行投资，结果竞争使其风险增加，报酬率下降。最终，高风险的项目必须有高报酬，否则就没有人投资；低报酬的项目必然风险很低，否则也没有人投资。风险与报酬的这种均衡关系，是市场竞争的结果。

投资者为了获得投资项目成功带来的丰厚报酬，才愿意承担风险。投资者因承担风险而获得超过资金时间价值的那部分额外报酬，就是风险报酬。风险报酬额与投资额之比，即为风险报酬率。

不考虑通货膨胀因素的情况下，投资者进行风险投资所要求或期望的投资报酬率由两部分构成（如图 10-13 所示）：

期望投资报酬率=无风险报酬率+风险报酬率

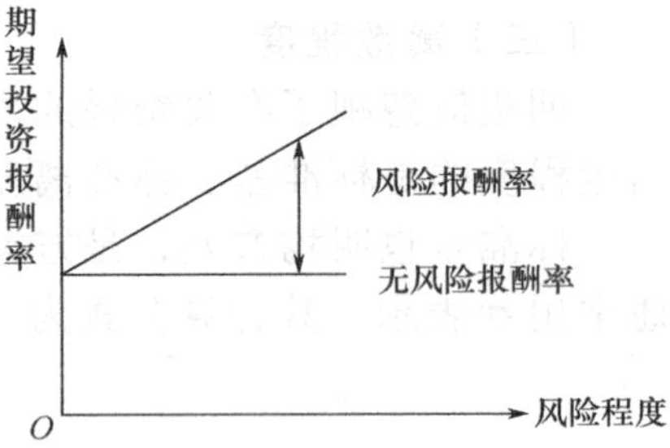

图 10-13　报酬与风险关系图

一是无风险报酬率。它在不考虑通货膨胀的情况下为货币时间价值，在实务中，通常用国债利率代替。它因为国家发行的政府债券，到期能够收回本息，基本上是无风险的。这个无风险报酬率，可以吸引公众储蓄，是最低的社会平均报酬率。

二是风险报酬率，它与风险大小程度有关，风险越大则要求的报酬率越高。所以有如下函数关系：

风险报酬率=f（风险程度）

假定风险和风险报酬率成正比，则

风险报酬率=风险报酬斜率×风险程度

其中，风险程度用标准差或标准离差率等进行计量。风险报酬斜率取决于全体投资者的风险回避态度，可以通过统计方法来测定。如果大家都愿意冒险，风险报酬斜率就小，风险溢价不大；如果大家都不愿意冒险，风险报酬斜率就大，风险斜率就比较大。

企业在财务活动中必须考虑收益与风险的均衡关系。成功的管理者，总是在风险与收益的相互协调中权衡利弊，以期取得企业的持续稳健发展。在财务管理活动中，在风险一定的条件下必须使收益达到较高的水平；或在收益一定的情况下，风险必须维持在较低的水平。如何控制风险以获得较大报酬？主要方法是多元化经营和多元化筹资。现代企业大多通过多元化经营来分散风险。通过多角筹资，将投资的风险不同程度地分散给股东、债权人，甚至供应商等。就整个社会来说，风险是存在的，问题是由谁来承担，各自承担多少。如果大家都不愿意承担风险，高风险的项目就没有人来做。金融市场之所以能够存在，就是它吸收了社会资金来投放给需要资金的企业，通过它分散风险，分配利润。

本章小结

本章主要介绍了货币时间价值和投资的风险分析。货币时间价值和投资的风险收益，是现代财务管理的两个基本观念。企业财务活动的开展、财务关系的处理、实现财务管理目标等，都应建立在货币时间价值和风险收益的概念上。

货币时间价值被称为理财的“第一原则”，是指在不考虑风险因素和通货膨胀因素的前提下，货币经过一定时间的投资和再投资所增加的价值，也称为资金时间价值。货币时间价值可以用绝对数表示，也可以用相对数表示，通常以利息率表示。

货币时间价值的计算广泛采用计算利息的方法，分为单利和复利两种。由于终值与现值之间的差额就是货币的时间价值，因此在实际应用中，对货币时间价值的计算就转化为对终值和现值的计算。

年金，是一种比较特殊的现金收支形式，按其每次收付款项的时点不同，可分为普通年金、预付年金、递延年金和永续年金等。无论哪种年金，都是建立在复利基础之上的。而普通年金的计算原理是其他几种年金计算的基础。

企业的财务活动几乎都是在有风险的情况下进行的。从投资者角度来分析，风险可分为市场风险和公司特有风险。从公司经营角度看，按风险形成的原因不同，可将公司特有风险进一步分为经营风险和财务风险两种。

风险的衡量，需要使用概率论和统计方法。通过期望值、均方差、标准离差率等的计算，量化决策方案的风险大小，决策者便可做出决策。

风险与报酬的基本关系是风险越大要求的报酬率越高。在不考虑通货膨胀因素的情况下，投资者进行风险投资所要求或期望的投资报酬率由两部分构成，即期望投资报酬率=无风险报酬率+风险报酬率。企业在财务活动中必须考虑收益与风险的均衡关系。

第十一章

筹资管理

【学习目标】

通过本章学习，了解和掌握：筹资的目的、渠道和方式，筹资的原则；权益资本和负债资本的比较；资本成本的概念和计算；最佳资本结构决策及调整。

【重点难点】

重点：企业筹资的七种渠道和七种筹资方式以及二者之间的关系；取得权益资本和负债资本的具体方法；个别资本成本和综合资本成本的计算；确定最佳资本结构的两种方法，即比较资本成本法和 EBIT—EPS 法。

难点：取得权益资本和负债资本的具体方法；个别资本成本和综合资本成本的计算；确定最佳资本结构的 EBIT—EPS 法。

【技能点】

通过本章的学习，能运用资本成本和最佳资本结构来进行筹资方式和渠道的选择。

【学习内容】

从本章中可以学到：企业筹资的目的、渠道和方式、原则；企业取得权益资本和负债资本的方法；个别资本成本、综合资本成本的计算；最佳资本结构的概念以及决策的确定方法。

第一节 筹资目的

一、筹资概念

所谓筹资，是指企业根据其生产经营、对外投资及调整资本结构的需要，通过筹资渠道和资金市场，运用筹资方式，经济有效地筹集企业所需的资金。资金是企业进行生产经营活动的必要条件。如果把企业比作人体，那么资金就是血液，一旦供血不足，人体便会面临生命危险，对于企业而言，就有可能破产倒闭。筹集资金是企业资金运动的起点，是决定资金运动规模和生产经营发展程度的重要环节。企业的经营者，担负着为企业供血的重任，必须懂得怎样利用各种渠道和方式，筹集足够的资金，以保证企业的正常经营和运转。

二、筹资目的

企业筹资的基本目的，是为了自身的维持和发展。但每次具体的筹资活动，则往往是受特定动机的驱使。企业筹资的具体动机归纳起来有四类，即新建筹资目的、扩张筹资目的、偿债筹资目的和混合筹资目的。

（一）新建筹资目的

新建筹资目的是在企业新建时为满足正常生产经营活动所需的铺底资金而产生的筹资动机。具有一定数量的资本是创建企业的基础。我国《公司法》规定，设立企业首先必须筹集一定量的资本金。

（二）扩张筹资目的

扩张筹资目的是企业因扩大生产经营规模或追加额外投资而产生的筹资动机。具有良好的发展前景、处于成长时期的企业通常会产生这种筹资动机。扩张性筹资动机所产生的直接结果，是使企业的资产规模有所扩大，资本结构有可能发生变化。

（三）偿债筹资目的

偿债筹资目的是指企业为了偿还某些债务而筹资。偿债筹资主要分为以下两种情况。

（1）调整性偿债筹资，即企业因调整现有资本结构的需要而产生的筹资动机。如企业虽有足够的能力支付到期的旧债，但为了调整原有的资本结构，仍然举债以使资本结构更加合理，这是主动的筹资策略；或者现有负债率太高，采取债转股等措施予以调整。

（2）恶性偿债筹资，即企业现有的支付能力已不足以偿还到期旧债，被迫举债偿还，即借新债还旧债，这种情况说明财务状况已有恶化。这种偿债筹资的直接结果是并没有扩大企业的资产总额和负债总额，而是改变了企业的负债结构。

（四）混合筹资目的

混合筹资目的是指企业既为扩张规模又为调整资本结构而产生的筹资动机。通过混合性筹资，企业既扩大了资金规模，又调整了资本结构，偿还了部分旧债，即在这种筹资中混合了扩张性筹资和偿债性筹资两种目的。

三、筹资原则

为了经济有效地筹集资金，企业筹资必须遵循以下基本原则。

（一）合法性原则

企业在筹资过程中，无论采用何种筹资方式，通过何种渠道，按照何种条件，筹集多少资金，都必须接受国家有关法律法规及政策的指导，依法筹资，履行约定的责任，维护投资者权益。

（二）合理性原则

企业筹资需在三个方面确定合理的数量。一是合理确定筹资的总量，要使资金的筹集量与需要量相适应，防止因筹资不足而影响生产经营或者因筹资过剩而降低筹资效益。二是合理确定资本结构，既要避免债务资金过多，导致财务风险过高，偿债负担过重，又要有效地利用负债经营，提高权益资金的收益水平。三是合理确定长期资金与短期资金的结构，该结构应与企业资产所需持有的期限相匹配。

（三）效益性原则

由于不同的筹资渠道和筹资方式，其资金成本各不相同，取得资金的难易程度不尽一致，企业所承担的风险大小也不一。为此，企业在筹资行为中，必须认真地选择筹资来源和方式使得企业的筹资成本降低，从而提高筹资效益。

（四）及时性原则

筹集资金要按照资金投放的时间来安排筹划，使筹资与投资在时间上相衔接，避免筹资过早造成资金闲置，或者取得资金相对滞后而影响投资时机。

第二节　筹资渠道与筹资方式

一、筹资渠道

筹资渠道是指筹集资金的源泉和流量，它属于资金供应的范畴。对于任何一个处于生存与发展状态的企业来讲，筹资是其进行一系列经营活动的先决条件。不能筹集到一定数量的资金，也就无法取得预期的经济效益。

从我国的现实看，企业筹资渠道主要有以下七种。

（一）政府财政资金

对于国家或地方的重点建设项目，可以申请国家财政或地方财政投资，通过国有资本金的形式投入企业。根据国家的宏观政策，政府财政中还有各种重点科技项目贷款、支农贷款、扶贫贷款、环境治理贷款等低息或贴息贷款，也是符合项目条件的企业可争取的筹资渠道。

（二）银行信贷资金

银行对企业的各种贷款，是我国目前企业最为重要的资金来源。银行一般分为商业银行和政策性银行。商业银行为各类企业提供商业贷款，比如中国工商银行、中国银行等四大国有银行以及招商银行等股份制银行；政策性银行为特定企业提供政策性贷款，比如国家开发银行、进出口信贷银行、中国农业发展银行等。

（三）非银行金融机构资金

非银行金融机构是指除了银行以外的各种金融中介机构，主要有信托投资公司、证券公司、融资租赁公司、保险公司、企业集团的财务公司等。他们通过一定的途径或方式为企业直接提供部分资金或为企业筹资提供服务。

（四）其他企业单位资金

企业在生产经营过程中，往往形成部分暂时闲置的资金，甚至可较长时间地腾出部分资金，在企业之间进行相互投资融通。另外，企业间的购销业务可以通过商业信用方式来完成，如商品赊销、预收货款、预收服务费、汇票贴现、拖后纳税及企业之间的资金拆借等方式，这些企业间相互提供的信用都能直接解决资金缺乏的问题。

（五）民间资金

企业职工和居民个人的闲置货币，作为“游离”于银行及非银行金融机构以外的个人资金，形成民间闲置资金。企业可以通过一定的方式把这些闲置资金集中起来形成企业的资金。如企业职工入股，可以更好地体现劳动者与生产资料的直接结合，以便提高职工的积极性；向非本企业职工发行股票、债券，可以广泛地向社会集聚资金。

（六）企业自留资金

企业内部形成的资金，主要是指企业利润所形成的公积金、未分配利润和固定资产折旧。这类资金不需企业通过一定的方式去筹集，而直接由企业内部生成或者转移，是企业的“自动化”筹资渠道。

（七）外商资金

外国以及我国港、澳、台地区投资者持有的资本，是一项重要的资金渠道。

上述七种筹资渠道，企业选择何种，要注意风险和利润的权衡取舍。在筹资渠道的选择过程中必须充分考虑企业自身的特点以及风险承受能力。在实际操作过程中，多种筹资渠道的交叉结合运用往往能解决多重经济问题，降低经营风险。

二、筹资方式

筹资方式是指企业筹措资金所采用的具体形式。我国企业目前筹资方式主要有以下几种：①吸收直接投资；②发行股票；③留存收益；④银行借款；⑤商业信用；⑥发行债券；⑦融资租赁。其中前三种方式筹措的资金为权益资金，后四种方式筹措的资金为负债资金。

筹资渠道说明了资金从哪里来，筹资方式则给出了如何取得资金，二者之间既有联系又有区别。一定的筹资方式可能只适用于某一特定的筹资渠道，而同一渠道的资金往往可以采用不同的方式取得。企业进行筹资，必须实现两者的合理搭配。筹资方式与筹资渠道的搭配情况见表 11-1。

（一）吸收直接投资

吸收投资是企业按“共同投资，共同经营，共担风险，共享利润”的原则吸收来自国家、个人、法人的投资的一种筹资方式。

表 11-1　　筹资方式与筹资渠道的搭配

筹资方式 筹资渠道	吸收直接投资	发行股票	留存收益	银行借款	商业信用	发行债券	融资租赁
国家财政资金	√	√					
银行信贷资金				√			
非银行金融机构资金	√	√		√		√	√
其他企业单位资金	√	√			√	√	√
民间资金	√	√					
企业自留资金	√		√				
外商资金	√	√			√	√	√

1. 吸收直接投资的出资方式

（1）现金出资。

（2）实物出资。

（3）工业产权出资（专业技术、商标权、专利权）。

（4）场地使用权出资。

2. 吸收直接投资的种类

（1）吸收国家投资。企业接受国家授权投资机构以国有资产投入企业形成国家资本。其特点是，产权归属国家，一般筹资数额较大，多适用于国有大中型企业。

（2）吸收法人投资。其他法人企业依法以其可以支配的资产投入企业形成法人资本，一般表现为企业之间的联营形式。其特点是，这种筹资方式发生于法人之间，投资企业以参与利润分配为目的，投资企业的出资方式比较灵活，限制较少。

（3）吸收个人投资。企业吸收本企业职工或其他个人依法将其合法财产投入企业形成个人资本。其特点是，投资人以参与企业利润分配为目的，吸收资金数额较少，参与人员较多。

3. 吸收直接投资的特点

（1）优点。投资者出资的形式多样，有利于尽快形成企业的生产能力，增强企业信誉；被吸收资金属于权益资金，企业的财务风险随之降低。

（2）缺点。筹资成本较高；企业控制权容易被分散。

（二）发行股票

股票是股份有限公司为筹措自有资本而发行的有价证券，是持股人拥有公司股份的凭证。股票筹资是股份公司筹集权益资本最常见的方式。股票的种类很多，但最常见、最普遍的就是普通股，所以我们所指的利用发行股票筹集资金针对的就是发行普通股。

1. 股票的种类

股份有限公司根据筹资者和投资者的需要，发行各种不同的股票。股票可按不同的标准进行分类。

（1）按股东权利和义务不同分为普通股与优先股。普通股是公司发行的代表股东享有平等的权利、义务，不加特别限制且股利不固定的股票，它具有股票的一般特征，是股份公司资本的最基本部分。优先股对普通股而言具有优先权利，即在分配股利和分配剩余财产时优先。优先股股东也有优先义务，即在股东大会上无表决权（除与优先股利益分配相关内容以外）。

（2）按票面是否记名分为记名股票和无记名股票。记名股票是在股票票面记载股东的姓名或者名称的股票，股东姓名或名称需要记入公司的股东名册。无记名股票则是在股票票面不记载股东的姓名或名称的股票。按照我国《公司法》规定，公司向发起人、国家授权投资机构、法人发行的股票，应为记名股票。

（3）按票面是否标明金额分为面额股票和无面额股票。面额股票是指股份有限公司发行的票面上标有金额的股票。无面值股票，是指不标明票面金额，只在票面上记载所占公司股本总额的比例或股份数的股票。为规范股票发行，我国《公司法》规定，股票必须标明其面额。

（4）按投资主体不同分为国家股、法人股、个人股和外商股。

（5）按发行对象和上市地区不同分为A股、B股、H股和N股。A股是指供我国个人或法人买卖的、以人民币标明票面价值并以人民币认购和交易的股票；B股则是以人民币标明其面值但以外币认购和交易的股票，也称人民币特种股票；H股是注册地在内地，上市地在香港的外资股；N股是在中国大陆注册，在纽约上市的外资股。

2. 股票销售方式

股份公司公开向社会发行股票，其销售方式不外乎有两种选择，即自销或委托承销。

（1）自销方式是指股份公司自行直接将股票出售给投资者，而不经过证券经营机构承销。自销方式可节约股票发行成本，但发行风险完全由发行公司自行承担。这种销售方式并不普遍采用，一般仅适用于发行风险较小，手续较为简单，数额不多的股票发行。在国外主要是知名度高、有实力的公司向现有股东销售股票时使用。

（2）承销方式是指发行公司将股票销售业务委托给证券承销机构代理，如证券公司、信托投资公司、投资银行等。承销分包销和代销两种类型。其中，包销是指证券商买进公司公开发行的全部股票，然后将所购股票转销给社会上的投资者。如果在规定的募集期限内实际招募股份达不到预定的发行股份数，剩余部分则由承销商全部承购，视同投资。代销则是指由证券商代理股票发售业务，如果实际募集股份达不到预定股份，承销机构不担任承购剩余股份的责任，而将未售出的股份归还给发行公司，发行风险由发行公司自行承担。

3. 股票筹资的特点

股票筹资的优点在于没有到期日，没有固定的利息负担，筹资风险小；缺点是筹资成本较高，且容易分散控制权。

（三）银行借款

银行借款是由企业根据借款合同从有关银行或非银行金融机构借入所需资金的一种筹资方式，又称银行借款筹资。

1. 银行借款的种类

（1）按期限长短可分为短期借款、中期借款和长期借款。

在一年内偿还的借款称为短期借款，5年以上偿还的称为长期借款；介于1～5年偿还的称为中期借款。

（2）按是否提供担保分为抵押借款和信用借款。

抵押贷款要求企业以抵押品作为担保。房屋、建筑物、机器设备、股票、债券等通常作为长期贷款的抵押品。信用贷款则不需要企业提供抵押品，仅凭其信用或担保人信誉而发放。

（3）按提供贷款的机构分为政策性银行贷款、商业银行贷款等。

2. 信用条件

（1）信贷额度。信贷额度是指借款人与银行在协议中规定的允许借款人从银行取得的最高贷款数额。

（2）周转信贷协定。周转信贷协定是银行与企业之间签订的最高贷款额度的协定。在协定的有效期内，只要企业借款总额未超过最高限额，银行必须满足企业任何时候提出的借款要求。而企业通常要对贷款限额的未使用部分向银行支付承诺费。

【例 11-1】 某企业与银行在贷款协定中规定的周转信贷额度为 1 000 万元，承诺费率为 0.5%，该企业年度内累计借用了 800 万元。则该借款企业应向银行支付的承诺费金额为

$$(1\,000-800)\times 0.5\%=1\text{（万元）}$$

（3）补偿性余额。补偿性余额是银行要求借款企业在银行中保持按贷款限额或实际借用额一定百分比（通常为 10%～20%）计算的最低存款余额。补偿性余额有助于银行降低贷款风险，补偿其可能遭受的风险；但对借款企业来说，补偿性余额则提高了借款的实际利率，加重了企业负担。实际借款利率公式为

$$\text{实际利率}=\frac{\text{名义利率}}{1-\text{补偿性余额比例}}\times 100\%$$

【例 11-2】 某企业向银行借款 1 000 万元，年利率为 10%，银行要求保留 15%的补偿性余额，则该项借款的实际利率为

$$\frac{10\%}{1-20\%}\times 100\%=12.5\%$$

（4）借款抵押。银行向信誉不好、财务风险较大的企业发放贷款时，为了降低贷款风险，通常要求借款企业提供抵押品。借款的抵押品通常是借款企业的房地产等。

3. 借款利息的支付方法

（1）利随本清法。利随本清法，又称收款法，是指借款期内不支付利息，借款到期时连本带利一并偿还的利息支付方式。采用这种方法，借款的名义利率等于实际利率。

（2）贴现法。贴现法是指银行向企业发放贷款时，先从本金中扣除利息，而到期时借款企业再偿还全部本金。采用这种方法，企业可利用的贷款额只有本金扣除利息后的差额部分，因此其实际利率高于名义利率。实际利率的计算公式为

$$\text{实际利率}=\frac{\text{利息}}{\text{借款本息}-\text{利息}}\times 100\%=\frac{\text{名义利率}}{1-\text{名义利率}}\times 100\%$$

【例 11-3】 某企业向银行借款 1 000 万元，名义利率为 10%，借款期限为 1 年，银行要求按贴现法付息，则该企业负担的实际利率为

$$\frac{10\%}{1-10\%}\times 100\%=11.11\%$$

（3）加息法。加息法是银行要求借款企业分期等额偿还本金但仍按照借款总额计算利息的一种付息方式。该付息方式下，可供企业使用借款额逐期减少，但利息并未因此而少付，所以加息法下，企业实际利率大于名义利率。实际利率的计算公式为

$$实际利率=借款金额\times\frac{名义利率}{借款金额\div 2}\times 100\%=2\times 名义利率$$

【例 11-4】 某企业从银行借入 500 万款项，年利率为 8%，分 12 个月等额偿还本金，则该项贷款的实际利率为

$$8\%\times 2=16\%$$

4. 银行借款的特点

（1）优点：适用于所有企业；筹资成本较低；借款弹性较大。

（2）缺点：企业财务风险大；限制条件多；数额有限。

（四）商业信用

商业信用是企业在商品购销活动过程中因延期付款或预收货款而形成的借贷关系，它是由商品交易中货与钱在时间与空间上的分离而形成的企业间的直接信用行为。

1. 商业信用的具体形式

（1）应付账款。

应付账款即赊购商品，是一种典型的商业信用形式。卖方为了促使买方按期付款、提前付款，往往规定一定的信用条件。如“2/10，*n*/30”，表示购买方如果在 10 天内付款，可以享受 2%的现金折扣，全部货款必须在 30 天内付清。

在这种形式下，买方通过商业信用筹资的金额大小与是否享有折扣有关，具体有三种情形。

① 免费信用。享有现金折扣，其占用卖方货款的时间短，信用筹资数量相对较少；

② 有代价信用。不享有现金折扣，其筹资量大小取决于对方提供的信用期长短；在有现金折扣的情况下，购买者如欲取得商业信用，则需放弃现金折扣。对于这种情形，企业应认真分析其资本成本的高低，以便决定取舍。其资本成本的计算公式为

$$放弃折扣成本率=\frac{现金折扣率\times 360}{(1-现金折扣率)\times(信用期-折扣期)}\times 100\%$$

【例 11-5】 某企业以“2/10，*n*/30”信用条件购进一批原材料，在现金折扣期后付款。则此笔应付账款的资本成本为

$$\frac{2\%\times 360}{(1-2\%)\times(30-10)}\times 100\%=36.73\%$$

③ 展期信用。展期信用，即逾期付款。其筹资量最大，但对企业信用的负面影响也最大，成本最高。企业一般不宜以拖欠货款来筹资。

（2）应付票据。

它是买方根据购销合同，向卖方开出或承兑的商业票据。利用商业票据筹资的方法称为票据法。卖方要求买方开出正式的商业汇票，卖方也可自己开出，但必须由买方承诺在未来一定日期偿还货款。双方依此票据作为债权债务的法律依据。

（3）预收货款。

它是指卖方按合同或协议规定，在交付商品之前向买方预收部分或全部货款的信

用方式。通常买方对于紧俏商品乐意采用这种结算方式办理货款结算；对于生产周期长、售价高的商品，生产者也经常要向订货者预收货款，以缓和本企业经营收支不平衡的矛盾。

2. 商业信用的特点

（1）优点：筹资便利；筹资成本低；限制少。

（2）缺点：资金使用时间短。

（五）企业债券

企业债券是企业按照法定程序发行的、约定在一定期限内还本付息的有价证券，是持券人拥有公司债权的证书。它代表持券人同公司之间的债权债务关系。

1. 企业债券的类型

（1）按有无特定的财产担保，分为抵押债券和信用债券。与银行借款相类似，抵押债券对债权人的利益具有双重保证，一是企业信用，二是抵押财产；而信用债券的安全性仅有一重保证，并且财产清偿的顺序置于担保债券之后，因而对投资者而言，风险较大，从而其利率也高于抵押债券利率。

（2）按是否记名，分为记名债券和无记名债券。记名债券有利于企业掌握债券持有人的情况，也有利于提高持券人的持券安全性；但从转让看，无记名债券有利于持券人间的相互转让，降低转让成本。

（3）按能否转换为本公司股票，分为可转换债券和不可转换债券。可转换债券是指根据发行契约允许持券人按预定的条件、时间和转换率将持有的债券转换为公司普通股票。不能享有这种权利的债券则为不可转换债券。对于可转换债券，公司应当按照转换办法向债券持有人换发股票，但债券持有人对转换股票或者不转换股票有选择权。

2. 发行价格

债券的发行价格是指发行公司（或其承销机构，下同）发行债券时所使用的价格，也即投资者向发行公司认购债券时实际支付的价格。

债券发行价格的具体计算公式为

$$债券发行价格=\frac{债券面额}{(1+市场利率)^n}+\sum_{t=1}^{n}\frac{债券面额\times票面利率}{(1+市场利率)^t}$$

式中，n 代表债券的期限；

t 代表付息期数。

市场利率通常指债券发行时的平均市场利率。

【例 11-6】 某公司发行面值 1 000 元的 10 年期债券，票面年利率为 10%，每年年末付息一次，发行时市场利率有以下三种情况。

（1）市场利率与票面利率一致，也是 10%，则

$$债券发行价格=\frac{1\,000}{(1+10\%)^{10}}+\sum_{t=1}^{10}\frac{1\,000\times10\%}{(1+10\%)^t}=1\,000（元）$$

此时，发行价格与面值相同，为平价发行。

（2）市场利率为 12%，高于票面利率，则

$$债券发行价格=\frac{1\,000}{(1+12\%)^{10}}+\sum_{t=1}^{10}\frac{1\,000\times10\%}{(1+12\%)^{t}}=887（元）$$

此时，发行价格低于面值，为折价发行。

（3）市场利率为 8%，低于票面利率，则

$$债券发行价格=\frac{1\,000}{(1+8\%)^{10}}+\sum_{t=1}^{10}\frac{1\,000\times10\%}{(1+8\%)^{t}}=1\,134（元）$$

此时，发行价格高于面值，为溢价发行。

从公式及其计算结果可以看出，由于票面利率与市场利率的差异，从而债券的发行价格可能出现三种情况，即平价、溢价与折价。具体为：当票面利率高于市场利率时，债券的发行价格高于面额，即溢价发行；当面利率等于市场利率时，债券的发行价格等于面额，即平价发行；当票面利率低于市场利率时，债券的发行价格低于面额，即折价发行。

3. 公司债券的优缺点

（1）优点：筹资对象广；市场大；保证控制权。

（2）缺点：相对于借款来说筹资成本较高，相对于股票来说筹资风险大，限制条件多。

（六）融资租赁

租赁是出租人以收取租金为条件，在契约或合同规定的期限内，将资产租给承租人使用的一种经济行为。租赁业务通常可分为经营租赁和融资租赁两大类。

经营租赁是出租人向承租人提供租赁设备，并提供设备维修和人员培训等服务性业务的租赁形式。从租赁期限看，它大多属于短期租赁；从承租人的目的看，承租人不在于通过租赁而融资，而在于通过租入设备，取得短期内的使用权和享受出租人提供的专门技术服务。因此，它又称营业租赁或服务租赁，不属于借贷关系的范畴。

融资租赁是由出租人（租赁公司）按照承租人（承租企业）的要求融资购买设备，并在契约或合同规定的较长时期内提供给承租人使用的信用业务。它通过融物来达到融资的目的，是现代租赁的主要形式。它具有以下特点：①设备租赁期较长。②不得任意中止租赁合同或契约。③租赁期满后，按事先约定的方式来处置资产，或退还，或续租，或留购。④租金较高。西方经验表明，融资租赁的租金总额一般要高出其设备价款的 30%～40%。

1. 融资租赁的形式

融资租赁按业务的特点，可分为三种类型。

（1）直接租赁。它是出租方直接将购入设备租给承租人，直接签订合同并收取租金，它涉及出租人与承租人两个当事人。通常所指的融资租赁，不做特别说明即为直接租赁。

（2）售后回租。它是由承租人将所购置设备出售给出租人，然后租赁人租回设备并使用，租赁业务进行的程序是先做资产买卖交易，然后再进行资产租赁交易。在这种方式下，它既可解决承租人资金急需，得到一笔相当于资产市价的现金用于其他资产的购置或现金支付，又可在租赁期内用每年支付的租金换取原来属于自己的资产的

使用权。

（3）杠杆租赁。它一般涉及承租人、出租人和贷款机构三方当事人。从承租程序看，它与其他形式无多大差别，所不同的是，对于出租人而言，出租人只垫支购置资产设备所需资金的一部分（一般为20%～40%），其余部分则以该资产为担保向贷款机构借入款项支付。因此，在这种情况下，出租人既是资产的出借人，同时又是贷款的借入人，通过租赁既要吸收租金，又要支付债务。由于租赁收益大于借款成本，出租人借此而获得财务杠杆好处，因此，这种租赁形式被称为杠杆租赁。杠杆租赁形式一般适用于金额较大的设备项目。

2. 融资租赁租金的计算

在我国租赁实务中，租金一般采用平均分摊法或等额年金法来确定。

（1）平均分摊法。它是指按事先确定的利息率和手续费率计算出租赁期间的利息和手续费总额，然后连同设备成本按支付次数进行平均。这种方法不考虑时间价值因素，计算较为简单，公式为

$$每年支付租金=\frac{(设备成本-预计残值)+租期内利息+租赁手续费}{租期}$$

【例 11-7】 某企业2020年1月向租赁公司租入设备一套，价值为10万元。租期为6年，预计残值为1万元（归出租方所有），租期年利率为10%，租赁手续费率为设备价值的3.5%。租金为每年年末支付一次，则该设备每年支付的租金为

$$租期内利息=10\times(1+10\%)^6-10=7.72（万元）$$

$$租期内手续费=10\times3.5\%=0.35（万元）$$

$$每年支付租金=(10-1+7.72+0.35)/6=2.89（万元）$$

（2）等额年金法。它是将利息率与手续费率综合成贴现率，运用年金现值方法计算确定每年应付租金。其计算公式为

$$每年支付租金=\frac{等额租金现值总额}{等额租金的现值系数}$$

该方法分为两种情况。一种是每期租金在年初支付，即采用先付年金（即付年金）方式。另一种是每年年末支付租金，即采用后付年金（或普通年金）方式。

例如，承上例，租赁费率综合率为13%，且不考虑残值，采用每年年末支付租金，则每年年末支付的租金=10/3.998=2.5（万元）。

注，3.998为n=6，r=13%的年金现值系数。

本例如果采用即付年金，则每年年初支付的租金额为2.213 5万元，即2.5÷（1+13%）。

从上述两种计算方法看，平均分摊法没有考虑资金时间价值因素，因此它每年支付的租金比等额年金法要多。企业在选择租金计算方法时，应采用年金法，这样对承租人有利。从等额年金法的先付与后付两种方式看，名义支付的租金有出入（先付租金小于后付租金），但实质上并没有差别。

3. 融资租赁的特点

（1）优点：融资速度快；限制少；财务风险小；税收负担轻。

（2）缺点：融资成本高。

第三节　筹资成本和资本结构

一、筹资成本的含义和作用

（一）筹资成本的含义

筹资成本是指企业筹集和使用资本而付出的代价，也称为资本成本。通常包括用资费用和筹资费用。

1. 用资费用

用资费用是指在使用所筹资本的过程中向出资者支付的有关报酬，如银行借款和债券的利息、股票的股利等。用资费用在企业使用资金过程中经常发生，其数额会因使用资金数量和时间长短而不同，属相对变动费用。

2. 筹资费用

筹资费用是指企业在筹措资本过程中为获取资本而付出的花费，例如，向银行支付的借款手续费，因发行股票、债券而支付的发行费用等。筹资费用在企业筹集资金时一次性发生，其数额多少与筹资总额关系不大，属相对固定费用。

筹资成本可以用绝对数表示，也可以用相对数表示，通常用相对数表示。其一般计算公式如下：

$$K=\frac{D}{P-F}\quad 或 \quad K=\frac{D}{P\ (1-f)}$$

式中，K为资本成本率；

D为用资费用；

P为筹资数额；

F为筹资费用；

f为筹资费用率。

（二）筹资成本的作用

（1）资本成本是比较筹资方式、选择追加筹资方案的依据。企业筹集长期资金有多种方式，通过资本成本的计算与比较，从中选出成本较低的筹资方式。由于企业全部长期资金筹资组合有多个方案可供选择，因此其综合成本的高低将是比较各方案优劣，做出决策的依据。

（2）资本成本是评价投资项目，比较投资方案和追加投资决策的主要经济标准。一般而言，项目的投资报酬率只有大于其资本成本率，才是经济合理的。资本成本是企业项目投资的“最低收益率”，或者是判断项目可行性的“取舍率”。

（3）资本成本还可以作为评价企业经营成果的依据。只有在企业资本利润率大于资本成本时，投资者的收益期望才能得到满足，才能表示企业经营有方；否则被认为是经营不利。

二、个别资本成本

（一）长期借款成本

长期借款成本的计算公式为

$$K_L = \frac{I_L(1-T)}{L(1-f)} \times 100\% \text{ 或} = \frac{R_L(1-T)}{(1-f)} \times 100\%$$

式中，K_L——长期借款成本；

I_L——长期借款年利息；

L——长期借款总额，即借款本金；

T——企业所得税税率；

R_L——借款年利率。

其他字母的意义同前。

【例 11-8】 某企业从银行取得长期借款 100 万元，年利率为 10%，期限为 3 年，每年付息一次，到期还本付息。假定筹资费用率为 3‰，企业所得税税率为 25%，则其借款的资本成本为

$$\frac{100 \times 10\% \times (1-25\%)}{100 \times (1-0.3\%)} = 7.52\%$$

如果不考虑筹资费用率，或者筹资费用率较小而忽略不计，则其成本计算可直接写成

$$10\% \times (1-25\%) = 7.5\%$$

（二）债券成本

债券成本的计算公式为

$$K_B = \frac{I_B(1-T)}{B(1-f)} \times 100\%$$

式中，K_B——债券成本；

I_B——年债息，即债券票面总额与年债息率之积；

B——债券筹资总额，即按债券发行价格确定的筹资量。

【例 11-9】 某公司在筹资前根据市场预测，拟发行一种面值为 1 000 元、票面利率为 8%、10 年期、每年付息一次的债券。预计其发行价格为 1 020 元，发行费用占发行价格的 4%，企业所得税税率为 25%，预计该债券的筹资成本为

$$\frac{1\,000 \times 8\% \times (1-25\%)}{1\,020 \times (1-4\%)} \times 100\% = 6.13\%$$

如果采用平价发行，则其成本为 6.25%；如果采用折价发行，折价发行额为 980 元，则其成本为 6.38%。

与借款相比，由于债券利率一般高于借款利率，债券发行成本高于借款筹资费用，因此债券成本相对要高于借款成本。

（三）优先股成本

优先股成本的计算公式为

$$K_P = \frac{D_P}{P_P(1-f)} \times 100\%$$

式中，K_P——优先股成本；

D_P——优先股年股息，等于优先股面额乘以固定股息率；

P_P——优先股筹资总额，按预计的发行价格计算。

【例 11-10】 某公司拟发行优先股，面值总额为 100 万元，固定股息率为 10%，筹资费率预计为 5%，该股票溢价发行，其筹资总额为 150 万元，则优先股的成本计算为

$$\frac{100\times10\%}{150\times(1-5\%)} \times 100\% = 7.02\%$$

（四）普通股成本

从理论上看，股东投资期望收益率即为公司普通股成本。在计算时，常常将此作为计算的依据，主要采用股利折现法、风险收益调整法和资本资产定价模式法。

第一，股利折现法。它是一种将未来的期望股利收益折为现值，以确定其成本率的方法。用公式表示为

$$K_E = \frac{D_1}{P_E(1-f)} + g$$

式中，K_E——普通股成本；

D_1——第一年的预计股利额；

g——普通股股利预计年增长率；

P_E——普通股筹资总额，按发行价格计算。

【例 11-11】 某公司发行面值为 1 元的普通股 500 万股，筹资总额为 1500 万元，筹资费率为 3%，已知第一年每股股利为 0.30 元，以后各年按 4%的比率增长，则其成本应为

$$\frac{500\times0.3}{1\,500\times(1-3\%)} + 4\% = 14.31\%$$

第二，风险收益调整法。它是从投资者的风险收益对等观念出发，来确定发行公司股票成本的方法。其基本思想是

投资总收益=无风险收益+风险收益贴水率

常用的方法有股票—债券收益调整法。这种方法使用两个变量，分别是税前债券成本（K_B）和公司历史上股票与债券成本的差异（$K'_E - K'_B$），其中“′”代表历史资料。用数学公式表示为

$$K_E = K_B + (K'_E - K'_B)$$

【例 11-12】 假定某公司历史上股票债券收益率差异为 5%，而现时债券税前的成本率为 10%，则股本成本=10%+5%=15%。

第三，资本资产定价模式（CAPM）法。即通过对股票—债券收益调整法进行进一步的调整，即可求得，用公式表示为

$$K_j = R_f + \beta_j \times (R_m - R_f)$$

式中，k_j——j 公司股票成本；

B_j——j 公司股票投资风险系数；

R_m——市场平均投资风险系数；

R_f——无风险证券收益率，即国库券利率。

【例 11-13】 某公司发行普通股股票前要对其成本进行估计。假定国库券收益率为 5%，市场平均的投资收益率为 8%，该公司股票投资风险系数为 1.5，则股本成本为

$$K_j=5\%+1.5\times(8\%-5\%)=9.5\%$$

公司在计算股票成本时，可用多种方法进行测算，并比较后取得较为准确的数据。

（五）留存收益成本

一般认为，留存收益不存在外显性成本，但存在内含性成本。留存收益可被要求作为股利分给投资者，投资者进行再投资并取得收益。投资者同意将这部分利润再投资于企业内部，是期望从中获得更高的收益，这一收益期望即构成留存收益的机会收益，构成公司留存收益的资本成本。

（六）个别资本成本的比较

根据风险收益对等观念，在一般情况下，各筹资方式的资本成本由小到大依次是国库券、银行借款、抵押债券、信用债券、优先股、普通股等。

三、综合资本成本

综合资本成本核算是指企业全部长期资本成本的总成本，通常以各种资本占全部资本的比重为权数，对个别资本成本进行加权平均确定。它又称加权平均资本成本，用公式表示为

$$K_W=\sum_{i}^{n} K_i\times W_i$$

式中，K_W——综合资本成本；

K_j——第 i 种个别资本成本；

W_i——第 i 种个别资本占全部资本的比重。

【例 11-14】 某公司共有长期资本（账面值）1 000 万元，有关资料如表 11-2 所示。

表 11-2　各种资本的权数和成本

资 本 来 源	账面金额（万元）	权数（%）	税后资本成本（%）
公司债券	400	40	10
银行存款	200	20	6.7
普通股本	300	30	14.5
留存收益	100	10	15
合　计	1 000	100	

则其综合资本成本为

$$K_W=10\%\times40\%+6.7\%\times20\%+14.5\%\times30\%+15\%\times10\%=11.19\%$$

在计算各资本的权数时，可采用账面值计算确定；当债券和股票的市场价值已脱离账面值很大时，则应采用市场价值权数法或者目标价值权数法来确定其权数。

四、资本结构

资本结构是企业筹资决策的核心。在筹资管理过程中，采用适当的方法来确定最佳资本结构，是筹资管理的主要任务之一。

（一）资本结构的含义

资本结构是指企业各种资本的构成及其比例关系。广义的资本结构是指全部资金的来源构成，不但包括长期资本，还包括短期负债。狭义的资本结构是指长期资本（长期债务资本与权益资本）的构成及其比例关系，而将短期债务资本列入营运资金进行管理。

（二）最佳资本结构决策

1. 最佳资本结构的含义

所谓最佳资本结构是指企业在一定时期内，使加权平均资本成本最低、企业价值最大的资本结构。

2. 最佳资本结构的确定方法

资本结构的决策方法基本上包括两种：一种是比较资本成本法；另一种是无差别点分析法。

（1）比较资本成本法。它是通过计算不同资本结构的加权平均资本成本，并以此为标准，选择其中加权平均资本成本最低的资本结构。其决策过程包括：确定各方案的资本结构；确定各结构的加权资本成本；进行比较，选择加权资本成本最低的结构为最佳结构。

【例 11-15】 某企业拟筹资规模确定为 600 万元，有三个备选方案。其资本结构分别是：方案 A，长期借款 100 万元、债券 200 万元、股本 300 万元；方案 B，长期借款 200 万元、债券 200 万元、股本 200 万元；方案 C，长期借款 300 万元、债券 200 万元、股本 100 万元。相对应的个别资本成本如表 11-3 所示。

计算各方案的综合资本成本如下：

$$K_W(\text{A})=100\div600\times6\%+200\div600\times9\%+300\div600\times15\%=11.5\%$$

$$K_W(\text{B})=200\div600\times6.5\%+200\div600\times7.5\%+200\div600\times15\%=9.67\%$$

$$K_W(\text{C})=300\div600\times7\%+200\div600\times8\%+100\div600\times15\%=8.67\%$$

通过计算与比较得出，方案 C 的资本成本最低，因此，选择长期借款 300 万元、债券 200 万元、普通股票 100 万元的资本结构最为可行。

表 11-3　各方案的有关数据

筹资方式	方案 A		方案 B		方案 C	
	筹资额	资本成本	筹资额	资本成本	筹资额	资本成本
长期借款	100	6%	200	6.5%	300	7%
债券	200	9%	200	7.5%	200	8%
普通股	300	15%	200	15%	100	15%
合计	600		600		600	

（2）EBIT—EPS 分析法。将息税前利润（EBIT）和每股利润（EPS）两者结合起

来分析资本结构与每股利润之间的关系，进而确定合理的资金结构的方法，称为息税前利润—每股利润分析法，简称为 EBIT—EPS 分析法。这种方法因为要确定每股利润的无差别点，所以又称每股利润无差别点法。

【例 11-16】 东恒公司目前有资金 75 万元，因发展需要，准备再筹集 25 万元资金。这些资金可以利用发行股票来筹集，也可以利用发行债券来筹集。如果发行新股票，每股发行价格为 25 元。公司扩资后预计息税前利润为 20 万元。表 11-4 列示了东恒公司原资本结构和筹资后资本结构情况。

表 11-4　　东恒公司资本结构变化情况表

单位：元

	原资本结构	筹资后资本结构	
		增发普通股（A）	增发公司债券（B）
公司债券（利率 8%）	100 000	100 000	350 000
普通股股本（面值 10 元）	200 000	300 000	200 000
资本公积	250 000	400 000	250 000
利润收益	200 000	200 000	200 000
资本金额合计	750 000	1 000 000	1 000 000
普通股股数（股）	20 000	30 000	20 000

根据资本结构的变化情况，我们可采用 EBIT—EPS 分析资本结构对普通股每股利润的影响。分析情况见表 11-5。

表 11-5　　东恒公司不同资本结构下的每股利润

单位：元

项　　目	增 发 股 票	增 发 债 券
预计息税前利润（EBIT）	200 000	200 000
减：利息	8 000	28 000
税前利润	192 000	172 000
减：所得税（25%）	48 000	43 000
净利润	144 000	129 000
普通股股数	30 000	20 000
每股利润（EPS）	4.8	6.45

从上表中可以看出，在息税前利润为 200 000 元的情况下，利用增发公司债券的形式筹集资金使每股利润上升较多，这可能有利于股票价格上涨，更符合理财目标。

那么究竟息税前利润为多少时发行普通股有利，息税前利润为多少时发行公司债券有利呢？这就要测算每股利润无差别点处的息税前利润。其计算公式为

$$\frac{(\text{EBIT}-I_1)\times(1-T)}{N_1}=\frac{(\text{EBIT}-I_2)\times(1-T)}{N_2}$$

式中，EBIT——息税前利润平衡点，即无差异点；

I_1，I_2——两种筹资方案下的年利息；

N_1，N_2——两种筹资方案下的流通在外的普通股股数。

现将东恒公司的资料代入上式得

$$\frac{(EBIT-8\,000)\times(1-25\%)}{30\,000}=\frac{(EBIT-28\,000)\times(1-25\%)}{20\,000}$$

求得 EBIT=68 000（元）

在此点 $EPS_1=EPS_2=1.50$（元）

这就是说，当盈利能力 EBIT>68 000 元时，利用负债筹资较为有利；当盈利能力 EBIT<68 000 元时，采用发行股票的方式较为有利。东恒公司预计 EBIT 为 200 000 元，故采用发行公司债券的方式较为有利。

本章小结

筹资活动是企业财务活动的重要组成部分，筹资管理及其决策是企业财务决策、财务管理的核心内容。企业通过各种筹资渠道和金融市场，运用各种筹资方式，经济有效地筹措和集中资本，它是企业理财的起点。但各种资金的所有者不同，也就具有了不同的性质。企业必须通过直接投资、发行股票、发行债券、金融机构贷款和商业信用等筹资方式筹集资金，要将筹资渠道与筹资方式有效地结合起来，使之取得良好的筹资效果。每一种筹资方式有不同的优缺点，筹资者应根据自身的需要进行选择。在具体的筹资操作过程中，企业应根据自身特点灵活运用这些方式。另外，企业在筹资过程要讲求成本效益原则，还要全面考虑影响企业资本结构的各种因素，从而在有效地利用财务杠杆的前提下，制定出有利于实现企业理财目标的最佳资本结构。

第十二章

项目投资管理

【学习目标】

通过本章学习，了解投资管理的基本概念，掌握投资的意义，了解投资管理的程序和基本原则；了解项目现金流量的含义，掌握投资决策使用现金流量的原因，重点掌握项目投资现金流量的计算；掌握项目投资评价的几种方法，重点掌握净现值法、内部收益率法；掌握项目投资决策方法的运用，重点掌握互斥项目投资决策。

【重点难点】

重点：项目投资现金流量的计算；项目投资评价的几种方法；投资决策方法的运用。

难点：项目投资现金流量的计算；净现值法、内部收益率法；增量分析法。

【技能点】

通过本章的学习，能够分析项目投资案例的现金流量并评价方案的优劣，进行投资决策。

【学习内容】

从本章可以学到：项目投资现金流量的计算；项目投资评价的几种方法，尤其是净现值法和内部收益率法；投资决策方法在实例中的运用。

投资是企业融资的目的所在，企业生存和发展的前景如何，在很大程度上取决于经营者的投资管理水平。所以在决定企业的投资方向、规模、期限以及投资组合时，一定要对投资项目的经济效益做认真的分析和测评。

——托马斯·帕特森

企业筹资的目的是投资，投资是为了实现企业的经营目标，追求企业价值最大化。投资管理是企业财务管理的重点。分析大量倒闭公司的案例，可以发现这些公司的投资决策程序和制度都不健全，如一些公司在采用投资方案前，大多没有详细分析并比较其他可行的投资方案，而且在进行投资决策时并未将投资方案的风险考虑在内，甚至没有适当地评估投资方案的预期现金流量等。企业在决定投资方向、规模、期限及投资组合时，必须对投资项目的经济效益做认真分析和评价。

第一节　项目投资概述

一、投资的含义及意义

（一）投资的含义

投资是指经济主体为了获取经济效益而投入资金或资源用以转化为实物资产或金融资产的行为和过程。投资有广义和狭义之分。广义的投资是指企业将筹集的资金投入使用的过程，包括企业内部使用资金的过程以及企业对外投放资金的过程。狭义的投资是指企业采取一定的方式以现金、实物或无形资产对外或其他单位进行投资。

（二）投资的意义

投资是企业财务管理的重要内容，它对于企业的生存和发展具有重要意义。

1. 企业投资是实现财务管理目标的基本前提

企业财务管理的目标是企业价值最大化，要实现这个目标，必然要求企业采取各种措施获取更多的收益，降低成本和风险。企业要想获得收益，就必须进行投资，在投资中获利。企业开展对外投资活动，可以从资本市场获得利息、股利、资本利得等形式收益；对企业内部投资，则可以取得经营利润。

2. 企业投资是持续生产的必要前提

要维持企业的简单再生产过程，就必须对内投资，对经营活动所需的设备等硬件条件进行适时更新维护，使企业不会因过度消耗资产而中断正常的经营活动。当市场占有率提高时，企业就有扩大再生产的必要，有必要通过企业的对内长期投资活动添置、扩建机器设备，增加相关人员，提升人员素质等。通过一系列的投资活动，企业才能维持并扩大生产能力，实现企业的可持续发展。

3. 企业投资是降低风险的重要方法

企业的财务活动几乎都是在有风险的情况下进行的，投资活动也不例外。风险可分为系统性风险和非系统性风险，其中非系统风险可以通过投资组合的方式予以分散。因此，企业通过扩大投资，将资金投向若干行业或项目，实现多元化经营（投资），可以大大降低经营风险，增强销售和盈余的稳定性。

二、投资的分类

常见的投资分类方式有如下几种。

（一）项目投资和证券投资

投资按照其内容分为项目投资和证券投资两类。本章仅介绍项目投资管理。

项目投资是指以扩大生产能力和改善生产条件为目的的资本性支出。它主要分为新建项目投资和更新改造项目投资，包括用于机器、设备、厂房的构建与更新改造等生产性资产的投资。

证券投资是指企业通过购买股票、债券、基金及金融衍生品等资产，借以获取金融资产收益或其他权利的一种投资行为。

（二）长期投资与短期投资

投资按投资回收期的长短，分为长期投资和短期投资两类。

短期投资是指投资收回时间在一年以内的投资，主要是对流动资产的投资，如应收账款、存货、短期证券等的投资。长期投资则是指一年以上才能收回的投资，主要是对长期资产如固定资产、无形资产、对外长期投资等的投资。

（三）对内投资和对外投资

投资按资金投向，分为对内投资和对外投资两类。

对内投资又称内部投资、生产性投资，是指把资金投放到企业内部购置各种生产经营用资产的投资。从这个角度看，企业内部投资可能是短期投资，也可能是长期投资。对外投资又称外部投资，是指企业直接对其他企业的经营活动投资或购买其他企业发行的各种有价证券所形成的投资。

三、企业投资管理的基本程序

投资管理就是选择最恰当的投资方案，在成本与效益、风险与收益最优组合的条件下使用资金。一般说来，科学地开展投资管理工作，应按以下几个环节进行（以长期投资为例）。

（一）研究投资机会，确定投资决策目标

企业要做出科学的投资决策，首先必须对国家产业政策、企业内部环境、区域投资环境等宏观和微观因素进行详细的分析，做好市场调查和市场预测工作，把握市场需求动向，敏锐识别并及时捕捉合适的投资机会，确定投资决策目标。

决策目标是投资决策的出发点和归宿，确定决策目标就是弄清这项决策究竟要解决什么问题。例如，在固定资产投资方面，有固定资产的新建、扩建、更新等问题，但无论如何，决策目标应具体、明确、并力求目标数量化。

（二）收集有关信息

收集信息就是针对决策目标，广泛收集尽可能多的、对决策目标有影响的各种可计量因素和不可计量因素的有关资料，特别是预计现金流量的数据，作为今后决策的根据。对于收集的各种信息，还要善于鉴别，要“去粗取精，去伪存真”，进行加工延伸。信息的收集工作，实际上往往要反复进行，贯穿于各环节之间。

（三）提出备选方案，进行可行性论证

提出具有可行性的备选方案是投资决策的重要环节，是做出科学决策的基础和保证。提出具有可行性的备选方案就是针对决策目标提出若干备选方案，进行项目可行性论证，剔除不可行的备选方案。项目可行性论证的核心内容可以归纳为三个方面，即投资必要性分析、技术可行性分析和经济合理性分析。

本章分析的项目投资决策实际上就是从财务的角度，通过定量分析论证投资项目的经济合理性。

（四）通过定量分析对备选方案做出初步评价

这个步骤就是把各个备选方案的可计量资料先分别归类，系统排列，选择适当的专门方法，建立数学模型对各方案的投资带来的现金流量进行计算、比较和分析，运用各种指标对各备选方案的经济效益做出初步的判断和评价，确定哪个方案较优。这是整个决策过程的关键阶段。

（五）考虑其他因素的影响，确定最优方案

根据上一步骤定量分析的初步评价，进一步考虑计划期间各种非计量因素的影响。例如，针对国际、国内政治经济形势的变动，以及人们心理、习惯、风俗等因素的改变，进行定性分析，把这两者结合起来，通盘研究，权衡投资方案的收益与风险，选出最优方案。

（六）对实施方案进行过程控制和信息反馈，总结投资结果

投资决策的执行是决策的目的，也是检验过去所做出的决策是否正确的客观依据。因此，当上一阶段筛选出的最优方案付诸实施以后，要对实施方案进行过程控制，评估执行情况。通过信息反馈，及时修正实施过程中的偏差，以保证决策目标的实现。投资项目结束后，还应对投资结果进行分析总结。

投资管理的一般程序，可用图 12-1 描述。

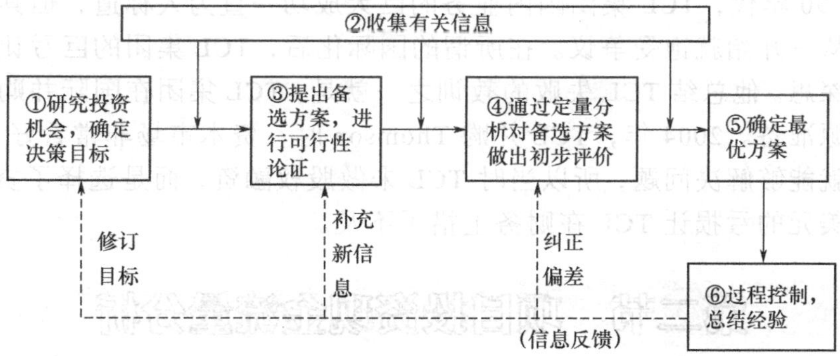

图 12-1　投资管理程序

四、企业投资管理的基本原则

在变化迅速的市场环境下，抓住有利时机，进行科学投资管理，顺利实现投资目标。在开展投资活动时必须遵守以下几个原则。

（一）进行充分的市场调查，及时捕捉投资机会

捕捉投资机会是企业投资活动的起点，也是投资管理的源头所在。影响企业投资机会的最主要因素是市场需求的变化。因此，企业在进行投资之前，必须认真进行市场调查和分析，寻找最佳的投资机会，使企业能够获得最大的收益。

不少企业投资失误，最重要的一条原因是，对市场调查研究不深入、不仔细，例如众所周知的 TCL 海外并购 Thomson 案例。TCL 在 2004 年实施并购时，Thomson 的主要亏损在北美，所以并购后 TCL 将主要精力放在了北美，而忽略了欧洲业务重组的巨大成本。根据当地的潜规则，裁员超过 10 人就必须与工会谈判。由于缺乏对当地运作规则的了解，TCL 集团的欧洲重组计划迟迟不能实行，一直停留在与工会谈判的阶段。

任何企业都是生存在一定环境之中的，企业只有全面认识投资环境，进行充分的市场调查，充分利用环境提供的契机，及时捕捉投资机会，选择适合企业的投资项目，才能保证投资决策正确有效。

（二）建立科学的投资决策程序，认真进行投资项目的可行性分析

为了确保投资决策的正确有效，捕捉到投资机会后，必须按科学的投资决策程序，认真做好可行性分析。可行性分析的主要目的就是对投资项目在技术上和经济上的有效性进行论证，运用定量分析和定性分析方法，合理确定各种项目的优劣。此外，应认真权衡各项目的风险和收益的关系，控制企业的投资风险，从而选择出适应企业当前情况并最能促进公司财务目标实现的投资项目。

（三）及时足额地筹集资金，正确处理投资与筹资的关系

资金的及时足额供应是项目投资顺利开展的基本前提。然而企业用于投资的资金来源总是有限的，必须根据经济环境及自身条件，选择那些符合企业价值最大化目标的筹资渠道和方式。同时，正确处理投资与筹资两者的关系，既要抓住有利投资时机产生预期效益，又要避免因筹资过多而造成企业资金闲置或筹资不足造成投资项目资金链中断。

20 世纪 90 年代，TCL 集团国内业务的巨大成功一直为人称道，但其跨国并购的途径与方式从一开始就饱受争议。在所谓的国际化后，TCL 集团的巨亏让董事长李东生也不得不深思。他总结 TCL 失败的教训之一就是，TCL 集团在国际并购时并没有做好资金、资源准备。2004 年，TCL 并购 Thomson 时，资本市场非常看好，但 TCL 认为 2 亿美元就能够解决问题，所以当时 TCL 未做股权融资，而是选择了贷款。结果欧洲业务 3 亿美元的亏损让 TCL 在财务上措手不及。

第二节　项目投资现金流量分析

现金流量是企业长期投资决策中必须考虑的因素。现金流量分析也自然成为项目投资决策工作的重要内容，它为后续的投资决策提供基础数据。现金流量分析恰当与否直接关系到项目评价的结论，最终影响到投资决策的质量。

一、现金流量的含义

项目投资的现金流量是指投资项目在其计算期内所引起的各项现金流出量与现金流入量的总称，又称为现金流量。这里的“现金”是广义的现金，不仅包括各种货币资金，还包括企业现有的非货币资源的变现价值，如厂房、设备和库存商品等的变现价值，而不是账面价值。

按照现金流量的流动方向，现金流量可以分为现金流出量、现金流入量和现金净流量。

（一）现金流出量

一个项目投资的现金流出量，是指该项目投资引起的企业现金支出的增加额。例如，企业购置一条生产线，通常会引起以下现金流出。

（1）购置生产线的价款。购置款可以是一次性付清，也可以分次付出。

（2）垫支的流动资金。由于该生产线扩大了企业的生产能力，引起对流动资金需求增加。需追加的流动资金，是由生产线引起的，应列入该方案的现金流出量。

（二）现金流入量

一个项目投资的现金流入量，是指该项目投资引起的企业现金收入的增加额。如企业购置一条生产线，通常会引起下列现金流入。

（1）营业现金流入。营业现金流入是指项目投产后所取得的营业收入与付现成本的差额。付现成本是与非付现成本相对而言的，即需要每年支付现金的成本。其计算公式为

$$付现成本=成本-折旧$$

如果从每年现金流动的结果来看，增加的现金流入来自两部分，一是利润造成的货币增值，二是以货币形式收回的折旧，即。

$$\begin{aligned}营业现金流入&=销售收入-付现成本\\&=销售收入-（成本-折旧）\\&=利润+折旧\end{aligned}$$

（2）回收生产线的残值。回收生产线的残值是指该生产线出售或报废时的变卖收入。由于是当初购置引进的，因而将其作为方案的一项现金流入。

（3）回收的流动资金。该生产线出售或报废时，原流动资产投资可用于其他目的，回收的流动资金也应作为方案的一项现金流入。

（三）现金净流量

一个项目投资的现金净流量是指项目周期内现金流入量大于现金流出量的差额。它是评价项目投资决策的主要依据。当现金流入量大于现金流出量时，现金净流量为正值；反之，为负值。

二、项目投资决策使用现金流量的原因

项目投资决策时，理智的决策者不再把目光锁定在利润指标上，而是认识到现金流量是更具有价值相关性的分析指标。净利润不同于现金流量，如长安汽车（股票代码 000625）2014 年的净利润为 751 798 万元，而同年的现金流量则为 936 285 万元。这两个数字一般是不相等的。在判断企业的经济和财务状况时，现金流量通常更有用。

在项目投资决策中采用以收付实现制为基础的现金流量，而不采用以权责发生制为基础的净利润作为衡量项目投资经济效益的依据，其主要原因如下。

（1）采用现金流量有利于科学地考虑货币时间价值。

在投资管理中一个最重要的假设是任何人都偏好早一点收到现金流量。因此，在评价投资方案优劣时，应先根据各投资项目寿命周期内的各年现金净流量，以及终结回收的现金流入量，按照资金时间价值来计算未来报酬的总现值；然后拿它与原始投资的现金净流量的总现值相比较来确定该方案经济效益的高低。而净利润的计算是以权责发生制为基础的，确定不了现金收付的具体时间。

（2）采用现金流量使项目投资决策更符合客观实际。

在项目投资决策中，应用现金流量能科学、客观地评价投资方案的优劣，净利润则明显地存在不科学、不客观的成分。一是，各企业对未来每年净利润的预测，通常没有统一的标准，在一定程度上要受存货估计、费用摊销和折旧计提等不同方法的影响。二是，净利润反映的是某一会计期间“应计”的现金流量，而不是实际的现金流量。以未实际收到的现金收入作为收益，具有较大风险，容易形成“纸上富贵”。因此，采用现金流量使项目投资决策更符合客观实际。

三、项目投资现金流量的计算

正确预计投资项目的现金流量，是进行项目投资决策的基础，同时也是保证投资决策有效性的重要前提。通常将投资项目的现金流量分为三个部分，即初始现金流量、经营现金流量和终结现金流量。

（一）初始现金流量

初始现金流量是指投资开始时（主要发生在项目建设过程中）所发生的现金流量，一般包括以下内容。

（1）固定资产投资支出，包括固定资产的购入或建造成本、运输成本和安装成本等现金流出。

（2）垫支的营运资金，又称为铺底营运资本，即项目投产前后分次或一次投放于流动资产上的资本增加额，包括垫付在原材料、在产品、库存商品及银行存款等方面的现金流出。

（3）原有固定资产的变价收入。这主要是指固定资产更新时原有固定资产的变卖所得的现金净流量。

（4）其他投资费用，指与投资项目有关的筹建费用、职工培训费、谈判费、注册费用等。

项目建设期发生的现金流量大多为现金流出量（也不排除有少量流入的可能），它们可以是一次性发生的，也可以是分次发生的。

（二）经营现金流量

经营现金流量，又称营业现金流量，是指投资项目投入使用后，在其经营使用期内由于生产经营所带来的现金流入和现金流出的数量。这种现金流量一般以年为单位进行计算。

经营现金净流量（NCF）一般可以按以下三种方法计算。

（1）根据经营现金净流量的定义计算，其公式为

$$经营现金净流量=年营业收入-付现成本-所得税$$

（2）根据年末营业结果计算。

企业每年现金增加主要来自两个方面，一是当年增加的净利润，二是计提的折旧（属于非付现成本），以现金形式从销售收入中收回，留存企业里。在这种方法下，经营现金流量的计算公式为

经营现金净流量=税后净利润+折旧

（3）根据所得税对收入、成本和折旧的影响计算。在这种方法下，经营现金流量的计算公式为

经营现金净流量=收入×（1-税率）-付现成本×（1-税率）+折旧×税率

=税后收入-税后成本+折旧抵税额

以上三种方法计算的结果是一致的。

【例 12-1】 某企业在 2020 年拟投资 A 项目，有关资料如下。

（1）A 项目共需设备投资 450 000 元，于第一年年初全部投入，且第一年年末全部竣工并投入生产。

（2）A 项目投产时需垫付相应流动资金 320 000 元，用于购买材料、支付工资等。

（3）A 项目经营期预计为 5 年。设备按直线法计提折旧，预计净残值为 9 000 元，预计寿命为 5 年。

（4）根据市场预测，A 项目投产后第 1 年销售收入为 320 000 元，以后 4 年每年销售收入均为 450 000 元。第一年的付现成本为 150 000 元，以后 4 年每年的付现成本均为 210 000 元。该企业适用所得税税率为 25%。

要求：计算 A 项目投产后各年的经营现金净流量。

计算 A 项目的每年折旧额：

设备年折旧额=（450 000 − 9 000）/5=88 200（元）

计算项目投产后各年经营现金净流量，如表 12-1 所示。

表 12-1　　净现金流量计算表　　单位：元

项　　目	第 1 年	第 2 年	第 3 年	第 4 年	第 5 年
①销售收入	320 000	450 000	450 000	450 000	450 000
②付现成本	150 000	210 000	210 000	210 000	210 000
③折旧	88 200	88 200	88 200	88 200	88 200
④税前利润=①-②-③	81 800	151 800	151 800	151 800	151 800
⑤所得税=④×25%	20 450	37 950	37 950	37 950	37 950
⑥税后利润=④-⑤	61 350	113 850	113 850	113 850	113 850
③折旧	88 200	88 200	88 200	88 200	88 200
⑦经营现金净流量=⑥+③	149 550	202 050	202 050	202 050	202 050

（三）终结现金流量

终结现金流量是指投资项目完结时所发生的现金流量。终结性现金流量，既包括

经营现金流量（与前述预计方法相同），又包括非经营现金流量。非经营现金流量包括固定资产报废时的预计净残值收入或变价收入、原垫支营运资本的回收等。

终结现金流量的计算公式为

终结现金流量=经营现金流量+非经营现金流量

为了正确评价投资项目的优劣，必须正确地计算现金流量。按例 12-1 的数据，计算 A 项目各年的现金净流量，如表 12-2 所示。

表 12-2　现金净流量计算表　单位：元

项　目	建设期	经营期				终结期
	第 0 年	第 1 年	第 2 年	第 3 年	第 4 年	第 5 年
投资额	-450 000					
经营现金流量		149 550	202 050	202 050	202 050	202 050
营运资金		-320 000				320 000
残值收入						9 000
现金净流量	-450 000	-170 450	202 050	202 050	202 050	531 050

【例 12-2】 南方集团拟购入某设备用于扩大再生产，现有甲、乙两个方案可供选择。

甲方案：购入半自动控制设备，需要投资 180 万元，当年投入使用。使用寿命为 5 年，设备采用直线法折旧，5 年后无残值。5 年中每年销售收入为 100 万元，每年的付现成本为 30 万元。

乙方案：购入全自动控制设备，需要投资 260 万元，当年投入使用。使用寿命为 5 年，设备采用直线法计提折旧，5 年后有残值收入 60 万元。另外，在第 1 年需垫支营运资金 50 万元。5 年中每年销售收入为 160 万元，付现成本第 1 年为 40 万元，以后随着设备陈旧，逐年增加修理费用 5 万元。

假定该企业适用所得税税率为 25%，试估算两个方案的现金流量。

为计算现金流量，先计算两个方案每年的折旧额。

甲方案每年折旧额=180/5=36（万元）

乙方案每年折旧额=（260−60）/5=40（万元）

在进行现金流量综合分析前，首先需要估算甲、乙方案经营期间营业现金流量，见表 12-3 和表 12-4。

表 12-3　甲方案各年营业现金流量估算表　单位：万元

项　目	第 1 年	第 2 年	第 3 年	第 4 年	第 5 年
销售收入	100	100	100	100	100
减：付现成本	30	30	30	30	30
减：折旧	36	36	36	36	36
税前利润	34	34	34	34	34
减：所得税（25%）	8.5	8.5	8.5	8.5	8.5
税后利润	25.5	25.5	25.5	25.5	25.5
加：折旧	36	36	36	36	36
经营现金流量	61.5	61.5	61.5	61.5	61.5

表 12-4 乙方案各年营业现金流量估算表 单位：万元

项目	第 1 年	第 2 年	第 3 年	第 4 年	第 5 年
销售收入	160	160	160	160	160
减：付现成本	40	45	50	55	60
减：折旧	40	40	40	40	40
税前利润	80	75	70	65	60
减：所得税（25%）	20	18.75	17.5	16.25	15
税后利润	60	56.25	52.5	48.75	45
加：折旧	40	40	40	40	40
经营现金流量	100	96.25	92.5	88.75	85

在表 12-3 与表 12-4 的基础上，结合初始现金流量和终结现金流量编制两个方案的全部现金流量表，见表 12-5。

表 12-5 投资项目现金流量计算表 单位：万元

项目	第 0 年	第 1 年	第 2 年	第 3 年	第 4 年	第 5 年
甲方案：						
固定资产投资	-180					
营业现金流量		61.5	61.5	61.5	61.5	61.5
现金流量合计	-180	61.5	61.5	61.5	61.5	61.5
乙方案：						
固定资产投资	-260					
营运资金垫付	-50					
营业现金流量		100	96.25	92.5	88.75	85
固定资产残值						60
营运资金收回						50
现金流量合计	-310	100	96.25	92.5	88.75	195

四、预计现金流量应注意的问题

（一）现金流量是增量现金流量

如果投资项目对企业本身现金流量有影响，在计算投资项目现金流量的同时，要考虑企业本身现金流量的增减变化。这时，项目投资后的现金流量是企业投资该项目与不投资该项目之间的现金流量差异。所以，投资项目的现金流量是增量现金流量。

在计算投资项目增量现金流量时应注意几个问题。

（1）区别收益与增量收益，不能将一个公司过去的收益状况与目前的投资收益相混淆；

（2）考虑所有的附加效应，要以投资项目对公司所有经营活动产生的整体效果为基础进行分析；

（3）考虑垫支流动资金的影响，流动资金在计算现金流量时要考虑两次，一次是它投入使用时作为现金流出，一次是投资寿命终结回收时作为现金流入；

（4）正确对待沉没成本，公司在投资决策时要考虑的是当前的投资是否有利可图，而不是过去已花费的代价。

（二）考虑机会成本

在计算投资项目现金流量时，不仅要考虑直接的现金流入流出，还要考虑并没有直接现金交易的“机会成本”。如某公司进行一项投资需要占用1万立方米的仓库做堆积存货之用，而该公司正好有1万立方米的库容空闲。如果公司将这部分闲置仓库出租，每年可得净收入100万元。这部分租金收入损失就是该投资项目的机会成本，必须作为一种实际的现金流量予以考虑，从每年投资收入中扣减，即视同租赁仓库进行投资。

（三）分摊费用的计算

每一投资项目都会有相应的分摊费用发生，如公司管理费用等。这些分摊费用是要计入投资成本的。但在计算现金流量时，必须做进一步的分析。那些确因本投资项目发生的费用（如增设的管理机构和人员的费用等），应计入该投资项目的现金流量；那些公司原本就有，与本投资项目无关的费用（如财务部原来人员的工资等），在计算现金流量时则不予考虑。

（四）税收与折旧问题

折旧不是真正的现金流量，属于非付现成本。在考虑所得税后，由于折旧计入公司成本，冲减公司利润，从而减少公司所得税支出，增加了投资项目现金流量的流入。折旧带来的税收减少称为税盾。它的大小与折旧额和税率成正比。

如果会计上计提的残值与税法规定的提取办法有出入，则应按税法规定进行调整后确认其现金流量。

第三节　项目投资评价

项目投资评价的基本方法一般有两类：一类是贴现分析评价方法，即考虑了货币时间价值因素的评价方法，包括净现值（NPV）法、内部收益率（IRR）法和现值指数（PI）法等，这些是项目投资评价的主要指标；另一类是非贴现的评价方法，即不考虑货币时间价值因素的评价方法，包括投资回收期（PP）法和会计收益率（ARR）法等，这些是项目投资评价的辅助指标。

非贴现法是20世纪50年代世界流行的评价企业投资效益的主要方法，但在实践中，人们发现其局限性。从20世纪70年代开始，形成了以贴现现金流量指标为主，以非折现现金流量指标为辅的多种指标并存的评价体系。

一、净现值法

净现值（Net Present Value，NPV）是财务管理中最重要的概念之一。净现值是指投资项目（方案）在整个建设和使用期限内未来现金流量的现值之差，或称为年现金净流量现值的代数和。

（一）净现值法的基本原理

净现值法使用净现值作为评价方案优劣的指标。按照这种方法，所有未来现金流入和流出都要按预定贴现率折算为现值，然后再计算它们的差额，再按决策规则进行投资决策。

企业的财务管理目标是通过对现有和未来资源的有效使用，使得企业价值最大化。为达到这一目标，所有未来现金流入量的现值必须超过所有预期现金流出量的现值。简单地说，具有正净现值的投资能够增加所有者的财富。净现值（NPV）法的基本原理，可以用图 12-2 表示。

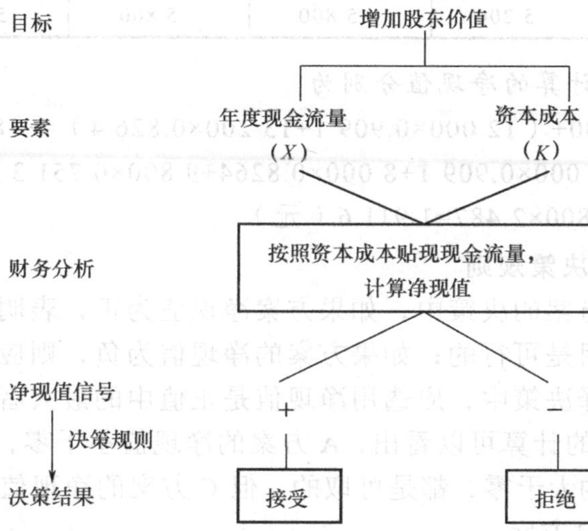

图 12-2　净现值（NPV）法的基本原理

净现值（NPV）法的计算公式为

$$净现值（NPV）=\sum_{t=0}^{n}\frac{NCF_t}{(1+K)^t}$$

式中，NCF_t——第 t 期现金净流量；

K——贴现率（资金成本或投资者要求的报酬率），为简化计算，假设各年不变；

n——项目预计周期（包括项目建设期和使用期）。

（二）净现值的计算步骤

第一步，计算每年的经营现金净流量。

第二步，计算未来报酬的总现值。

首先，将每年的经营现金净流量折算成现值。如果每年的现金净流量相等，则按年金方法折成现值；如果每年的现金净流量不相等，则先对每年的现金净流量进行折现，然后加以合计。其次，将终结现金流量折算成现值。最后，计算未来报酬的总现值。

第三步，计算净现值，公式为

净现值=未来报酬的总现值−初始投资

【例 12-3】 假定折现率为 10%，有 A、B、C 三个投资方案，有关数据如表 12-6 所示。

表 12-6　　A、B、C 投资方案的有关数据　　单位：元

年份	A 方案		B 方案		C 方案	
	净收益	现金净流量	净收益	现金净流量	净收益	现金净流量
0		-22 000		-15 000		-15 000
1	2 000	12 000	-2 000	3 000	1 800	6 800
2	3 200	13 200	3 000	8 000	1 800	6 800
3			4 800	9 800	1 800	6 800
合计	5 200	5 200	5 800	5 800	5 400	5 400

根据表 12-6 资料计算的净现值分别为

NPV_A=-22 000+（12 000×0.909 1+13 200×0.826 4）=-182.32（元）

NPV_B=-15 000+（3 000×0.909 1+8 000×0.8264+9 800×0.751 3）=1 701.24（元）

NPV_C=-15 000+6 800×2.487=1 911.6（元）

（三）净现值法的决策规则

在只有一个备选方案的决策中，如果方案净现值为正，表明该项目的投资收益大于资本成本，则该项目是可行的；如果方案的净现值为负，则应放弃该项目。在有多个备选方案的互斥选择决策中，应选用净现值是正值中的最大者。

所以根据例 12-3 的计算可以看出，A 方案的净现值小于零，应放弃 A 方案。B 和 C 两个方案的净现值均大于零，都是可取的。但 C 方案的净现值大于 B 方案，按净现值决策规则，应选用 C 方案。

【例 12-4】 仍以例 12-2 的南方集团资料为例（详见表 12-5）来说明净现值的计算。假设资金成本为 10%。计算如下。

甲方案（各年现金流量相等）：

净现值=未来报酬的总现值-初始投资额现值

=61.5×（P/A，10%，5）-180

=61.5×3.790 8-180

=53.13（万元）

乙方案（各年现金流量不相等）：

净现值=NCF_1×（P/F，10%，1）+⋯+ NCF_5×（P/F，10%，5）-310

=100×0.9091+96.25×0.8264+92.5×0.7513+88.75×0.6830+195×0.6209-310

=90.91+79.54+69.50+60.62+121.08-310=111.65（万元）

根据上面的计算中我们可以看出，两个方案的净现值均大于零，都是可取的。但乙方案的净现值大于甲方案，按净现值决策规则，南方集团应选用乙方案。

（四）净现值法的优缺点

净现值法的优点是：充分考虑了货币时间价值和项目有效期的全部现金流量，能够反映各种投资方案的净收益，具有广泛的适用性；其决策规则也最好地体现了财务管理的基本目标，是一种重要的评价方法。

净现值法的不足之处在于：一是确定折现率比较困难；二是对于经济寿命不相等的项目，用净现值法难以估计；三是对于初始投资额不相等的项目，仅用净现值法难以评估其优劣；四是它并不能揭示各个投资方案本身可能达到的实际报酬率是多少。

即使存在上面所列示的不足，净现值法仍然是一种重要的评价方法，任何一种其他方法都不足以代替净现值（NPV）法的重要地位。

二、内部收益率法

投资者经常会问："我所进行的投资项目的收益率是多少？"要想正确计算收益率，就要找出使得未来收益的净现值等于初始现金支出的收益率水平。这就是内部收益率（Internal Rate of Return，IRR），又称为内含报酬率。它是指能够使投资项目的未来现金流入量现值和流出量现值相等（$NPV=0$）的折现率，它反映了投资项目的真实收益。目前越来越多的企业使用该项指标对投资项目进行评价。

内部收益率的计算公式为

$$NPV=\sum_{t=0}^{n}\frac{NCF_t}{(1+IRR)^t}=0$$

式中，IRR——内部收益率。

（一）内部报酬率的计算步骤

内部报酬率的计算步骤如下。

1. 经营期每年的净现金流量相等

第一步，计算年金现值系数，计算公式为

$$\text{年金现值系数}=\frac{\text{初始投资额}}{\text{经营期每年现金净流量}}$$

第二步，查年金现值系数表。在年金现值系数表中，查找第 n 期的年金现值系数。如果查到与所计算的年金现值系数相同的数值，对应的折现率即为要求的内含报酬率。如果查不到，则进行下一步。

第三步，在年金现值系数表第 n 期年金现值系数中查到与上述年金现值系数相邻的较大和较小的两个系数及对应的贴现率，采用插值法计算该投资方案的内含报酬率。

【例 12-5】 仍以例 12-2 的南方集团资料为例（详见表 12-5），计算甲方案内含报酬率。

计算净现值为零时的年金现值系数，得

$$\text{年金现值系数}=\frac{\text{初始投资额}}{\text{每年净现金流量}}=\frac{180}{61.5}=2.926\ 8$$

查年金现值系数表，查得 n=5 中最接近 2.926 8 的两个系数 2.990 6（折现率 20%）和 2.863 6（折现率 22%），如图 12-3 所示。

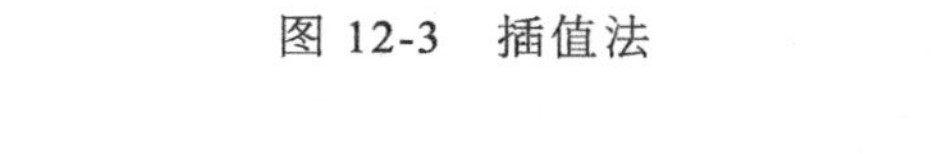

图 12-3 插值法

用插值法计算得

$$IRR=20\%+\frac{2.990\ 6-2.926\ 8}{2.990\ 6-2.863\ 6}\times 2\%=21\%$$

2. 经营期每年的净现金流量不相等

这种情况下，内部收益率法的计算，通常需要使用“逐步测试法”。

第一步，先预估一个贴现率，并按此贴现率计算净现值。如果得到的净现值为正数，说明方案本身的收益率超过预计的贴现率，应提高贴现率再测试；如果得到的净现值为负数，说明方案本身的收益率低于预计的贴现率，应降低贴现率再测试。可以通过图 12-4 来理解预计贴现率的调整方向。

第二步，按新设贴现率计算净现值，判断方法同第一步。经过多次测算，找到一正一负两个最贴近于零的净现值及其对应的贴现率。

第三步，根据上述两个邻近的贴现率运用插值法，计算出方案的实际内部收益率。

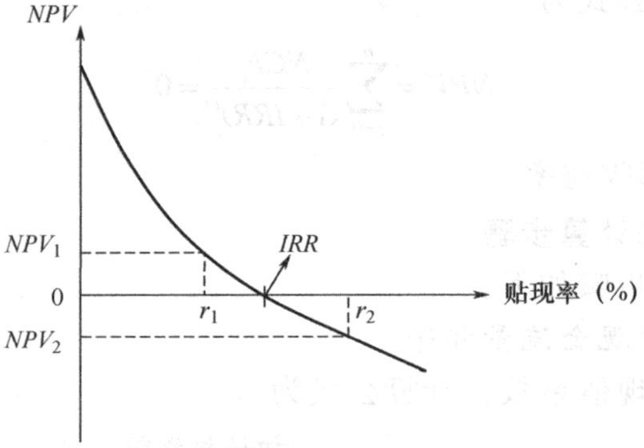

图 12-4　项目投资的净现值（NPV）和贴现率关系

图 12-4 形象地说明了内部收益率对项目投资决策的意义，图中 NPV 为贴现率的因变量。曲线在贴现率=*IRR* 时与横轴相交，该点 *NPV*=0。从图中可以看出，当贴现率小于内部收益率时，*NPV* 为正；当贴现率大于内部收益率时，*NPV* 为负。所以如果我们在贴现率小于内部收益率时接受某个项目，也就是接受了一个净现值为正值的项目。在这一点上，内部收益率法与净现值法是一致的。

【例 12-6】 仍以例 12-2 的南方集团资料为例（详见表 12-5），计算乙方案内含报酬率。

乙方案的每年净现金流量不相等，因而，必须逐步测试。

首先，估计贴现率，逐步测试如下。

令 i=24%，则

NPV=100×0.806 5+96.25×0.650 4+92.5×0.524 5+88.75×0.423 0+195×0.341 1-310
=-14.18（万元）

令 i=20%，则

NPV=100×0.833 3+96.25×0.694 4+92.5×0.578 7+88.75×0.482 3+195×0.401 9-310
=14.87（万元）

用插值法计算，得

$$IRR = 24\% - \frac{-14.18-0}{-14.18-14.87} \times 4\% = 22.05\%$$

（二）内部收益率法的决策规则

在只有一个备选方案的采纳与否的决策中，若投资项目（方案）的内部收益率大于或等于项目的资本成本或投资最低收益率，则接受此方案；反之，则应放弃。在有多个备选方案的互斥选择决策中，选用内部收益率大于资本成本最多的投资方案。

由例 12-5、例 12-6 计算两个方案的内部收益率可以看出，乙方案的内含报酬率较高，故乙方案优于甲方案。

（三）内部收益率法的优缺点

内部收益率是方案本身的收益能力，反映其内在的获利水平，以内部收益率的高低来决定方案的取舍，使项目投资决策更趋于精确化。但这种方法的计算过程比较复杂，特别是每年净现金流量不相等的投资项目，一般要经过多次测算才能算出。

在互斥方案的选择中，利用内部收益率标准有时会得出与净现值标准不同的结论，这时应以净现值作为决策标准。

三、现值指数法

现值指数（Profitability Index，PI）又称获利指数法，是投资项目未来报酬的总现值与初始投资额的现值之比率。

其计算公式为

$$现值指数=\frac{未来报酬的总现值}{初始投资额}$$

（一）现值指数（PI）法的计算步骤

第一步，计算未来报酬的总现值。这与计算净现值所采用的方法相同。

第二步：计算现值指数，即根据未来的报酬总现值和初始投资额之比计算现值指数。

（二）现值指数法的决策规则

在只有一个备选方案采纳与否的决策中，现值指数大于或等于 1，则采纳，否则就放弃。在有多个方案的互斥选择决策中，应采用现值指数超过 1 最多的投资项目。

【例 12-7】 仍以例 12-2 中南方集团的资料（见表 12-5）为例，来说明现值指数的计算。

利用例 12-4 的 NPV 计算结果，可得

$$甲方案现值指数=\frac{未来报酬的总现值}{初始投资额}=\frac{233.13}{180}=1.295\ 2$$

$$乙方案现值指数=\frac{未来报酬的总现值}{初始投资额}=\frac{421.65}{310}=1.360\ 2$$

根据计算结果，甲、乙两个方案的现值指数都大于 1，故两个方案都可选用，但乙方案的现值指数大于甲方案，故乙方案更优。

（三）现值指数法的优缺点

现值指数法的优点是：考虑了货币时间价值；它以相对数来表示，反映了投资的效率，即一元投资可望获利的现值收益，有利于在初始投资额不同的投资方案之间进

行对比。

现值指数法的缺点是：现值指数这一概念不便于理解。

在投资规模不同的互斥方案的选择中，NPV 法与 PI 法有可能得出不同的结论，这时应以净现值作为选择标准。

四、投资回收期法

投资回收期（Payback Period，PP）是指通过项目的现金净流量来回收初始投资所需要的时间，一般以年为单位。投资回收期还可细分为包括建设期的投资回收期和不包括建设期的投资回收期。

（一）投资回收期的计算

投资回收期的计算，因每年的营业净现金流量是否相等而有所不同。

如果在项目的整个有效期内，每年的经营现金净流量相等，则投资回收期可按下式计算：

$$投资回收期=\frac{原始投资额}{年经营现金净流量}$$

如果每年经营现金净流量不相等，或原始投资额是分几年投入的，那么，计算回收期要根据每年年末尚未回收的投资额加以确定。

【例 12-8】 试根据例 12-2 南方集团的资料分别计算甲、乙两个方案的回收期。

甲方案每年营业现金流量相等，故

$$甲方案投资回收期=\frac{原始投资额}{每年营业现金流量}=\frac{180}{61.5}=2.93（年）$$

乙方案每年现金流量不等，所以应先计算其各年尚未回收的投资额，如表 12-7 所示。

表 12-7　　乙方案各年尚未回收的投资　　单位：万元

时间	每年净现金流量	年末尚未回收的投资
第 0 年	-310	
第 1 年	100	-210
第 2 年	96.25	-113.75
第 3 年	92.5	-21.25
第 4 年	88.75	
第 5 年	195	

从表 12-7 可以看出，在第 4 年底时已经没有尚未收回的投资，这就意味着该投资方案的原始投资额在该年已全部收回。假定第 4 年的现金净流量在该年中均衡发生，则

$$乙方案投资回收期=3+（21.25÷88.75）=3.24（年）$$

（二）投资回收期法的决策规则

如果项目的投资回收期小于期望回收期（公司自行确定或根据行业标准确定），则该项目可以接受；反之，则应放弃。在实务操作中，一般认为投资回收期小于项目周期的一半方为可行。

（三）投资回收期法的优缺点

投资回收期是最早用于评估投资项目的方法，因其计算简便直观，曾一度被广泛运用。另外，因投资回收期法可以衡量出投资方案的变现力（即投入资本的回收速度），对于一些资金并不宽裕的公司来说，它是非常有用的工具。

其缺点在于，它不仅忽视了时间价值和风险，而且也没有考虑回收期以后的现金流量。事实上，具有战略意义的长期投资往往早期收益较低，而中后期收益较高。回收期法优先考虑急功近利的项目，可能导致放弃长期成功的方案。因此，在项目评价时，投资回收期只能作为一个辅助标准，必须和其他标准相结合，来判断项目的可行性。

五、会计收益率法

会计收益率（Accounting Rate of Return，ARR）又称平均报酬率，是投资项目寿命周期内年平均净收益与该项目的平均投资额的比率。它是根据投资方案会计收益率的高低进行投资决策的一种非折现评价方法。

（一）会计收益率（平均报酬率）的计算

会计收益率计算公式为

$$会计收益率=\frac{年平均净收益}{平均投资总额}\times100\%$$

式中，年平均净收益可以根据需要采用项目的年平均利润、年平均息税前利润或销售利润等指标，实务中较常用的是年平均净利润。

【例 12-9】 以例 12-3 的资料（表 12-6），说明会计收益率的计算。

$$A方案会计收益率=\frac{年平均净收益}{平均投资总额}\times100\%=\frac{(2\,000+3\,200)/2}{22\,000}\times100\%=11.82\%$$

$$B方案会计收益率=\frac{年平均净收益}{平均投资总额}\times100\%=\frac{(-2\,000+3\,000+4\,800)\div3}{15\,000}\times100\%=12.89\%$$

$$C方案会计收益率=\frac{年平均净收益}{平均投资总额}\times100\%=\frac{1\,800}{15\,000}\times100\%=12\%$$

（二）会计收益率法的决策规则

在采用会计收益率这一指标时，需事先确定一个企业要求达到的会计收益率，或称必要会计收益率。在进行决策时，对单一项目决策，只有会计收益率高于必要会计收益率的方案才能入选，否则，放弃该方案。而在有多个方案的互斥选择中，会计收益率高于投资人要求的必要会计收益率中的较高方案为优。

在例 12-9 中，通过 A、B、C 方案的会计收益率计算可知，B 方案会计收益率最高，B 方案优于 A 和 C 方案。

（三）会计收益率法的优缺点

会计收益率法的优点是简明、易懂。其主要缺点是没有考虑资金的时间价值，第一年的现金流量与最后一年的现金流量看作具有相同的价值，因此有时可能会做出错误的决策。此外，会计收益率以会计核算数据作为计算基础，使其决策依据缺乏客观性。因此，会计收益率只能作为一种辅助指标来衡量投资项目的优劣。

六、项目投资评价方法的运用

（一）独立项目投资决策

独立项目（Independent Project）是指对其接受或者放弃的决策不受其他项目投资决策影响的投资项目。例如，某超市想在市郊A地开设一家连锁店，这个方案是否被采纳不会受到其他开设新连锁店的投资决策的影响，它们是相互独立的。独立项目的决策是指对待定投资项目采纳与否的决策，不考虑任何其他投资项目是否得到采纳和实施；项目的取舍只取决于项目本身的经济价值。

对于独立项目的决策，可运用净现值、内部收益率、现值指数、投资回收期、会计收益率等任何一个合理的评价方法进行分析，决定项目的取舍。只要运用得当，一般都能做出正确的决策。

【例 12-10】 某企业有一个投资机会，方案的现金流量如表12-8所示。

表 12-8　　现金流量表　　单位：万元

t（年）	0	1	2	3
现金流量	-10 000	42 00	3 600	7 000

该企业必要报酬率为12%，试评价该方案是否可行。

（1）净现值法。

$$净现值=-10\ 000+4\ 200\times(P/F,12\%,1)+3\ 600\times(P/F,12\%,2)+7\ 000\times(P/F,12\%,3)$$
$$=-10\ 000+4\ 200\times0.892\ 9+3\ 600\times0.797\ 2+7\ 000\times0.711\ 8$$
$$=1602.7\ (万元)>0$$

（2）内部收益率法。首先，估计贴现率，逐步测试。

令 i=20%，则

NPV=-10 000+4 200×（P/F，20%，1）+3 600×（P/F，20%，2）+7 000×（P/F，20%，3）=50.6（万元）

令 i=22%，则

NPV=-10 000+4 200×（P/F，22%，1）+3 600×（P/F，22%，2）+7 000×（P/F，22%，3）=-283.52（万元）

用插值法计算，得

IRR=20%+2%×50.6/（50.6+283.52）=20.30%＞12%

对于单一项目的投资决策，上述两种方法都能得出一致的结果——该投资方案可行。

（二）互斥项目投资决策

互斥项目（Mutually Exclusive Investments）是指在一组项目中，采用其中某一项目意味着放弃其他项目，这一组项目被称为互斥项目。比如有A和B两个方案可供选择，我们可以选择A也可以选择B，或者是两者都放弃，但不能同时选择A和B。在进行互斥项目的投资决策分析时，选择最优投资项目的基本方法有以下几种。

（三）净现值结合内部收益率排序法

虽然前面我们介绍了五种评价投资项目的方法，但净现值法广泛的适用性和重要性，无疑确定了它的重要地位。所以在互斥项目投资决策时，以净现值法为主，结合内部收益率法进行排序。这种方法主要适用于当各方案的投资额和投资期完全一致时的决策。

主要步骤如下。

第一，计算各方案的净现值，并选择 NPV 大于 0 的方案，剔除 NPV 小于 0 的方案。

第二，对选择的 NPV 大于 0 的方案进行排序，NPV 越大的方案越好。

第三，同理，计算各方案的内部收益率，选择 IRR 大于预期贴现率的方案，排除低于预期贴现率的方案。

第四，对选择的 IRR 大于预期贴现率的方案进行排序，内部收益率越大的方案越好。

【例 12-11】 某企业现有 3 个互斥的投资机会，这 3 个方案的投资总额均为 20 万元，投资期均为 3 年。假定贴现率均为 10%，经过计算有

$$NPV_{(A)}=5.23（万元），IRR_{(A)}=12.11\%$$

$$NPV_{(B)}=2.78（万元），IRR_{(B)}=10.95\%$$

$$NPV_{(C)}=-0.56（万元），IRR_{(C)}=9.32\%$$

要求：运用净现值结合内部收益率排序法决策出一个最优方案。

因为 C 方案的净现值为负值，同时内部收益率也小于预期的贴现率 10%，所以放弃 C 方案。

A 和 B 方案的净现值都大于零，且内部收益率都大于 10%，所以这两个方案均可行；同时，由于 $NPV_{(A)} > NPV_{(B)}$ 且 $IRR_{(A)} > IRR_{(B)}$，所以 A 方案是最优投资方案，选择 A 方案进行投资。

（四）增量分析法

增量分析法，又称为差量分析法，是指在对互斥项目进行投资决策时，可根据其现金流量的增量计算增量净现值（ΔNPV）、增量内部收益率（ΔIRR），并以其增量标准进行项目的选择。通常用投资额大的方案减去投资额小的方案。这种方法主要适用于当各方案的投资额不同、但项目的投资期完全一致时的投资决策。

其决策规则是：若 ΔNPV>0 或者 ΔIRR>预期贴现率，则投资额大的方案较好；反之，则投资额小的方案较好。

增量分析法的增量净现值（ΔNPV）、增量内部收益率（ΔIRR）的计算方法和 NPV、IRR 的计算方法完全一样，只是增量分析法是以两个方案的投资差额为计算依据的。

对于固定资产是否更新的选择，通常是站在更新固定资产的角度进行分析，并通过计算增量净现值（ΔNPV）或增量内部收益率（ΔIRR），根据决策规则做出更新与否的决策。固定资产更新决策主要研究两个问题：一是决定是否更新，即继续使用旧资产还是更换新资产；二是决定选择什么样的资产来更新。实际上，这两个问题经常是结合在一起考虑的。

【例 12-12】 某公司正考虑用一台新的、效率更高的设备来代替旧设备，以减少

成本，增加收益。旧设备原购置成本为50万元，已使用5年，估计还可使用5年，已提折旧25万元，假定使用期满后无残值，如果现在销售可得价款20万元。使用该设备每年可获收入50万元，每年的付现成本为30万元。该公司现准备用一台新设备来代替原有的旧设备，新设备的购置成本为62万元。估计可使用5年，期满有残值2万元，使用新设备后，每年收入可达80万元，每年付现成本为40万元。假设该公司的资本成本为10%，所得税税率为25%，新、旧设备均用直线法计提折旧。试做出该公司是继续使用旧设备还是对其进行更新的决策。

在本例中，一个方案是继续使用旧设备，另一个方案是出售旧设备重新购置新设备。为此，我们可采用增量分析法来计算并做出决策。

（1）分别计算初始投资与折旧的现金流量的差量。

Δ初始投资=62−20=42（万元）

Δ年折旧额=（62−2）/5−50/10=7（万元）

（2）列表12-9计算两个方案经营现金流量的差量。

表12-9　两个方案经营现金流量的差量计算表

项　目	现金流量差额（万元）
Δ销售收入（1）	80−50=30
Δ付现成本（2）	40−30=10
Δ折旧额（3）	7
Δ税前利润（4）=（1）−（2）−（3）	13.0
Δ所得税（5）=（4）×25%	3.25
Δ税后利润（6）=（4）−（5）	9.75
Δ经营现金净流量（7）=（6）+（3）	16.75

（3）列表12-10来计算两个方案各年现金流量的差量。

表12-10　两个方案各年现金流量的差量表　单位：万元

项　目	第0年	第1年	第2年	第3年	第4年	第5年
Δ初始投资	−42					
Δ营业净现金流量		16.75	16.75	16.75	16.75	16.75
Δ终结现金流量						2
Δ现金净流量	−42	16.75	16.75	16.75	16.75	18.75

（4）计算增量的净现值。

$$\Delta NPV=16.75\times(P/A,\ 10\%,\ 4)+18.75\times(P/F,\ 10\%,\ 5)-42$$
$$=16.75\times3.170+18.75\times0.621-42$$
$$=22.74（万元）$$

根据计算结果，增量净现值大于零，有净现值22.74万元，说明使用新设备优于使用旧设备，故应做出更新设备的决策。

本章小结

本章主要介绍了投资管理的意义、程序和原则，阐述了项目投资现金流量的计算方法，着重讨论了项目投资评价的几种方法及决策方法的运用。

投资管理对于企业的生存和发展具有重要意义。投资管理就是选择最恰当的投资方案，在成本与效益、风险与收益最优组合的条件下使用资金。

现金流量是企业长期投资决策中必须考虑的因素，现金流量分析为后续的投资决策提供基础数据，最终影响到决策的质量。通常将投资项目的现金流量分为三个部分加以预计，即初始现金流量、经营现金流量和终结现金流量。

项目投资评价的基本方法一般有两类：一类是贴现分析评价方法，包括净现值法、内部收益率法和现值指数法等；另一类是非贴现的评价方法，包括投资回收期法和会计收益率法等。在项目投资评价中形成了以折现现金流量指标为主，以非折现现金流量指标为辅的多种指标并存的评价体系。任何一种方法都不足以代替净现值（NPV）法的重要地位。

对于独立项目的决策，可运用本章介绍的几种基本方法进行分析，决定项目的取舍。而对于互斥项目的投资决策分析，选择最优投资项目的基本方法有净现值结合内部收益率排序法及增量分析法。

综合练习五

一、单项选择题

1．如果一笔资金的现值与将来值相等，那么（　　）。

A．折现率一定很高　　B．不存在通货膨胀

C．折现率一定为 0　　D．现值一定为 0

2．某公司持有一张票面额为 5 000 元的带息票据，票面利率为 5%，出票时间为 6 月 1 日，到期日为 8 月 31 日，为期 90 天，则到期利息是（　　）元。

A．250　　B．60　　C．62.5　　D．90

3．资金按（　　）计算进行投资，利息没有进行再投资；而按（　　）计算，则利息也进行再投资了。

A．复利　单利　　B．复利　年金

C．年金　单利　　D．单利　复利

4．复利终值与现值的关系是（　　）。

A．互为逆运算

B．复利终值系数与复利现值系数相加为 1

C．收付款的时点不同

D．复利终值系数与复利现值系数相等

5．（　　）在现实生活中最为常见，而且其他几种年金均可在这种年金的基础上推算出来。

A．递延年金　　B．普通年金

C．后付年金　　D．永续年金

6．没有终值，只有现值的年金形式是（　　）。

A．递延年金　　B．普通年金

C．后付年金　　D．永续年金

7. 投资者因冒风险进行投资而期望取得额外收益，这就是投资的（　　）。

A. 货币时间价值　　B. 收益

C. 风险报酬　　D. 通货膨胀贴水

8. 从公司经营角度看，按风险形成的原因不同，可将（　　）进一步分为经营风险和财务风险两种。

A. 公司特有风险　　B. 市场风险

C. 投资风险　　D. 系统风险

9. 风险与报酬的基本关系是（　　）。

A. 一般情况下，风险越大要求的报酬率越高

B. 各项投资项目的风险大小是不同的，但预期收益是相同的

C. 在投资报酬率相同的情况下，投资者选择任意方案都可获得相同报酬

D. 高报酬的项目，风险反而较低

10. 与购买设备相比，融资租赁的优点是（　　）。

A. 节约资金　　B. 税收抵免收益大

C. 无须付出现金　　D. 使用期限长

11. 按照我国法律规定，股票不得（　　）。

A. 溢价发行　　B. 折价发行

C. 市价发行　　D. 平行发行

12. 某公司发行面值为 1 000 元，利率为 12%，期限为 2 年的债券，每年支付一次利息，当市场利率为 10%时，其发行价格为（　　）元。

A. 1 150　　B. 1 000　　C. 1 034　　D. 985

13. 某企业按“2/10，*n*/30”的条件购入货物 20 万元，如果企业延至第 30 天付款，其放弃折扣的成本为（　　）。

A. 36.7%　　B. 18.4%　　C. 2%　　D. 14.7%

14. 某企业按名义利率 12%从银行借入款项 100 万元，银行要求企业按贷款额的 15%保持补偿性余额，该项贷款的实际利率为（　　）。

A. 12%　　B. 14.12%　　C. 10.43%　　D. 13.80%

15. 普通股票筹资具有以下优点（　　）。

A. 成本低　　B. 增加资本实力

C. 不会分散公司的控制权　　D. 筹资费用低

16. 长期借款筹资的优点是（　　）。

A. 筹资迅速　　B. 筹资风险小

C. 使用限制少　　D. 筹资数量大

17. 下列资金来源属于股权资本的是（　　）。

A. 优先股　　B. 预收账款

C. 融资租赁　　D. 短期借款

18. 放弃现金折扣的成本大小与（　　）。

A. 折扣百分比的大小呈反向变化

B. 信用期的长短呈同向变化

C．折扣百分比的大小、信用期的长短均呈同向变化

D．折扣期的长短呈同方向变化

19．某周转信贷协定额度为200万元，承诺费率为0.2%，借款企业年度内使用了180万元，尚未使用的额度为20万元。则该企业向银行支付的承诺费用为（　　）。

A．600元　　B．500元　　C．420元　　D．400元

20．下列各项中不属于商业信用的是（　　）。

A．应付工资　　B．应付账款

C．应付票据　　D．预提费用

21．某企业向银行借款200万元，期限为1年，名义利率为10%，利息20万元，按照贴现法付息，该项借款的实际利率为（　　）。

A．10%　　B．10.6%　　C．11.11　　D．12.11%

22．某公司发行总面额为1 000万元，票面利率为12%，偿还期限为5年，发行费率为3%的债券。该公司所得税税率为25%。该债券发行价为1 200万元，则该债券的资本成本为（　　）。

A．8.29%　　B．9.7%　　C．7.73%　　D．9.97%

23．在其他条件不变的情况下，公司所得税税率降低会使得公司发行的债券成本（　　）。

A．上升　　B．下降　　C．不变　　D．无法确定

24．下列筹资方式中，资本成本最低的是（　　）。

A．发行股票　　B．发行债券

C．长期贷款　　D．保留盈余资本成本

25．某公司发行普通股600万元，预计第一年股利率为14%，以后每年增长2%，筹资费用率为3%。该普通股的资本成本为（　　）。

A．14.43%　　B．16.43%　　C．16%　　D．17%

26．关于资本成本，下列说法正确的是（　　）。

A．一般而言，发行公司债券成本要高于长期借款成本

B．保留盈余的存在使企业获得资金没有付出代价，因此，保留盈余没有资本成本

C．在长期资金的各种来源中，普通股的资本成本不一定最高

D．资本成本通常用相对数表示，即用筹资费用加上用资费用之和除以筹资额的商

27．某公司经批准发行优先股股票，筹资费率和股息率分别为5%和9%，则优先股成本为（　　）。

A．9.47%　　B．5.26%　　C．5.71%　　D．5.49%

28．某期间市场无风险报酬率为10%，平均风险股票必要报酬率为14%，某公司普通股股票投资风险系数为1.2，该普通股资本成本为（　　）。

A．14%　　B．14.8%　　C．12%　　D．16.8%

29．企业投资的目的是（　　）。

A．实现企业价值最大化　　B．取得投资收益

C. 降低投资风险　　D. 承担社会义务

30. 投资按照其内容分为（　　）。

A. 长期投资与短期投资　　B. 对内投资和对外投资

C. 项目投资和证券投资　　D. 战略投资和战术投资

31. 在投资项目建成投入运行后的整个寿命周期内活动而产生的现金净流量是（　　）。

A. 现金净流量　　B. 营业现金流量

C. 终结现金流量　　D. 现金流入量

32. 在项目投资决策中采用（　　）作为衡量项目投资经济效益的依据。

A. 会计利润　　B. 投资收益

C. 风险控制　　D. 现金流量

33. 下列不属于非贴现法的是（　　）。

A. 会计收益率法　　B. 内部收益率法

C. 成本比较法　　D. 投资回收期法

34. 当贴现率与内含报酬率相等时，则（　　）。

A. 净现值大于 0　　B. 净现值等于 0

C. 净现值小于 0　　D. 净现值不确定

35. 若净现值为负数，表明该投资项目（　　）。

A. 为亏损项目，不可行

B. 它的投资报酬率小于 0，不可行

C. 它的投资报酬率没有达到预定的贴现率，不可行

D. 它的投资报酬率不一定小于 0，因此也有可能是可行方案

36. 下列表述不正确的是（　　）。

A. 净现值是未来报酬的总现值与初始投资额现值之差

B. 当现值为 0 时，说明此时的贴现率等于内含报酬率

C. 当净现值大于 0 时，现值指数小于 1

D. 净现值大于 0，说明该方案可行

二、多项选择题

1. 货币的时间价值是（　　）。

A. 货币经过一定时间的投资而增加的价值

B. 货币经过一定时间的投资和再投资所增加的价值

C. 现在的一元钱和一年后的一元钱的经济效用不同

D. 在考虑风险和通货膨胀条件下的社会平均资金利润率

2. 货币的时间价值是在没有考虑（　　）下的投资收益率。

A. 风险　　B. 通货膨胀　　C. 投资期限　　D. 投资主体

3. 年金按其每次收付款项的时点不同，可分为（　　）。

A. 普通年金　　B. 预付年金

C. 递延年金　　D. 永续年金

4. 从投资者角度来分析，风险可分为（　　）。

A．市场风险　　B．财务风险
C．公司特有风险　　D．经营风险

5．（　　）均用于表示随机变量离散程度。
A．平均差　　B．方差
C．标准差　　D．标准离差率

6．下列各项中，属于商业信用的特点的有（　　）。
A．是一种持续性的贷款形式　　B．容易取得
C．期限较短　　D．有使用限制
E．期限较长

7．企业的筹资渠道包括（　　）。
A．银行信贷资金　　B．国家资金
C．居民个人资金　　D．企业自有资金
E．其他企业资金

8．股权资本包括（　　）。
A．实收资本　　B．盈余公积
C．长期债券　　D．未分配利润
E．应付利润

9．股权资本筹集的方式有（　　）。
A．发行优先股　　B．吸收直接投资
C．融资租赁　　D．发行债券
E．经营租赁

10．影响债券发行价格的因素有（　　）。
A．债券面额　　B．市场利率
C．票面利率　　D．债券期限
E．机会成本

11．长期资金主要通过何种筹集方式（　　）。
A．预收账款　　B．吸收直接投资
C．发行股票　　D．发行长期债券
E．应付票据

12．公司债券筹资与普通股筹资相比（　　）。
A．普通股筹资的风险相对较低
B．公司债券筹资的资本成本相对较高
C．公司债券利息可以税前列支，普通股股利必须是税后支付
D．如果筹资费率相同，两者的资本成本就相同

13．在个别资本成本计算中须考虑所得税因素的是（　　）。
A．债券成本　　B．银行借款成本
C．普通股成本　　D．留存收益成本
E．权益资本成本

14．关于保留盈余的资本成本，正确的说法是（　　）。

A. 它不存在成本问题　　B. 其成本是一种机会成本
C. 它的成本计算不考虑筹资费用
D. 它相当于股东投资于某种股票所要求的必要收益率
E. 在企业实务中一般不考虑

15. 长期投资具有资金回收期长、变现能力弱（　　）等特点。
A. 耗费资金数额大　　B. 投资次数少
C. 投资风险大　　D. 投资收益大

16. 确定一个投资方案可行的必要条件是（　　）。
A. 内部收益率大于 1　　B. 净现值大于 0
C. 现值指数大于 1　　D. 内部收益率不低于贴现率
E. 现值指数大于 0

17. 对于同一投资方案，下列表述正确的是（　　）。
A. 资金成本越高，净现值越高
B. 资金成本越低，净现值越高
C. 资金成本等于内部收益率时，净现值为 0
D. 资金成本高于内部收益率时，净现值小于 0
E. 资金成本低于内部收益率时，净现值小于 0

18. 现值指数法的优点有（　　）。
A. 增加了不同投资额的投资项目之间的可比性
B. 能够反映投资项目的真实收益率
C. 考虑了资金时间价值
D. 能够反映各投资项目的投资报酬水平
E. 体现了成本效益观念

19. 在进行互斥项目的投资决策分析时，选择最优投资项目的基本方法有以下几种（　　）。
A. 净现值结合内部收益率排序法　　B. 内部收益率法
C. 增量分析法　　D. 现值指数法
E. 投资回收期法

三、判断题

1. 货币时间价值没有考虑通货膨胀因素，但考虑了风险因素。（　　）
2. 终值与现值是一对与一定利率和一定期限相联系的相对概念。利率越高，时间越长，终值就越大，而现值则越小。（　　）
3. 年金的现值计算只需要将各复利值加总计算就可得出。（　　）
4. 实务中对风险和不确定性经常互换使用，但两者并不完全相同。（　　）
5. 期望值代表了投资者的合理预期，也可用于衡量决策方案的风险。（　　）
6. 市场风险是投资者无法通过多元化投资来分散的，因此，又称为不可分散风险或系统性风险。（　　）
7. 在有关现金折扣业务中，“1/10，*n*/30”表示，若付款方在一天内付款，可以享受 10%的价格优惠。（　　）

8．商业信用属于直接信用行为，是一种自然性融资，其优点是容易取得，且不必负担筹资成本。（　　）

9．在债券面值和票面利率一定的情况下，市场利率越高，债券发行价格越低。（　　）

10．补偿性余额使得企业实际借款额低于名义借款额，所以该方式下实际利率低于名义利率。（　　）

11．周转信贷协定是银行承诺提供给企业某一最高限额的贷款协定，企业对未使用部分款项要支付承诺费用。（　　）

12．对于发行公司来讲，采用自销方式发行股票，可以及时募足资本，免于承担发行风险。（　　）

13．放弃现金折扣成本与折扣率呈同方向变化。（　　）

14．如果说筹资渠道是客观存在的，那么筹资方式则取决于企业的主观能动行为。（　　）

15．投资是指企业将资金投放于流动资产和固定资产上的投资。（　　）

16．按现金流量发生的时期不同，可分为初始现金流量、营业现金流量和终结现金流量。（　　）

17．非贴现法由于没有考虑资金时间价值，因此通常作为投资决策的辅助方法。（　　）

18．实际投资报酬是投资者通过投资运用后所获得的最终报酬。（　　）

19．净现值法不能反映投资方案的实际报酬。（　　）

20．现值指数法考虑了资金时间价值，能够反映各投资项目的投资报酬水平和各投资项目可获取的利益。（　　）

四、计算题

1．某公司拟购买一套设备，经过考察，发现一个厂家的设备正合公司需要，价款为110万元。厂家给出的两种付款方式：一是立即用现金付款；二是特别筹资付款，即在购货后的5年内，每年年末向厂家支付25万元的设备款。假定利率为8%。请问该公司应选择哪种付款方式更合理？

2．王某购买一处房产，现在一次性付款为100万元，若分3年付款，则第1～3年每年年初的付款额分别为30万元、40万元、40万元，假定利率为10%。

要求：比较哪一种付款方案较优。

3．企业拟发行面值为100元，票面利率为12%，期限为3年的债券一批。请计算当市场利率分别为10%、12%和15%时的发行价格。

4．A公司拟采购一批原材料，买方规定的付款条件如下为“2/10，1/20，*n*/30”。

要求：（1）假设银行短期贷款利率为15%，计算放弃现金折扣的成本，并确定对该公司最为有利的付款日期。

（2）假设目前有一项短期投资报酬率为40%，确定对该公司最有利的付款日期。

5．某公司发行期限为5年，面值为2 000万元，利率为12%的债券2 500万元，发行费率为4%。公司所得税税率为25%。计算该债券的资本成本。

6．某公司拟发行普通股股票，假定国库券收益率为8%，市场平均的投资收益率为 12.5%。若该公司股票投资风险系数为 1.2，试运用资本资产定价模式（CAPM）法预测此股票资本成本。

7. 某企业拟筹集 2 500 万元。其中，按面额发行债券 1 000 万元，筹资费率为 2%，债券年利率为 10%，公司所得税税率为 25%；优先股 500 万元，年股息率为 12%，筹资费率为 3%；普通股 1000 万元，筹资费率为 4%，第一年预期股利率为 10%，以后每年增长 4%。试计算该筹资方案的综合资本成本。

8. 甲公司资本总额为 10 000 万元，其中债务资本 4 000 万元，普通股 6 000 万元。为扩大经营规模，公司准备追加筹资 2 000 万元，预计息税前利润为 2 000 万元。有 A、B 两种筹资方案，A 方案为增发普通股票，B 方案为增加负债。公司所得税税率为 25%。甲公司追加筹资前后资本结构见表 E-1。

表 E-1　　甲公司增资方案资料表　　单位：万元

筹资方式	当前资本结构	A 增资方案资本结构	B 增资方案资本结构
债务	4 000	4 000	6 000
普通股	6 000	8 000	6 000
资本总额	10 000	12 000	12 000

其他资料：（1）原债务年利息率为 10%，新债年利息率为 12%；

（2）普通股股数目前为 1 000 万股，按 A 方案增资时，每股发行价 10 元。

计算每股收益无差别点，并做出筹资决策。

9. 南桥工厂有 A、B 两个投资项目。A 投资项目为一次性投资 2 000 万元；B 投资项目初始投资额 1 000 万元，1 年后追加投资额 1 000 万元。第一年至第四年的现金净流量，A 投资项目每年均为 745 万元，B 投资项目分别为 800 万元、800 万元、750 万元、500 万元。资金成本为 10%。要求：用净现值法对 A、B 两个投资项目进行决策选择。

10. 南桥工厂有 C 投资项目，一次性投资 1 600 万元，第一年至第四年的现金净流量分别为 450 万元、550 万元、600 万元、400 万元。求 C 投资项目的内部收益率（IRR）。

11. 某公司有一台旧设备，原购置成本为 80 000 元，已使用 4 年，预计还可使用 4 年，已提折旧 40 000 元，假定使用期满后无残值。使用旧设备每年可获销售收入 100 000 元，每年的付现成本为 60 000 元。该公司现在准备用一台新设备来代替原有的旧设备。旧设备目前的市价为 20 000 元，新设备的购置成本为 120 000 元，估计可使用 4 年，期满有残值 28 000 元。使用新设备后，每年销售收入可达 160 000 元，每年付现成本为 87 000 元，假设资金成本为 10%，所得税税率为 33%，折旧的计提采用直线法。试就该公司是否该以新设备取代旧设备做出决策。

阶段综合模拟实训

实训项目　现金流量及项目评价

1. 目的

练习现金净流量的计算，从静态、动态评价指标两方面对投资进行决策。

2. 资料

重庆红旗汽车配件公司大量生产各种车型的汽车缸盖。随着企业的不断壮大，企业的知名度越来越高，客户对其产品的需求也越来越大，现有的生产设备已不能满足市场的需要。公司准备购入一台设备以扩充生产能力。经过公司工程部和生产部的讨论，给出了甲乙两个方案。甲方案固定资产投资 50 万元，使用寿命 5 年，采用直线法计提折旧，5 年后设备无残值。5 年中每年销售收入为 30 万元，每年的付现成本为 10 万元。乙方案需固定资产投资 60 万元，垫付流动资金 20 万元，使用寿命 5 年，采用直线法计提折旧，5 年后设备有残值 3 万元。5 年中每年销售收入 50 万元，付现成本第一年为 20 万元，以后随着设备的陈旧，逐年将增加修理费 0.5 万元。假设公司所得税税率为 30%。

3. 要求

试计算两个方案的现金流量，并从静态指标和动态指标两方面对甲、乙两个方案进行项目评价。

附表一　一元复利终值系数表（FVIF）

$$F=(1+i)^n$$

n	1%	2%	3%	4%	5%	6%	7%	8%	9%	10%	11%	12%
1	1.010	1.020	1.030	1.040	1.050	1.060	1.070	1.080	1.090	1.100	1.110	1.120
2	1.020	1.040	1.061	1.082	1.103	1.124	1.145	1.166	1.188	1.210	1.232	1.254
3	1.030	1.061	1.093	1.125	1.158	1.191	1.225	1.260	1.295	1.331	1.368	1.405
4	1.041	1.082	1.126	1.170	1.216	1.262	1.311	1.360	1.412	1.464	1.518	1.574
5	1.051	1.104	1.159	1.217	1.276	1.338	1.403	1.469	1.539	1.611	1.685	1.762
6	1.062	1.126	1.194	1.265	1.340	1.419	1.501	1.587	1.677	1.772	1.870	1.974
7	1.072	1.149	1.230	1.316	1.407	1.504	1.606	1.714	1.828	1.949	2.076	2.211
8	1.083	1.172	1.267	1.369	1.477	1.594	1.718	1.851	1.993	2.144	2.305	2.476
9	1.094	1.195	1.305	1.423	1.551	1.689	1.838	1.999	2.172	2.358	2.558	2.773
10	1.105	1.219	1.344	1.480	1.629	1.791	1.967	2.159	2.367	2.594	2.839	3.106
11	1.116	1.243	1.384	1.539	1.710	1.898	2.105	2.332	2.580	2.853	3.152	3.479
12	1.127	1.268	1.426	1.601	1.796	2.012	2.252	2.518	2.813	3.138	3.498	3.896
13	1.138	1.294	1.469	1.665	1.886	2.133	2.410	2.720	3.066	3.452	3.883	4.363
14	1.149	1.319	1.513	1.732	1.980	2.261	2.579	2.937	3.342	3.797	4.310	4.887
15	1.161	1.346	1.558	1.801	2.079	2.397	2.759	3.172	3.642	4.177	4.785	5.474
16	1.173	1.373	1.605	1.873	2.183	2.540	2.952	3.426	3.970	4.595	5.311	6.130
17	1.184	1.400	1.653	1.948	2.292	2.693	3.159	3.700	4.328	5.054	5.895	6.866
18	1.196	1.428	1.702	2.026	2.407	2.854	3.380	3.996	4.717	5.560	6.544	7.690
19	1.208	1.457	1.754	2.107	2.527	3.026	3.617	4.316	5.142	6.116	7.263	8.613
20	1.220	1.486	1.806	2.191	2.653	3.207	3.870	4.661	5.604	6.727	8.062	9.646
21	1.232	1.516	1.860	2.279	2.786	3.400	4.141	5.034	6.109	7.400	8.949	10.804
22	1.245	1.546	1.916	2.370	2.925	3.604	4.430	5.437	6.659	8.140	9.934	12.100
23	1.257	1.577	1.974	2.465	3.072	3.820	4.741	5.871	7.258	8.954	11.026	13.552
24	1.270	1.608	2.033	2.563	3.225	4.049	5.072	6.341	7.911	9.850	12.239	15.179
25	1.282	1.641	2.094	2.666	3.386	4.292	5.427	6.848	8.623	10.835	13.585	17.000
26	1.295	1.673	2.157	2.772	3.556	4.549	5.807	7.396	9.399	11.918	15.080	19.040
27	1.308	1.707	2.221	2.883	3.733	4.822	6.214	7.988	10.245	13.110	16.739	21.325
28	1.321	1.741	2.288	2.999	3.920	5.112	6.649	8.627	11.167	14.421	18.580	23.884
29	1.335	1.776	2.357	3.119	4.116	5.418	7.114	9.317	12.172	15.863	20.624	26.750
30	1.348	1.811	2.427	3.243	4.322	5.743	7.612	10.063	13.268	17.449	22.892	29.960
35	1.417	2.000	2.814	3.946	5.516	7.686	10.677	14.785	20.414	28.102	38.575	52.800
36	1.431	2.040	2.898	4.104	5.792	8.147	11.424	15.968	22.251	30.913	42.818	59.136
37	1.445	2.081	2.985	4.268	6.081	8.636	12.224	17.246	24.254	34.004	47.528	66.232
38	1.460	2.122	3.075	4.439	6.385	9.154	13.079	18.625	26.437	37.404	52.756	74.180
39	1.474	2.165	3.167	4.616	6.705	9.704	13.995	20.115	28.816	41.145	58.559	83.081
40	1.489	2.208	3.262	4.801	7.040	10.286	14.974	21.725	31.409	45.259	65.001	93.051
45	1.565	2.438	3.782	5.841	8.985	13.765	21.002	31.920	48.327	72.890	109.53	163.99
50	1.645	2.692	4.384	7.107	11.467	18.420	29.457	46.902	74.358	117.39	184.56	289.00

续表

n	13%	14%	15%	16%	17%	18%	19%	20%	25%	30%	40%	50%
1	1.130	1.140	1.150	1.160	1.170	1.180	1.190	1.200	1.250	1.300	1.400	1.500
2	1.277	1.300	1.323	1.346	1.369	1.392	1.416	1.440	1.563	1.690	1.960	2.250
3	1.443	1.482	1.521	1.561	1.602	1.643	1.685	1.728	1.953	2.197	2.744	3.375
4	1.630	1.689	1.749	1.811	1.874	1.939	2.005	2.074	2.441	2.856	3.842	5.063
5	1.842	1.925	2.011	2.100	2.192	2.288	2.386	2.488	3.052	3.713	5.378	7.594
6	2.082	2.195	2.313	2.436	2.565	2.700	2.840	2.986	3.815	4.827	7.530	11.391
7	2.353	2.502	2.660	2.826	3.001	3.185	3.379	3.583	4.768	6.275	10.541	17.086
8	2.658	2.853	3.059	3.278	3.511	3.759	4.021	4.300	5.960	8.157	14.758	25.629
9	3.004	3.252	3.518	3.803	4.108	4.435	4.785	5.160	7.451	10.604	20.661	38.443
10	3.395	3.707	4.046	4.411	4.807	5.234	5.695	6.192	9.313	13.786	28.925	57.665
11	3.836	4.226	4.652	5.117	5.624	6.176	6.777	7.430	11.642	17.922	40.496	86.498
12	4.335	4.818	5.350	5.936	6.580	7.288	8.064	8.916	14.552	23.298	56.694	129.75
13	4.898	5.492	6.153	6.886	7.699	8.599	9.596	10.699	18.190	30.288	79.371	194.62
14	5.535	6.261	7.076	7.988	9.007	10.147	11.420	12.839	22.737	39.374	111.12	291.93
15	6.254	7.138	8.137	9.266	10.539	11.974	13.590	15.407	28.422	51.186	155.57	437.89
16	7.067	8.137	9.358	10.748	12.330	14.129	16.172	18.488	35.527	66.542	217.80	656.84
17	7.986	9.276	10.761	12.468	14.426	16.672	19.244	22.186	44.409	86.504	304.91	985.26
18	9.024	10.575	12.375	14.463	16.879	19.673	22.901	26.623	55.511	112.46	426.88	1477.9
19	10.197	12.056	14.232	16.777	19.748	23.214	27.252	31.948	69.389	146.19	597.63	2216.8
20	11.523	13.743	16.367	19.461	23.106	27.393	32.429	38.338	86.736	190.05	836.68	3325.3
21	13.021	15.668	18.822	22.574	27.034	32.324	38.591	46.005	108.42	247.06	1171.4	4987.9
22	14.71	17.86	21.64	26.19	31.63	38.14	45.92	55.206	135.53	321.18	1639.9	7481.8
23	16.63	20.36	24.89	30.38	37.01	45.01	54.65	66.247	169.41	417.54	2295.9	11223
24	18.79	23.21	28.63	35.24	43.30	53.11	65.03	79.497	211.76	542.80	3214.2	16834
25	21.23	26.46	32.92	40.87	50.66	62.67	77.39	95.396	264.70	705.64	4499.9	25251
26	23.99	30.17	37.86	47.41	59.27	73.95	92.09	114.48	330.87	917.33	6299.8	37877
27	27.11	34.39	43.54	55.00	69.35	87.26	109.59	137.37	413.59	1192.5	8819.8	56815
28	30.63	39.20	50.07	63.80	81.13	102.97	130.41	164.84	516.99	1550.3	12348	85223
29	34.62	44.69	57.58	74.01	94.93	121.50	155.19	197.81	646.23	2015.4	17287	127834
30	39.12	50.95	66.21	85.85	111.06	143.37	184.68	237.38	807.79	2620.0	24201	191751
31	44.20	58.08	76.14	99.59	129.95	169.18	219.76	284.85	1009.7	3406.0	33882	287627
32	49.95	66.21	87.57	115.52	152.04	199.63	261.52	341.82	1262.2	4427.8	47435	431440
33	56.44	75.48	100.70	134.00	177.88	235.56	311.21	410.19	1577.7	5756.1	66409	647160
34	63.78	86.05	115.80	155.44	208.12	277.96	370.34	492.22	1972.2	7483.0	92972	970740
35	72.07	98.10	133.18	180.31	243.50	328.00	440.70	590.67	2465.2	9727.9	130161	1456110
36	81.44	111.83	153.15	209.16	284.90	387.04	524.43	708.80	3081.5	12646	182226	2184164
37	92.02	127.49	176.12	242.63	333.33	456.70	624.08	850.56	3851.9	16440	255116	3276247
38	103.99	145.34	202.54	281.45	390.00	538.91	742.65	1020.7	4814.8	21372	357162	4914370
39	117.51	165.69	232.92	326.48	456.30	635.91	883.75	1224.8	6018.5	27784	500027	7371555
40	132.78	188.88	267.86	378.72	533.87	750.38	1051.67	1469.8	7523.2	36119	700038	11057332
45	244.64	363.68	538.77	795.44	1170.5	1716.7	2509.65	3657.3	22959	134107	3764971	83966617
50	450.74	700.23	1083.66	1670.7	2566.2	3927.4	5988.91	9100.4	70065	497929	20248916	637621500

附表二　一元复利现值系数表（PVIF）

$$P=(1+i)^{-n}$$

n	1%	2%	3%	4%	5%	6%	7%	8%	9%	10%	11%	12%
1	0.9901	0.9804	0.9709	0.9615	0.9524	0.9434	0.9346	0.9259	0.9174	0.9091	0.9009	0.8929
2	0.9803	0.9612	0.9426	0.9246	0.9070	0.8900	0.8734	0.8573	0.8417	0.8264	0.8116	0.7972
3	0.9706	0.9423	0.9151	0.8890	0.8638	0.8396	0.8163	0.7938	0.7722	0.7513	0.7312	0.7118
4	0.9610	0.9238	0.8885	0.8548	0.8227	0.7921	0.7629	0.7350	0.7084	0.6830	0.6587	0.6355
5	0.9515	0.9057	0.8626	0.8219	0.7835	0.7473	0.7130	0.6806	0.6499	0.6209	0.5935	0.5674
6	0.9420	0.8880	0.8375	0.7903	0.7462	0.7050	0.6663	0.6302	0.5963	0.5645	0.5346	0.5066
7	0.9327	0.8706	0.8131	0.7599	0.7107	0.6651	0.6227	0.5835	0.5470	0.5132	0.4817	0.4523
8	0.9235	0.8535	0.7894	0.7307	0.6768	0.6274	0.5820	0.5403	0.5019	0.4665	0.4339	0.4039
9	0.9143	0.8368	0.7664	0.7026	0.6446	0.5919	0.5439	0.5002	0.4604	0.4241	0.3909	0.3606
10	0.9053	0.8203	0.7441	0.6756	0.6139	0.5584	0.5083	0.4632	0.4224	0.3855	0.3522	0.3220
11	0.8963	0.8043	0.7224	0.6496	0.5847	0.5268	0.4751	0.4289	0.3875	0.3505	0.3173	0.2875
12	0.8874	0.7885	0.7014	0.6246	0.5568	0.4970	0.4440	0.3971	0.3555	0.3186	0.2858	0.2567
13	0.8787	0.7730	0.6810	0.6006	0.5303	0.4688	0.4150	0.3677	0.3262	0.2897	0.2575	0.2292
14	0.8700	0.7579	0.6611	0.5775	0.5051	0.4423	0.3878	0.3405	0.2992	0.2633	0.2320	0.2046
15	0.8613	0.7430	0.6419	0.5553	0.4810	0.4173	0.3624	0.3152	0.2745	0.2394	0.2090	0.1827
16	0.8528	0.7284	0.6232	0.5339	0.4581	0.3936	0.3387	0.2919	0.2519	0.2176	0.1883	0.1631
17	0.8444	0.7142	0.6050	0.5134	0.4363	0.3714	0.3166	0.2703	0.2311	0.1978	0.1696	0.1456
18	0.8360	0.7002	0.5874	0.4936	0.4155	0.3503	0.2959	0.2502	0.2120	0.1799	0.1528	0.1300
19	0.8277	0.6864	0.5703	0.4746	0.3957	0.3305	0.2765	0.2317	0.1945	0.1635	0.1377	0.1161
20	0.8195	0.6730	0.5537	0.4564	0.3769	0.3118	0.2584	0.2145	0.1784	0.1486	0.1240	0.1037
21	0.8114	0.6598	0.5375	0.4388	0.3589	0.2942	0.2415	0.1987	0.1637	0.1351	0.1117	0.0926
22	0.8034	0.6468	0.5219	0.4220	0.3418	0.2775	0.2257	0.1839	0.1502	0.1228	0.1007	0.0826
23	0.7954	0.6342	0.5067	0.4057	0.3256	0.2618	0.2109	0.1703	0.1378	0.1117	0.0907	0.0738
24	0.7876	0.6217	0.4919	0.3901	0.3101	0.2470	0.1971	0.1577	0.1264	0.1015	0.0817	0.0659
25	0.7798	0.6095	0.4776	0.3751	0.2953	0.2330	0.1842	0.1460	0.1160	0.0923	0.0736	0.0588
26	0.7720	0.5976	0.4637	0.3607	0.2812	0.2198	0.1722	0.1352	0.1064	0.0839	0.0663	0.0525
27	0.7644	0.5859	0.4502	0.3468	0.2678	0.2074	0.1609	0.1252	0.0976	0.0763	0.0597	0.0469
28	0.7568	0.5744	0.4371	0.3335	0.2551	0.1956	0.1504	0.1159	0.0895	0.0693	0.0538	0.0419
29	0.7493	0.5631	0.4243	0.3207	0.2429	0.1846	0.1406	0.1073	0.0822	0.0630	0.0485	0.0374
30	0.7419	0.5521	0.4120	0.3083	0.2314	0.1741	0.1314	0.0994	0.0754	0.0573	0.0437	0.0334
31	0.7346	0.5412	0.4000	0.2965	0.2204	0.1643	0.1228	0.0920	0.0691	0.0521	0.0394	0.0298
32	0.7273	0.5306	0.3883	0.2851	0.2099	0.1550	0.1147	0.0852	0.0634	0.0474	0.0355	0.0266
33	0.7201	0.5202	0.3770	0.2741	0.1999	0.1462	0.1072	0.0789	0.0582	0.0431	0.0319	0.0238
34	0.7130	0.5100	0.3660	0.2636	0.1904	0.1379	0.1002	0.0730	0.0534	0.0391	0.0288	0.0212
35	0.7059	0.5000	0.3554	0.2534	0.1813	0.1301	0.0937	0.0676	0.0490	0.0356	0.0259	0.0189
36	0.6989	0.4902	0.3450	0.2437	0.1727	0.1227	0.0875	0.0626	0.0449	0.0323	0.0234	0.0169
37	0.6920	0.4806	0.3350	0.2343	0.1644	0.1158	0.0818	0.0580	0.0412	0.0294	0.0210	0.0151
38	0.6852	0.4712	0.3252	0.2253	0.1566	0.1092	0.0765	0.0537	0.0378	0.0267	0.0190	0.0135
39	0.6784	0.4619	0.3158	0.2166	0.1491	0.1031	0.0715	0.0497	0.0347	0.0243	0.0171	0.0120
40	0.6717	0.4529	0.3066	0.2083	0.1420	0.0972	0.0668	0.0460	0.0318	0.0221	0.0154	0.0107
45	0.6391	0.4102	0.2644	0.1712	0.1113	0.0727	0.0476	0.0313	0.0207	0.0137	0.0091	0.0061
50	0.6080	0.3715	0.2281	0.1407	0.0872	0.0543	0.0339	0.0213	0.0134	0.0085	0.0054	0.0035

续表

n	13%	14%	15%	16%	17%	18%	19%	20%	25%	30%	40%	50%
1	0.8850	0.8772	0.8696	0.8621	0.8547	0.8475	0.8403	0.8333	0.8000	0.7692	0.7143	0.6667
2	0.7831	0.7695	0.7561	0.7432	0.7305	0.7182	0.7062	0.6944	0.6400	0.5917	0.5102	0.4444
3	0.6931	0.6750	0.6575	0.6407	0.6244	0.6086	0.5934	0.5787	0.5120	0.4552	0.3644	0.2963
4	0.6133	0.5921	0.5718	0.5523	0.5337	0.5158	0.4987	0.4823	0.4096	0.3501	0.2603	0.1975
5	0.5428	0.5194	0.4972	0.4761	0.4561	0.4371	0.4190	0.4019	0.3277	0.2693	0.1859	0.1317
6	0.4803	0.4556	0.4323	0.4104	0.3898	0.3704	0.3521	0.3349	0.2621	0.2072	0.1328	0.0878
7	0.4251	0.3996	0.3759	0.3538	0.3332	0.3139	0.2959	0.2791	0.2097	0.1594	0.0949	0.0585
8	0.3762	0.3506	0.3269	0.3050	0.2848	0.2660	0.2487	0.2326	0.1678	0.1226	0.0678	0.0390
9	0.3329	0.3075	0.2843	0.2630	0.2434	0.2255	0.2090	0.1938	0.1342	0.0943	0.0484	0.0260
10	0.2946	0.2697	0.2472	0.2267	0.2080	0.1911	0.1756	0.1615	0.1074	0.0725	0.0346	0.0173
11	0.2607	0.2366	0.2149	0.1954	0.1778	0.1619	0.1476	0.1346	0.0859	0.0558	0.0247	0.0116
12	0.2307	0.2076	0.1869	0.1685	0.1520	0.1372	0.1240	0.1122	0.0687	0.0429	0.0176	0.0077
13	0.2042	0.1821	0.1625	0.1452	0.1299	0.1163	0.1042	0.0935	0.0550	0.0330	0.0126	0.0051
14	0.1807	0.1597	0.1413	0.1252	0.1110	0.0985	0.0876	0.0779	0.0440	0.0254	0.0090	0.0034
15	0.1599	0.1401	0.1229	0.1079	0.0949	0.0835	0.0736	0.0649	0.0352	0.0195	0.0064	0.0023
16	0.1415	0.1229	0.1069	0.0930	0.0811	0.0708	0.0618	0.0541	0.0281	0.0150	0.0046	0.0015
17	0.1252	0.1078	0.0929	0.0802	0.0693	0.0600	0.0520	0.0451	0.0225	0.0116	0.0033	0.0010
18	0.1108	0.0946	0.0808	0.0691	0.0592	0.0508	0.0437	0.0376	0.0180	0.0089	0.0023	0.0007
19	0.0981	0.0829	0.0703	0.0596	0.0506	0.0431	0.0367	0.0313	0.0144	0.0068	0.0017	0.0005
20	0.0868	0.0728	0.0611	0.0514	0.0433	0.0365	0.0308	0.0261	0.0115	0.0053	0.0012	0.0003
21	0.0768	0.0638	0.0531	0.0443	0.0370	0.0309	0.0259	0.0217	0.0092	0.0040	0.0009	0.0002
22	0.0680	0.0560	0.0462	0.0382	0.0316	0.0262	0.0218	0.0181	0.0074	0.0031	0.0006	0.0001
23	0.0601	0.0491	0.0402	0.0329	0.0270	0.0222	0.0183	0.0151	0.0059	0.0024	0.0004	0.0001
24	0.0532	0.0431	0.0349	0.0284	0.0231	0.0188	0.0154	0.0126	0.0047	0.0018	0.0003	0.0001
25	0.0471	0.0378	0.0304	0.0245	0.0197	0.0160	0.0129	0.0105	0.0038	0.0014	0.0002	0
26	0.0417	0.0331	0.0264	0.0211	0.0169	0.0135	0.0109	0.0087	0.0030	0.0011	0.0002	0
27	0.0369	0.0291	0.0230	0.0182	0.0144	0.0115	0.0091	0.0073	0.0024	0.0008	0.0001	0
28	0.0326	0.0255	0.0200	0.0157	0.0123	0.0097	0.0077	0.0061	0.0019	0.0006	0.0001	0
29	0.0289	0.0224	0.0174	0.0135	0.0105	0.0082	0.0064	0.0051	0.0015	0.0005	0.0001	0
30	0.0256	0.0196	0.0151	0.0116	0.0090	0.0070	0.0054	0.0042	0.0012	0.0004	0	0
31	0.0226	0.0172	0.0131	0.0100	0.0077	0.0059	0.0046	0.0035	0.0010	0.0003	0	0
32	0.0200	0.0151	0.0114	0.0087	0.0066	0.0050	0.0038	0.0029	0.0008	0.0002	0	0
33	0.0177	0.0132	0.0099	0.0075	0.0056	0.0042	0.0032	0.0024	0.0006	0.0002	0	0
34	0.0157	0.0116	0.0086	0.0064	0.0048	0.0036	0.0027	0.0020	0.0005	0.0001	0	0
35	0.0139	0.0102	0.0075	0.0055	0.0041	0.0030	0.0023	0.0017	0.0004	0.0001	0	0
36	0.0123	0.0089	0.0065	0.0048	0.0035	0.0026	0.0019	0.0014	0.0003	0.0001	0	0
37	0.0109	0.0078	0.0057	0.0041	0.0030	0.0022	0.0016	0.0012	0.0003	0.0001	0	0
38	0.0096	0.0069	0.0049	0.0036	0.0026	0.0019	0.0013	0.0010	0.0002	0	0	0
39	0.0085	0.0060	0.0043	0.0031	0.0022	0.0016	0.0011	0.0008	0.0002	0	0	0
40	0.0075	0.0053	0.0037	0.0026	0.0019	0.0013	0.0010	0.0007	0.0001	0	0	0
45	0.0041	0.0027	0.0019	0.0013	0.0009	0.0006	0.0004	0.0003	0	0	0	0
50	0.0022	0.0014	0.0009	0.0006	0.0004	0.0003	0.0002	0.0001	0	0	0	0

附表三　一元年金终值系数表（FVIFA）

$$F=[(1+i)^n-1]/i$$

n	1%	2%	3%	4%	5%	6%	7%	8%	9%	10%	11%	12%
1	1.000	1.000	1.000	1.000	1.000	1.000	1.000	1.000	1.000	1.000	1.000	1.000
2	2.010	2.020	2.030	2.040	2.050	2.060	2.070	2.080	2.090	2.100	2.110	2.120
3	3.030	3.060	3.091	3.122	3.153	3.184	3.215	3.246	3.278	3.310	3.342	3.374
4	4.060	4.122	4.184	4.246	4.310	4.375	4.440	4.506	4.573	4.641	4.710	4.779
5	5.101	5.204	5.309	5.416	5.526	5.637	5.751	5.867	5.985	6.105	6.228	6.353
6	6.152	6.308	6.468	6.633	6.802	6.975	7.153	7.336	7.523	7.716	7.913	8.115
7	7.214	7.434	7.662	7.898	8.142	8.394	8.654	8.923	9.200	9.487	9.783	10.089
8	8.286	8.583	8.892	9.214	9.549	9.897	10.260	10.637	11.028	11.436	11.859	12.300
9	9.369	9.755	10.159	10.583	11.027	11.491	11.978	12.488	13.021	13.579	14.164	14.776
10	10.462	10.950	11.464	12.006	12.578	13.181	13.816	14.487	15.193	15.937	16.722	17.549
11	11.567	12.169	12.808	13.486	14.207	14.972	15.784	16.645	17.560	18.531	19.561	20.655
12	12.683	13.412	14.192	15.026	15.917	16.870	17.888	18.977	20.141	21.384	22.713	24.133
13	13.809	14.680	15.618	16.627	17.713	18.882	20.141	21.495	22.953	24.523	26.212	28.029
14	14.947	15.974	17.086	18.292	19.599	21.015	22.550	24.215	26.019	27.975	30.095	32.393
15	16.097	17.293	18.599	20.024	21.579	23.276	25.129	27.152	29.361	31.772	34.405	37.280
16	17.258	18.639	20.157	21.825	23.657	25.673	27.888	30.324	33.003	35.950	39.190	42.753
17	18.430	20.012	21.762	23.698	25.840	28.213	30.840	33.750	36.974	40.545	44.501	48.884
18	19.615	21.412	23.414	25.645	28.132	30.906	33.999	37.450	41.301	45.599	50.396	55.750
19	20.811	22.841	25.117	27.671	30.539	33.760	37.379	41.446	46.018	51.159	56.939	63.440
20	22.019	24.297	26.870	29.778	33.066	36.786	40.995	45.762	51.160	57.275	64.203	72.052
21	23.239	25.783	28.676	31.969	35.719	39.993	44.865	50.423	56.765	64.002	72.265	81.699
22	24.472	27.299	30.537	34.248	38.505	43.392	49.006	55.457	62.873	71.403	81.214	92.503
23	25.716	28.845	32.453	36.618	41.430	46.996	53.436	60.893	69.532	79.543	91.148	104.60
24	26.973	30.422	34.426	39.083	44.502	50.816	58.177	66.765	76.790	88.497	102.17	118.16
25	28.243	32.030	36.459	41.646	47.727	54.865	63.249	73.106	84.701	98.347	114.41	133.33
26	29.526	33.671	38.553	44.312	51.113	59.156	68.676	79.954	93.324	109.18	128.00	150.33
27	30.821	35.344	40.710	47.084	54.669	63.706	74.484	87.351	102.723	121.10	143.08	169.37
28	32.129	37.051	42.931	49.968	58.403	68.528	80.698	95.339	112.97	134.21	159.82	190.70
29	33.450	38.792	45.219	52.966	62.323	73.640	87.347	103.97	124.14	148.63	178.40	214.58
30	34.785	40.568	47.575	56.085	66.439	79.058	94.461	113.28	136.31	164.49	199.02	241.33
31	36.133	42.379	50.003	59.328	70.761	84.802	102.07	123.35	149.58	181.94	221.91	271.29
32	37.494	44.227	52.503	62.701	75.299	90.890	110.22	134.21	164.04	201.14	247.32	304.85
33	38.869	46.112	55.078	66.210	80.064	97.343	118.93	145.95	179.80	222.25	275.53	342.43
34	40.258	48.034	57.730	69.858	85.067	104.18	128.26	158.63	196.98	245.48	306.84	384.52
35	41.660	49.994	60.462	73.652	90.320	111.43	138.24	172.32	215.71	271.02	341.59	431.66
36	43.077	51.994	63.276	77.598	95.836	119.12	148.91	187.10	236.12	299.13	380.16	484.46
37	44.508	54.034	66.174	81.702	101.63	127.27	160.34	203.07	258.38	330.04	422.98	543.60
38	45.953	56.115	69.159	85.970	107.71	135.90	172.56	220.32	282.63	364.04	470.51	609.83
39	47.412	58.237	72.234	90.409	114.10	145.06	185.64	238.94	309.07	401.45	523.27	684.01
40	48.886	60.402	75.401	95.026	120.80	154.76	199.64	259.06	337.88	442.59	581.83	767.09
45	56.481	71.893	92.720	121.03	159.70	212.74	285.75	386.51	525.86	718.90	986.64	1358.2
50	64.463	84.579	112.80	152.67	209.35	290.34	406.53	573.77	815.08	1163.9	1668.8	2400.0

续表

n	13%	14%	15%	16%	17%	18%	19%	20%	25%	30%	40%	50%
1	1.000	1.000	1.000	1.000	1.000	1.000	1.000	1.000	1.000	1.000	1.000	1.000
2	2.130	2.140	2.150	2.160	2.170	2.180	2.190	2.200	2.250	2.300	2.400	2.500
3	3.407	3.440	3.473	3.506	3.539	3.572	3.606	3.640	3.813	3.990	4.360	4.750
4	4.850	4.921	4.993	5.066	5.141	5.215	5.291	5.368	5.766	6.187	7.104	8.125
5	6.480	6.610	6.742	6.877	7.014	7.154	7.297	7.442	8.207	9.043	10.946	13.188
6	8.323	8.536	8.754	8.977	9.207	9.442	9.683	9.930	11.259	12.756	16.324	20.781
7	10.405	10.730	11.067	11.414	11.772	12.142	12.523	12.916	15.073	17.583	23.853	32.172
8	12.757	13.233	13.727	14.240	14.773	15.327	15.902	16.499	19.842	23.858	34.395	49.258
9	15.416	16.085	16.786	17.519	18.285	19.086	19.923	20.799	25.802	32.015	49.153	74.887
10	18.420	19.337	20.304	21.321	22.393	23.521	24.709	25.959	33.253	42.619	69.814	113.33
11	21.814	23.045	24.349	25.733	27.200	28.755	30.404	32.150	42.566	56.405	98.739	171.00
12	25.650	27.271	29.002	30.850	32.824	34.931	37.180	39.581	54.208	74.327	139.23	257.49
13	29.985	32.089	34.352	36.786	39.404	42.219	45.244	48.497	68.760	97.625	195.93	387.24
14	34.883	37.581	40.505	43.672	47.103	50.818	54.841	59.196	86.949	127.91	275.30	581.86
15	40.417	43.842	47.580	51.660	56.110	60.965	66.261	72.035	109.69	167.29	386.42	873.79
16	46.672	50.980	55.717	60.925	66.649	72.939	79.850	87.442	138.11	218.47	541.99	1311.7
17	53.739	59.118	65.075	71.673	78.979	87.068	96.022	105.931	173.64	285.01	759.78	1968.5
18	61.725	68.394	75.836	84.141	93.406	103.740	115.266	128.117	218.04	371.52	1064.7	2953.8
19	70.749	78.969	88.212	98.603	110.28	123.41	138.17	154.74	273.56	483.97	1491.6	4431.7
20	80.947	91.025	102.44	115.38	130.03	146.63	165.42	186.69	342.94	630.17	2089.2	6648.5
21	92.470	104.77	118.81	134.84	153.14	174.02	197.85	225.03	429.68	820.22	2925.9	9973.8
22	105.49	120.44	137.63	157.41	180.17	206.34	236.44	271.03	538.10	1067.3	4097.2	14962
23	120.20	138.30	159.28	183.60	211.80	244.49	282.36	326.24	673.63	1388.5	5737.1	22443
24	136.83	158.66	184.17	213.98	248.81	289.49	337.01	392.48	843.03	1806.0	8033.0	33666
25	155.62	181.87	212.79	249.21	292.10	342.60	402.04	471.98	1054.8	2348.8	11247	50500
26	176.85	208.33	245.71	290.09	342.76	405.27	479.43	567.38	1319.5	3054.4	15747	75752
27	200.84	238.50	283.57	337.50	402.03	479.22	571.52	681.85	1650.4	3971.8	22047	113628
28	227.95	272.89	327.10	392.50	471.38	566.48	681.11	819.22	2064.0	5164.3	30867	170443
29	258.58	312.09	377.17	456.30	552.51	669.45	811.52	984.07	2580.9	6714.6	43214	255666
30	293.20	356.79	434.75	530.31	647.44	790.95	966.71	1181.9	3227.2	8730.0	60501	383500
31	332.32	407.74	500.96	616.16	758.50	934.32	1151.4	1419.3	4035.0	11350	84703	575251
32	376.52	465.82	577.10	715.75	888.45	1103.5	1371.2	1704.1	5044.7	14756	118585	862878
33	426.46	532.04	664.67	831.27	1040.5	1303.1	1632.7	2045.9	6306.9	19184	166019	1294318
34	482.90	607.52	765.37	965.27	1218.4	1538.7	1943.9	2456.1	7884.6	24940	232428	1941477
35	546.68	693.57	881.17	1120.7	1426.5	1816.7	2314.2	2948.3	9856.8	32423	325400	2912217
36	618.75	791.67	1014.3	1301.0	1670.0	2144.6	2754.9	3539.0	12322	42151	455561	4368327
37	700.19	903.51	1167.5	1510.2	1954.9	2531.7	3279.3	4247.8	15403	54797	637787	6552491
38	792.21	1031.0	1343.6	1752.8	2288.2	2988.4	3903.4	5098.4	19255	71237	892903	9828738
39	896.20	1176.3	1546.2	2034.3	2678.2	3527.3	4646.1	6119.0	24070	92609	1250065	14743108
40	1013.7	1342.0	1779.1	2360.8	3134.5	4163.2	5529.8	7343.9	30089	120393	1750092	22114663
45	1874.2	2590.6	3585.1	4965.3	6879.3	9531.6	13203	18281	91831	447019	9412424	167933233
50	3459.5	4994.5	7217.7	10436	15090	21813	31515	45497	280256	1659761	50622288	1275242998

附表四　一元年金现值系数表（PVIFA）

$$P_A=A\times\frac{1-(1+i)-n}{i}$$

n	1%	2%	3%	4%	5%	6%	7%	8%	9%	10%	11%	12%
1	0.9901	0.9804	0.9709	0.9615	0.9524	0.9434	0.9346	0.9259	0.9174	0.9091	0.9009	0.8929
2	1.9704	1.9416	1.9135	1.8861	1.8594	1.8334	1.8080	1.7833	1.7591	1.7355	1.7125	1.6901
3	2.9410	2.8839	2.8286	2.7751	2.7232	2.6730	2.6243	2.5771	2.5313	2.4869	2.4437	2.4018
4	3.9020	3.8077	3.7171	3.6299	3.5460	3.4651	3.3872	3.3121	3.2397	3.1699	3.1024	3.0373
5	4.8534	4.7135	4.5797	4.4518	4.3295	4.2124	4.1002	3.9927	3.8897	3.7908	3.6959	3.6048
6	5.7955	5.6014	5.4172	5.2421	5.0757	4.9173	4.7665	4.6229	4.4859	4.3553	4.2305	4.1114
7	6.7282	6.4720	6.2303	6.0021	5.7864	5.5824	5.3893	5.2064	5.0330	4.8684	4.7122	4.5638
8	7.6517	7.3255	7.0197	6.7327	6.4632	6.2098	5.9713	5.7466	5.5348	5.3349	5.1461	4.9676
9	8.5660	8.1622	7.7861	7.4353	7.1078	6.8017	6.5152	6.2469	5.9952	5.7590	5.5370	5.3282
10	9.4713	8.9826	8.5302	8.1109	7.7217	7.3601	7.0236	6.7101	6.4177	6.1446	5.8892	5.6502
11	10.3676	9.7868	9.2526	8.7605	8.3064	7.8869	7.4987	7.1390	6.8052	6.4951	6.2065	5.9377
12	11.2551	10.5753	9.9540	9.3851	8.8633	8.3838	7.9427	7.5361	7.1607	6.8137	6.4924	6.1944
13	12.1337	11.3484	10.6350	9.9856	9.3936	8.8527	8.3577	7.9038	7.4869	7.1034	6.7499	6.4235
14	13.0037	12.1062	11.2961	10.5631	9.8986	9.2950	8.7455	8.2442	7.7862	7.3667	6.9819	6.6282
15	13.8651	12.8493	11.9379	11.1184	10.3797	9.7122	9.1079	8.5595	8.0607	7.6061	7.1909	6.8109
16	14.7179	13.5777	12.5611	11.6523	10.8378	10.1059	9.4466	8.8514	8.3126	7.8237	7.3792	6.9740
17	15.5623	14.2919	13.1661	12.1657	11.2741	10.4773	9.7632	9.1216	8.5436	8.0216	7.5488	7.1196
18	16.3983	14.9920	13.7535	12.6593	11.6896	10.8276	10.0591	9.3719	8.7556	8.2014	7.7016	7.2497
19	17.2260	15.6785	14.3238	13.1339	12.0853	11.1581	10.3356	9.6036	8.9501	8.3649	7.8393	7.3658
20	18.0456	16.3514	14.8775	13.5903	12.4622	11.4699	10.5940	9.8181	9.1285	8.5136	7.9633	7.4694
21	18.8570	17.0112	15.4150	14.0292	12.8212	11.7641	10.8355	10.0168	9.2922	8.6487	8.0751	7.5620
22	19.6604	17.6580	15.9369	14.4511	13.1630	12.0416	11.0612	10.2007	9.4424	8.7715	8.1757	7.6446
23	20.4558	18.2922	16.4436	14.8568	13.4886	12.3034	11.2722	10.3711	9.5802	8.8832	8.2664	7.7184
24	21.2434	18.9139	16.9355	15.2470	13.7986	12.5504	11.4693	10.5288	9.7066	8.9847	8.3481	7.7843
25	22.0232	19.5235	17.4131	15.6221	14.0939	12.7834	11.6536	10.6748	9.8226	9.0770	8.4217	7.8431
26	22.7952	20.1210	17.8768	15.9828	14.3752	13.0032	11.8258	10.8100	9.9290	9.1609	8.4881	7.8957
27	23.5596	20.7069	18.3270	16.3296	14.6430	13.2105	11.9867	10.9352	10.0266	9.2372	8.5478	7.9426
28	24.3164	21.2813	18.7641	16.6631	14.8981	13.4062	12.1371	11.0511	10.1161	9.3066	8.6016	7.9844
29	25.0658	21.8444	19.1885	16.9837	15.1411	13.5907	12.2777	11.1584	10.1983	9.3696	8.6501	8.0218
30	25.8077	22.3965	19.6004	17.2920	15.3725	13.7648	12.4090	11.2578	10.2737	9.4269	8.6938	8.0552
31	26.5423	22.9377	20.0004	17.5885	15.5928	13.9291	12.5318	11.3498	10.3428	9.4790	8.7331	8.0850
32	27.2696	23.4683	20.3888	17.8736	15.8027	14.0840	12.6466	11.4350	10.4062	9.5264	8.7686	8.1116
33	27.9897	23.9886	20.7658	18.1476	16.0025	14.2302	12.7538	11.5139	10.4644	9.5694	8.8005	8.1354
34	28.7027	24.4986	21.1318	18.4112	16.1929	14.3681	12.8540	11.5869	10.5178	9.6086	8.8293	8.1566
35	29.4086	24.9986	21.4872	18.6646	16.3742	14.4982	12.9477	11.6546	10.5668	9.6442	8.8552	8.1755
36	30.1075	25.4888	21.8323	18.9083	16.5469	14.6210	13.0352	11.7172	10.6118	9.6765	8.8786	8.1924
37	30.7995	25.9695	22.1672	19.1426	16.7113	14.7368	13.1170	11.7752	10.6530	9.7059	8.8996	8.2075
38	31.4847	26.4406	22.4925	19.3679	16.8679	14.8460	13.1935	11.8289	10.6908	9.7327	8.9186	8.2210
39	32.1630	26.9026	22.8082	19.5845	17.0170	14.9491	13.2649	11.8786	10.7255	9.7570	8.9357	8.2330
40	32.8347	27.3555	23.1148	19.7928	17.1591	15.0463	13.3317	11.9246	10.7574	9.7791	8.9511	8.2438
45	36.0945	29.4902	24.5187	20.7200	17.7741	15.4558	13.6055	12.1084	10.8812	9.8628	9.0079	8.2825
50	39.1961	31.4236	25.7298	21.4822	18.2559	15.7619	13.8007	12.2335	10.9617	9.9148	9.0417	8.3045

续表

n	13%	14%	15%	16%	17%	18%	19%	20%	25%	30%	30%	40%	50%
1	0.8850	0.8772	0.8696	0.8621	0.8547	0.8475	0.8403	0.8333	0.8000	0.7692	0.7407	0.7143	0.6667
2	1.6681	1.6467	1.6257	1.6052	1.5852	1.5656	1.5465	1.5278	1.4400	1.3609	1.2894	1.2245	1.1111
3	2.3612	2.3216	2.2832	2.2459	2.2096	2.1743	2.1399	2.1065	1.9520	1.8161	1.6959	1.5889	1.4074
4	2.9745	2.9137	2.8550	2.7982	2.7432	2.6901	2.6386	2.5887	2.3616	2.1662	1.9969	1.8492	1.6049
5	3.5172	3.4331	3.3522	3.2743	3.1993	3.1272	3.0576	2.9906	2.6893	2.4356	2.2200	2.0352	1.7366
6	3.9975	3.8887	3.7845	3.6847	3.5892	3.4976	3.4098	3.3255	2.9514	2.6427	2.3852	2.1680	1.8244
7	4.4226	4.2883	4.1604	4.0386	3.9224	3.8115	3.7057	3.6046	3.1611	2.8021	2.5075	2.2628	1.8829
8	4.7988	4.6389	4.4873	4.3436	4.2072	4.0776	3.9544	3.8372	3.3289	2.9247	2.5982	2.3306	1.9220
9	5.1317	4.9464	4.7716	4.6065	4.4506	4.3030	4.1633	4.0310	3.4631	3.0190	2.6653	2.3790	1.9480
10	5.4262	5.2161	5.0188	4.8332	4.6586	4.4941	4.3389	4.1925	3.5705	3.0915	2.7150	2.4136	1.9653
11	5.6869	5.4527	5.2337	5.0286	4.8364	4.6560	4.4865	4.3271	3.6564	3.1473	2.7519	2.4383	1.9769
12	5.9176	5.6603	5.4206	5.1971	4.9884	4.7932	4.6105	4.4392	3.7251	3.1903	2.7792	2.4559	1.9846
13	6.1218	5.8424	5.5831	5.3423	5.1183	4.9095	4.7147	4.5327	3.7801	3.2233	2.7994	2.4685	1.9897
14	6.3025	6.0021	5.7245	5.4675	5.2293	5.0081	4.8023	4.6106	3.8241	3.2487	2.8144	2.4775	1.9931
15	6.4624	6.1422	5.8474	5.5755	5.3242	5.0916	4.8759	4.6755	3.8593	3.2682	2.8255	2.4839	1.9954
16	6.6039	6.2651	5.9542	5.6685	5.4053	5.1624	4.9377	4.7296	3.8874	3.2832	2.8337	2.4885	1.9970
17	6.7291	6.3729	6.0472	5.7487	5.4746	5.2223	4.9897	4.7746	3.9099	3.2948	2.8398	2.4918	1.9980
18	6.8399	6.4674	6.1280	5.8178	5.5339	5.2732	5.0333	4.8122	3.9279	3.3037	2.8443	2.4941	1.9986
19	6.9380	6.5504	6.1982	5.8775	5.5845	5.3162	5.0700	4.8435	3.9424	3.3105	2.8476	2.4958	1.9991
20	7.0248	6.6231	6.2593	5.9288	5.6278	5.3527	5.1009	4.8696	3.9539	3.3158	2.8501	2.4970	1.9994
21	7.1016	6.6870	6.3125	5.9731	5.6648	5.3837	5.1268	4.8913	3.9631	3.3198	2.8519	2.4979	1.9996
22	7.1695	6.7429	6.3587	6.0113	5.6964	5.4099	5.1486	4.9094	3.9705	3.3230	2.8533	2.4985	1.9997
23	7.2297	6.7921	6.3988	6.0442	5.7234	5.4321	5.1668	4.9245	3.9764	3.3254	2.8543	2.4989	1.9998
24	7.2829	6.8351	6.4338	6.0726	5.7465	5.4509	5.1822	4.9371	3.9811	3.3272	2.8550	2.4992	1.9999
25	7.3300	6.8729	6.4641	6.0971	5.7662	5.4669	5.1951	4.9476	3.9849	3.3286	2.8556	2.4994	1.9999
26	7.3717	6.9061	6.4906	6.1182	5.7831	5.4804	5.2060	4.9563	3.9879	3.3297	2.8560	2.4996	1.9999
27	7.4086	6.9352	6.5135	6.1364	5.7975	5.4919	5.2151	4.9636	3.9903	3.3305	2.8563	2.4997	2.0000
28	7.4412	6.9607	6.5335	6.1520	5.8099	5.5016	5.2228	4.9697	3.9923	3.3312	2.8565	2.4998	2.0000
29	7.4701	6.9830	6.5509	6.1656	5.8204	5.5098	5.2292	4.9747	3.9938	3.3317	2.8567	2.4999	2.0000
30	7.4957	7.0027	6.5660	6.1772	5.8294	5.5168	5.2347	4.9789	3.9950	3.3321	2.8568	2.4999	2.0000
31	7.5183	7.0199	6.5791	6.1872	5.8371	5.5227	5.2392	4.9824	3.9960	3.3324	2.8569	2.4999	2.0000
32	7.5383	7.0350	6.5905	6.1959	5.8437	5.5277	5.2430	4.9854	3.9968	3.3326	2.8569	2.4999	2.0000
33	7.5560	7.0482	6.6005	6.2034	5.8493	5.5320	5.2462	4.9878	3.9975	3.3328	2.8570	2.5000	2.0000
34	7.5717	7.0599	6.6091	6.2098	5.8541	5.5356	5.2489	4.9898	3.9980	3.3329	2.8570	2.5000	2.0000
35	7.5856	7.0700	6.6166	6.2153	5.8582	5.5386	5.2512	4.9915	3.9984	3.3330	2.8571	2.5000	2.0000
36	7.5979	7.0790	6.6231	6.2201	5.8617	5.5412	5.2531	4.9929	3.9987	3.3331	2.8571	2.5000	2.0000
37	7.6087	7.0868	6.6288	6.2242	5.8647	5.5434	5.2547	4.9941	3.9990	3.3331	2.8571	2.5000	2.0000
38	7.6183	7.0937	6.6338	6.2278	5.8673	5.5452	5.2561	4.9951	3.9992	3.3332	2.8571	2.5000	2.0000
39	7.6268	7.0997	6.6380	6.2309	5.8695	5.5468	5.2572	4.9959	3.9993	3.3332	2.8571	2.5000	2.0000
40	7.6344	7.1050	6.6418	6.2335	5.8713	5.5482	5.2582	4.9966	3.9995	3.3332	2.8571	2.5000	2.0000
45	7.6609	7.1232	6.6543	6.2421	5.8773	5.5523	5.2611	4.9986	3.9998	3.3333	2.8571	2.5000	2.0000
50	7.6752	7.1327	6.6605	6.2463	5.8801	5.5541	5.2623	4.9995	3.9999	3.3333	2.8571	2.5000	2.0000

图书在版编目（C I P）数据

财会基础实务 / 戴锋，罗小明主编. -- 北京 : 人民邮电出版社，2015.8（2021.8 重印）
21世纪高等职业教育财经类规划教材. 财务会计类
ISBN 978-7-115-39799-7

Ⅰ. ①财… Ⅱ. ①戴… ②罗… Ⅲ. ①财务会计－高等职业教育－教材 Ⅳ. ①F234.4

中国版本图书馆CIP数据核字(2015)第170029号

内 容 提 要

本书系统地介绍了财会基本知识和技能，共分为五个模块。模块一为会计入门基础知识与会计报表分析，包括会计入门基础知识、会计报表及阅读和财务分析；模块二为供应过程的成本费用核算与控制，包括供应过程的成本费用核算和存货管理与控制；模块三为生产过程的成本费用核算与控制，包括生产过程的成本费用核算和成本控制；模块四为销售过程成本费用核算与利润分析，包括销售过程的成本费用核算和本量利分析；模块五为投融资管理，包括货币时间价值与风险分析、筹资管理和项目投资管理。

本书适合作为高职高专财会基础课程的教材，也可供财会从业人员学习参考。

◆ 主　　编　戴　锋　罗小明
副 主 编　李泽雄　张小红
主　　审　李国渝
责任编辑　桑　珊
责任印制　张佳莹　杨林杰

◆ 人民邮电出版社出版发行　　北京市丰台区成寿寺路 11 号
邮编　100164　　电子邮件　315@ptpress.com.cn
网址　http://www.ptpress.com.cn
北京七彩京通数码快印有限公司印刷

◆ 开本：787×1092　　1/16
印张：16.25　　　　2015 年 8 月第 1 版
字数：367 千字　　　2021 年 8 月北京第 6 次印刷

定价：38.00 元

读者服务热线：(010) 81055256　印装质量热线：(010) 81055316
反盗版热线：(010) 81055315
广告经营许可证：京东市监广登字20170147号